IFS 치료를 통한
개인적인 변화와
영적인 변화 경험하기

진정한 영성으로 나아가는
IFS와 참자아

Jenna Riemersma 지음

이진선 · 이혜옥 옮김

Σ 시그마프레스

진정한 영성으로 나아가는 IFS와 참자아
IFS 치료를 통한 개인적인 변화와 영적인 변화 경험하기

발행일 | 2023년 6월 20일 1쇄 발행

지은이 | Jenna Riemersma
옮긴이 | 이진선, 이혜옥
발행인 | 강학경
발행처 | (주)시그마프레스
디자인 | 우주연, 김은경
편 집 | 윤원진, 김은실
마케팅 | 문정현, 송치헌, 최성복, 김미래, 김성옥

등록번호 | 제10-2642호
주소 | 서울특별시 영등포구 양평로 22길 21 선유도코오롱디지털타워 A401~402호
전자우편 | sigma@spress.co.kr
홈페이지 | http://www.sigmapress.co.kr
전화 | (02)323-4845, (02)2062-5184~8
팩스 | (02)323-4197

ISBN | 979-11-6226-441-6

Altogether You

Experiencing personal and spiritual transformation with Internal Family Systems therapy

"제나 리머스마는 재능 있는 상담가이자 역동적인 교사이며 소통가입니다. 이 책은 당신 자신을 알아가고 하나님의 사랑을 더욱 깊이 체험하고자 용기 있는 여정 가운데 있는 당신에게 도전하고 정보를 제공하며, 용기를 불어넣을 것입니다. 이 책은 실용적이고 접근하기 쉬우며 깊은 뜻을 담고 있어, 그 어느 때보다도 자신과 이웃을 더욱 진실하고 온전하게 사랑하도록 도와줄 것입니다."

— 롭 깁슨(Rob Gibson), PSAP
콜로라도 덴버의 The Cross Ministry Group 디렉터

"제나 리머스마는 내면가족시스템 치료의 혁명적인 시각을 통해 독자들이 자신에 대한 긍휼과 하나님의 은혜를 둘 다 경험할 수 있도록 도와주고 있습니다. 이 지침서는 중독, 트라우마, 정신질환 또는 내면화된 수치심과 싸우고 있는 개인들이 반드시 읽어야 할 책입니다. 제나의 매력적인 개인적 이야기들이 성경 구절들과 얽혀 흥미와 깨우침을 주고 있습니다."

— 스테파니 칸즈(Stefanie Carnes), PhD
애리조나 위켄버그의 International Institute of Trauma and Addiction Professionals 대표
애리조나 케어프리의 Willow House at The Meadows 임상 설계사
Courageous Love: A Guide for Couples Conquering Betrayal 저자

"제나는 복음주의 교회에 큰 선물을 주었습니다! 그녀는 내면가족시스템(IFS) 치료법을 일반 크리스천이 이해할 수 있도록 만들었습니다. 그녀의 언어 재능과 생생한 유머 감각은 우리를 내면가족시스템이 갖고 있는 심오한 진실로 초대합니다. 그리스도의 몸(교회)에 절실히 필요한 치유를 가져오고자 하는 사람이라면 반드시 읽어야 할 책입니다. 무엇보다도 이 책은 당신 자신의 영혼이 가진 복잡한 특성을 이해하는 데 도움을 줄 것입니다. 교회에서 30년 이상 성 중독 상담자로서 섬기면서, 저는 우리 자신의 망가진 상태를 잘 알지 못할 때 일어나는 참상을 가까이서 보아 왔습니다. 그리고 저는 IFS 접근법이, 사람들로 하여금 때로는 수십 년 동안 추구했던 치유법을 찾을 수 있도록 도와주는, 엄청나게 효과적인 방법이라는 것을 목격해 오고 있습니다. 이 책에 유일한 문제점이 있다면, 내가 쓴 게 아니라는 점입니다. 제나는 아주 멋진 작업을 해냈습니다! 이 책은 내가 이 주제에 관련하여 찾을 수 있는 가장 좋은 크리스천 책입니다."

— 테드 로버츠(Ted Roberts), DMin
베스트셀러 작가
오레곤 그레셤의 Pure Desire Ministries International 설립자

"저를 포함하여 너무 많은 크리스천들이 우리의 '나쁜' 부분, 즉 우리가 싫어하고, 다른 사람들 눈에 띄지 않도록 필사적으로 숨기는, 우리 안의 부분들에 대한 수치심에 얽매여 있습니다. 드디어, 우리의 고통의 불을 끄고자 애쓰기만 하는 우리의 '소방관들'을 긍휼의 마음을 가지고 다룰 수 있는 크리스천 안내서를 갖게 되었습니다. 이 책은 내면가족시스템의 임상적 풍요로움을 복음의 아름다운 진리에 접목시켰습니다. 즉, 모든 부분들을 환영합니다! 제나 리머스마는 유머를 가지고 부드러우면서도 읽기 쉽도록 쓰면서, 어떻게 내면의 하나님 형상에 접근하고 그로 인한 변화가 우리를 본향으로 이끌어 주는지를 보여줍니다. 할렐루야! 모든 크리스천이 읽어야 할 책입니다."

—마니 퍼리(Marnie C. Ferree), LMFT, CSAT
테네시 내슈빌의 Bethesda Workshops 설립자 겸 디렉터
No Stones: Women Redeemed from Sexual Addiction 저자

"이 책은 하나님의 사랑과 모든 인간에게 각인된 그의 관계적 본성에 대해 기술한 아름답고 실용적인 해설입니다. 이 책에서 나는 어떤 부분들만이 아니라 내가 갖고 있는 모든 부분들에 대해 하나님과 하나가 되라는 부드러운 초대의 음성을 들었습니다. 제나 리머스마는 친구처럼 글을 쓰는 전문가로서 참자아 리더십의 여정에서 우리를 멋지게 안내하며, '모든 부분을 따뜻하게 맞아주는' 곳을 향하여 나아가고 있습니다. 이 책은 여러분의 삶 가운데 평범한 상황과 특출한 상황 둘 다를 위한 신학과 심리학을 제공해 줄 것입니다."

—클리프턴 로스(Clifton Roth), PSAP
켄터키 루이빌의 CrossPoint Ministry 디렉터

"당신이 자신을 이해하려고 애쓰고 있다면, 자신이 누구인지 모른다고 느낀다면, 그리고 당신이 진정한 자신을 되찾고 싶다면, 이 책을 읽어보세요! 제가 제 내담자들에게 추천하려는 책이며, 자신이 정말로 누구인지 이해하고자 하는 모든 이에게 적극 추천합니다."

—케빈 스키너(Kevin Skinner), PhD, LMFT
유타 린든의 Addo Recovery 공동 설립자 겸 임상 디렉터
Treating Trauma from Sexual Betrayal,
Treating Pornography Addiction, *Treating Sexual Addiction* 저자

"제나의 쉽게 읽고 이해할 수 있는 이 책에서 심리학적 개념과 신학적 구조가 통합되고 있습니다. 성경 말씀에 근거한 이 책은 정서적인 고통을 경험하고 있는 크리스천 독자들이 쉽게 접근할 수 있도록 쓴, 리처드 슈워츠의 내면가족시스템 이론에 대한 서론입니다. 그리고 당신이 어딘지 결점이 있거나 돌이킬 수 없도록 망가졌다는 생각에 붙잡혀 있는 사람이라면, 제나는 전문가답게 당신을 그로부터 부드럽게 해방시켜 편안해질 수 있도록 도와줄 것입니다."

—켈리 맥대니얼(Kelly McDaniel), LPC, NCC, CSAT, 테네시 내슈빌
Ready to Heal: Breaking Free of Addictive Relationships 저자

"제나 리머스마는 내면가족시스템 이론에 대한 전문 지식을 가지고 있습니다. 이 책에서 그녀는 그 누구도 할 수 없는 것을 경험적으로 가르치고 있습니다. 그리고 더 중요한 것은 그녀가 그것을 살아내고 있다는 점입니다. 제나는 이러한 자원들을 한데 모아 상승효과를 이루는 안무를 함으로써 전문적으로나 개인적으로 큰 영향을 주고 있습니다."

—에이드리언 히크먼(Adrian Hickman), PhD, LMFT, LPC
아칸소 저드소니아의 Capstone Treatment Center 설립자 겸 CEO

"제나 리머스마는 리처드 슈워츠 박사의 혁신적인 내면가족시스템 이론을 기독교에 독창적으로 적용한 이 책에서 이 인본적인 심리치료 모델이 어떻게 우리가 중심에 있는 하나님의 형상(Imago Dei)과의 연결을 촉진시킬 수 있는 구체적인 기법을 제공해 주고 있는지 설명하고 있습니다. 이는 예수님께서 그분이 마주쳤던 모든 이들에게 그러셨던 것처럼 상처 입고 짐을 짊어진 우리의 부분들 곁에서 목격하며 치유할 수 있는 우리의 타고난 능력을 발휘할 수 있게 해줍니다. 제나는 형식에서 벗어나 공감을 불러일으키는 문체로, 그리고 성경 구절을 안내자로 사용하여 진정한 영성과 (우리를 하나님께 더 가까이 데려다주려는 선한 의도를 가지고는 있으나, 종종 잘못 인도되어 역효과를 가져오는) 영성을 위장하는 자 부분들의 시도를 통찰력 있게 구별하고 있습니다. 제나는 우리의 고통을 향하여 나아가 치유하라는 이 초대장에서 우리가 '저기 계신 하나님'에게로 가기 위한 노력을 멈추고 '이 안에 계신 하나님'에게 순복할 수 있는 길을 제시하고 있습니다."

—알렉시아 로스먼(Alexia D. Rothman), PhD
조지아 애틀랜타 공인 IFS 치료사 및 국제 IFS 스피커/교육자

"크리스천 여러분, 주목하십시오. 어떤 사람들은 심리치료, 심리학, 그리고 우리의 믿음 가운데 갈등이 있다고 잘못 생각해 왔습니다. 제나 리머스마는 성경 구절과 믿음의 렌즈를 통해 내면가족시스템을 바라봄으로써 그 힘을 이해하도록 돕는 대가로서의 임무를 수행하였습니다. 당신이 읽어야 할 바로 다음 책은 이 책입니다."

－밀턴 S. 매그니스(Milton S. Magness), PhD, LPC, CSAT
텍사스 휴스턴의 Hope & Freedom Counseling Services 설립자 겸 디렉터
Thirty Days to Hope & Freedom from Sexual Addiction,
Stop Sex Addiction, *Real Hope, True Freedom* 저자

"제나 리머스마는 이 책에서 내면가족시스템 치료와 영적 변화의 수많은 원리들을 능수능란하게 엮어 우리가 누구이며, 우리가 왜 이 일을 하고 있으며, 삶과 관계에서 성장하기 위해 우리에게 필요한 것이 무엇인지 더 잘 이해하기 위한 기본 틀을 구축하였습니다. 그리스도에 대한 개인적인 믿음을 치유와 성장, 그리고 개인적 발견의 프로세스에 통합시키고자 하는 사람들에게, 이 책은 분명히 여러분을 위한 책입니다."

－토드 보먼(Todd Bowman), PhD, LCPC, CSAT-C
캔자스 올레이드의 SATP Institute 디렉터; Indiana Wesleyan University 상담 부교수
Angry Birds and Killer Bees: Talking to Your Kids About Sex 저자
Reclaiming Sexual Wholeness 편집위원

"이 책을 읽으면서 저는 종종 치유, 온전함, 거룩함 같은 단어들이 모두 본질적으로 완전한 전체가 된다는 의미를 가진 동일한 라틴어 어근으로부터 오고 있다고 생각하였습니다. 리머스마는 크리스천들이 어떻게 우리의 불완전성에 고착되는지 이해할 수 있도록 명쾌하게 도움을 주고 있을 뿐만 아니라 우리가 하나님의 사랑과 은총을 온전히 받으며 하나님과의 교제 가운데서의 삶이라는 원래 상태로 되돌아갈 수 있는 지도를 제공해 주고 있습니다."

－크레이그 S. 캐시웰(Craig S. Cashwell), PhD, LPC, NCC, ACS, CSAT-S
버지니아 윌리엄스버그의 The College of William & Mary 상담사 교육 교수
Shadows of the Cross, *Clinical Mental Health Counseling* 공저자

최근까지 대부분의 IFS 관련 서적들은 자연인의 정신세계를 대상으로 내면시스템의 구조와 부분들의 기능, 그리고 왜곡된 역할에 갇혀있는 부분들의 치료 프로세스를 다루고 있다. 실제로 IFS를 처음 접하는 많은 사람들은 짧은 시간 안에 경험하는 새로운 내적 변화에 매료되어, 방법론 연구에 천착하는 경향이 있음을 보게 된다. 하지만 본서는 그러한 프로세스를 깊게 다루지 않고 있다.

신앙에 의해 자연인 참자아에 질적인 변화가 이루어진다 할지라도, 크리스천 참자아도 자연인의 경우처럼 다른 부분들에 의해 부분적으로 혹은 전면적으로 가려질 수 있다. 그렇기 때문에 IFS의 내면세계를 바라보는 관점이 크리스천의 내면세계에도 동일하게 적용될 수 있게 된다. 하지만 크리스천 참자아에는 신앙이라는 특성이 더해짐으로써 자연인이 갖지 않는 여러 질문이 생겨난다.

이를테면 다음과 같은 것들이다. IFS를 배우면서 신앙이 약화되는 것은 아닌가? 크리스천의 참자아와 자연인의 참자아가 과연 다른가? 다르다면 어떻게 다른가? 크리스천의 내면 치유에도 자연인에 적용하는 IFS 원리를 동일하게 적용할 수 있는가? IFS에서는 참자아 강화 방법으로 마음챙김을 강조하고 있는데, 크리스천도 그 방법을 따라야 하는가? 아니면 전통적인 묵상의 시간(QT)이 그 기능을 대신할 수 있는가? 아니면 다른 어떤 방법이 있는가? 아쉽게도 이러한 니즈에 부응하는 서적들이 많지 않다.

이 책은 그러한 니즈에 부응하기 위한 한 편의 시도라고 볼 수 있다. 따라서 이 책은 크리스천으로서 자기 내면을 성찰하기를 원하거나, 다른 크리스천들의 치유를 돕기를 원하거나, 혹은 독자가 크리스천이 아니더라도 지인(내담자, 친구, 연인, 배우자 등)이 크리스천인 경우, 그들의 가치와 내면세계의 역동을 이해하고 돕기 위한 도구가 될 수 있을 것이다. 글 모두에서 언급한 바와 같이, 치유의 방법론보다는 우리의 참자아는 어떤 존재인가에 대해, 그리고 우리 인간 내면의 보편적인 부분들에 대해, 원저자는 자신의 경험과 사례를 비롯하여 성경에서 나오는 사건이나 갈등 및 예화를 가지고 옆에 앉아있는 친구와 대화하듯이 설득력 있게 설명하고 있다. 역자의 IFS 시리즈 첫 도서인 『소인격체 클리닉』과 함께 이 책은 우리 내면의 역동을 독자 친화적으로 서술해 놓은 IFS 입문서로서 신앙의 퀀텀 점프(quantum jump)를 원하는 크리스천 교우들에게 강력하게 추천하고 싶은 책이다.

노파심에 한 가지만 언급하고 싶다. 자연인의 참자아가 하나님의 형상이라는 개념만 받아들이면 이 책에서 언급하고 있는 크리스천의 참자아로 질적인 변화가 이루어지는 것은 아니다. 어떤 질적인 변화가 자연인의 참자아에 있어야 하는가에 대한 내용을 별도의 책을 통해 독자들과 나눌 계획이다.

IFS를 배우는 것은 단순히 맥가이버 칼을 손에 쥐는 것이 아니다. IFS를 배우는 것은 새로운 언어를 배우는 것과 흡사하다. 단시간에 마스터할 수 있는 것이 아니라, 우리의 삶에서 끊임없는 내적 성찰이 이루어지고 나의 삶에 적용되어야 하는 신앙과도 같은 것이다. 인내는 쓰다. 그러나 열매는 달다.

공역자 이진선 · 이혜옥

ifscenter.ewebstory.com

ifs_center@naver.com

30년 전만 해도 나는 이런 책에 추천사를 쓴다는 것은 상상도 할 수 없었다. 나의 아버지는 우리에게 종교가 세상의 많은 갈등과 살육의 뿌리라고 가르쳐 주신 과학자였다. 내가 내담자들의 내적 영역을 탐구하기 시작하고 그들의 참자아와 만나기 전까지 나는 영적인 것에 대해 회의적인 태도를 유지했다. 이 손상되지 않은 치유의 본질이 심지어 어릴 때 엄청나게 학대당하고, 끔찍한 트라우마를 겪은 사람들에게조차도 존재한다는 사실은 내가 공부했던 심리 이론으로는 설명되지 않았다.

이 책을 읽으면서 내 마음은 노래하게 되었다. 재치와 꾸밈없는 자기 공개, 그리고 매력적인 글쓰기로 제나는 크리스천들을 위해 내 인생의 작품을 번역하고 있다. 그 과정에서 그녀는, 사람들로 하여금 올바로 행동하도록 하기 위해, 의도는 좋으나 도움이 되지 않는 많은 방식들로 성경이 (그것도 성경 구절에 근거하여) 사용되어 왔음을 분명히 보여주고 있다.

약 20년 전 나는 미시시피 잭슨에 있는 개혁신학대학원(Reformed Theological Seminary) 학생들에게 IFS(내면가족시스템) 치료라고 불리는 나의 접근법을 가르쳐 달라는 초청을 받았다. 이 프로그램은 지금까지도 복음주의적이고 보수적인 프로그램으로 남아있다. 나는 상당한 두려움을 품고 잭슨으로 갔다. 모든 것에 대해 공통점을 찾기는 힘들었지만, 어느 순간 참석자 중 한 사람이 흥분해서 소리쳤다. "이제 알겠어요. 당신은 예수께서 외부 세계에서 하신 일을 사람들로 하여금 자신의 내면에서 하도록 돕고 있는 것이군요. 예수께서 나환자, 가난한 자, 버림받은 자들을 사랑했던 방식과 동일하게 우리의 추방된 부분들에게 가서 그들을 사랑하라!" 그것은 내면가족시스템과 예수님의 사랑의 원리가 서로 연결되는 아름다운 순간이었다. 그들은 여전히 개혁신학대학원에서 내면가족시스템 치료를 가르치고 있다.

그 경험 후에 나는 예수님과 그의 가르침이 IFS와 어떻게 유사한지에 대해 더 많은 관심을 가지게 되었다. 그래서 이 책을 읽었을 때 나는 전율을 느꼈다. 제나는 유사성 및 그 이상을 강조할 뿐만 아니라 우리 모두가 이해할 수 있는 사례로 책을 채우고 IFS를 간단하고 설득력 있게 설명하고 있다.

이것은 획기적이고 용기 있는 책이다. 모든 크리스천들은 종교적 가르침이 무심코 자신들을 자기 수용과 사랑으로부터 멀어지게 하는, 즉 예수님이 가르치신 바로 그 원리에서 벗어나게 할 수도 있는 방법들에 대해 곰곰이 생각해 보도록 도전하고 있다. 당신이 당신의 부분들과 관계하는 방식은 당신이 부분들을 닮은 사람들과 관계하고 있는 방식과 유사하다. 예를 들어, 만약 당신이 자신의 화난 부분을 미워하거나 두려워한다면, 당신은 자신의 삶에서 화난 사람에 대해 긍휼과 용서의 마음을 품고자 고군분투하게 된다. 제나가 분명히 밝혔듯이, 자기 자신에게 수치감을 불어넣으면서 다른 사람들을 사랑하고자 애쓰는 것은 헛된 일일 뿐만 아니라 완전히 불필요한 일이다. 예수님은 적어도 우리가 우리 자신뿐만 아니라, 다른 사람들과 우리의 관계에 더 많은 사랑을 가져오기를 바라신다.

나는 대단히 흥분된 마음으로 여러분이 이 책에서 이해를 돕고 생명을 주는 진리를 탐구해 보시기를 권한다. 성경 말씀 중심의 새로운 사랑의 방식에 오신 것을 환영한다.

리처드 슈워츠

당신은 자신의 모든 부분들이 — 옳은 일을 하고, 예의 바르고, 긍정적인 감정을 느끼는 당신뿐만 아니라 엉망을 만들고, 잘못된 말을 하며, 외롭고, 두렵고, 수치감을 느끼는 당신의 부분들까지도 — 진심으로 환영받는다고 느껴본 적이 있는가?

'환영받는다'는 것은 당신이 마음을 가다듬을 때까지 자신의 힘든 측면들을 참고 견디는 것을 의미하는 것이 아니다. 그것은 당신 모습 그대로 수용되고, 받아들여지고, 귀하게 여겨지는 것을 의미한다.

만약 당신이 그 질문에 "네."라고 대답했다면, 당신은 드물게 운이 좋은 사람이다. 우리 대부분은 그 질문에 대해 "아니요."라고 대답한다.

사실 우리 가족, 공동체, 예배 장소, 학교, 직장, 관계에서 진정한 우리 자신의 모습으로 있는 것이 안전하지 않은 경우가 많다. 심지어 우리는 우리 내면에 있는 우리 자신에 대해서도 안전하지 않을 수도 있다. 우리가 엉망을 만들거나, 잘못된 말을 하거나, 힘든 감정을 느낄 때 우리는 스스로를 판단하고 수치감을 주며 가혹하게 비판할 수도 있다. 우리는 하나님 역시 우리에게 그렇게 하신다고 믿을 수도 있다.

아마도 이 같은 이유에서 우리가 반려견을 그토록 사랑하는 것으로 보인다. 우리가 뭘 했든, 기분이 어떻든 간에 반려견들은 우리가 귀가할 때 문간에서 기다리며, 우리를 보고 항상 기뻐한다. 그들은 우리를 판단하지 않는다. 그들은 단지 우리를 사랑하고 싶어 한다. 그리고 그것이야말로 우리 모두가 오히려 필요로 하는 것이 아닌가?

온전히 환영받지 못하여 자신의 부분들을 의절할 수밖에 없는 경험은 우리에게 형용할 수 없는 고통과 함께 피하여 숨기, 그리고 수치심을 가져온다. 그것은 우리의 관계를 피상적으로 만들고 중독과 고통을 촉진한다. 상황이 악화되는 순간 에덴에서 바로 그 사건(비유적으로든 혹은 실제로든, 당신이 선호하는 어떤 것이든)이 일어났다. 우리가 발각되어 수치심을 느낄 때 우리는 서로에게서, 그리고 하나님으로부터 숨기 위해 무화과잎을 엮기 시작하였다. 하지만 우리가 부끄러워하는 모든 것들을 가릴 수 있을 만큼 큰 무화과잎을 찾기는 어렵다.

나는 어린 시절의 대부분을 나뭇잎 뒤에 숨어서 보냈다. 나는 군인 가정에서 자란 외동딸이고, '완벽하게' 일을 처리하는 것이 중요하다고 여겼다. 우리는 이사를 너무 자주 해서 나는 고향이 어딘지 전혀 몰랐다. 고맙게도 나에게는 사랑하는 자상한 부모가 있었다. 하지만 삶은 여전히 고통과 상처를 주고 있어 내가 모든 것을 완벽하게 해내지 못한 경우, 나는 진짜 나의 모습을 숨기기 시작하였다.

나는 기분이 좋아지려고 분에 넘치게 연기하고자 애썼다. 나는 그 불쾌한 감정들이 수면 위로 떠오르지 않도록 바쁜 상태를 유지하려고 애썼다. 내가 내 주위 사람들을 계속 행복하게 해줄 수 있다면, 나는 항상 가치 있고 안전할 거라고 생각하였다.

당연히 나는 치료사가 되었다. 치료사로서의 내 임무는 다른 사람의 감정과 욕구에 초점을 맞추고 다른 사람들로 하여금 괜찮은 느낌을 갖도록 만드는 것이다. 따라서 그것은 내게 꽤 친숙한 역할이었다. 나는 유능한 치료사가 되고 싶어서 내 자신에 대한 치유 작업을 많이 하였다. 그 변화의 여정에서 나는 이 책의 바탕이 된 치료 모델, 내면가족시스템을 소개받았다. 그리고 처음으로 내 모든 부분들이 환영받고 있으며, 나의 무화과잎을 내려놓고, 내가 판단받을지 모른다는 두려움을 벗어버리고 진정한 나 자신이 된 다음에야 비로소 내가 성취하고 이행하면서 내 모든 부분들로 하여금 '제대로 하게' 만들 수 있다는 것을 경험하였다. 내가 은총의 실제를 경험한 것이다.

그때 나는 이 인본적인 치료법이 때로는 나의 신앙 공동체가 도와주던 것보다 더 효과적으로 나의 기독교 신앙을 실제로 경험하도록 해주고 있다는 것을 깨달았다. 내게 IFS 모델은 내가 머리맡 책상 위 성경의 즐겨 읽던 페이지에서 익히 알고 있었던 소망과 은혜의 복음—내가 항상 갈망하였지만 실제로 거의 경험하지 못하였던 소망과 은혜—과 놀랍도록 유사하였다.

나는 당신도 동일한 소망과 은혜를 경험할 수 있도록 이 책을 썼다. 만약 당신이 가식적으로 행동하고 포장하는 데 지쳤다면, 당신이 변화를 시도했다가 실패했다면, 당신이 어린 시절의 믿음에 환멸을 느끼고 있거니 당신의 믿음이 정체되어 있다면, 혹은 당신이 전적으로 믿음에 대해 의문을 품고 있다면, 이 책은 당신에게 드리는 나의 선물이다.

나는 이 책에서 당신은 안전하며, 당신은, 그리고 당신의 모든 것은, 있는 모습 그대로 환영받는다는 것을 알려주고자 한다. 당신의 모든 부분이 환영받는다. 당신이 행동을 가다듬고, 나쁜 일들을 행하고 느끼는 것을 중단하기까지 그냥 참아주는 것이 아니다. 브레넌 매닝(Brennan Manning)이 말한다.

"당신은 당신이 갖추어야 할 모습이 아니라, 당신의 모습 그대로 사랑을 받는다. 왜냐하면 당신은 결코 당신이 갖추어야 할 모습이 되지 않기 때문이다."

제나 리머스마
애틀랜타 관계치유센터(The Atlanta Center for Relational Healing)

차례

제1부

정말로 어떤 일이 일어나고 있는가

• 왜 우리는 서로 갈라져 있는지 알아가기 •

제 **2** 부

이것이 모든 것을 변화시킨다

• 우리 자신, 다른 사람들 및 하나님과의 관계를 변화시키기 •

정말로 어떤 일이
일어나고 있는가

왜 우리는 서로 갈라져 있는지 알아가기

왜 우리는 이러지도 저러지도 못하는가?

"나는 내가 바라는 일은 하지 않고 원치 않는 일을 하고 있다"

우 리 모두 교착 상태에 있다.

그리고 우리는 어떻게 해야 이 교착 상태를 빠져나올 수 있는지 모른다.

치료사로서, 나는 매일 이런 현실을 본다. 온갖 유형의 용기 있는 사람들과 함께 앉으면, 그들은 대체로 다음과 같은 불평을 털어놓는다. "나는 하고(혹은 느끼고) 싶지 않은 일을 하고(혹은 느끼고) 있습니다." 이 내적 싸움은 그들로 하여금 결함이 있고 나약하다는 느낌을 갖게 만든다. 그들은 하고 싶지 않은 일을 하고, 느끼고 싶지 않은 일을 느끼며, 어떻게 상황을 반전시킬지 알아내지 못하고 있다.

나는 정말로 이해한다. 내 생각엔 당신도 역시 이해할 것이라 생각한다.

우리는 살을 빼고 싶은데 오레오 쿠키를 먹는다. 앉은자리에서 한 봉지를.

우리는 근육 몸매를 갖고 싶지만 헬스클럽 문을 통과할 수 있을 것 같지 않다.

우리는 사랑하는 사람과 멋진 섹스를 원하지만 계속해서 포르노로 되돌아간다.

우리는 평화를 원하지만 고요함에 이를 만큼 하던 일을 오랫동안 멈추지 못한다.

우리는 우리 자녀들과의 관계를 원하지만, TV나 컴퓨터 화면을 보며 저녁을 보낸다.

우리는 내적 삶을 성장시키고 싶지만 우리 개인의 영적 실천을 소홀히 한다.

우리는 너그럽게 베풀고 싶지만 계속 돈을 써가며 빚을 진다.

우리는 존중받으며 존중하고 싶지만 폭발하고 격분한다.

우리는 로맨스를 원하지만 파트너의 잘못을 못 본 체 지나치지 못한다.

우리는 소망과 동기부여를 느끼고 싶지만 침대에서 일어날 에너지를 찾지 못한다.

우리는 의미 있는 우정을 원하지만, 불안과 수치심이 우리를 가두어 놓는다.

우리는 술에 취하고 싶진 않지만 와인 '한 잔만 더'의 유혹을 거부하지 못한다.

확실히, 교착 상태는 인간 조건의 일부이다. 바뀌고자 애쓰지만, 결국 너무나도 익숙한 패턴으로 되돌아가는 것이 어떤 것인지 우리 모두는 알고 있다.

하지만 희망은 있으며, 사실 우리는 생각보다 훨씬 더 정답에 가까이 있다. 실제로 변화의 열쇠는 우리가 우리의 내적 싸움을 묘사하기 위해 이미 사용한 단어 가운데 숨어있다.

그 단어는 '부분'이다.

정말 내 안에 어떤 일이 일어나고 있는 것인가?

치료사로서 수년간의 경험으로부터 내가 얻게 된 예상치 못한 진실은 모든 사람이 다음과 같은 이유로 교착 상태에 이른다는 것이다. 즉, 우리의 한 부분은 이것을 원하지만, 다른 부분은 다른 것을 원하고 있다.

다시 말해, 우리 부분들이 싸우고 있는 것이다.

앞으로 나는 우리가 왜 자신과 그리고 서로에 대해 이토록 나뉘었는지, 그리고 이 문제를 어떻게 해야 하는지 당신이 이해할 수 있도록 돕고자 한다. 나의 접근법은 IFS(Internal Family Systems, 내면가족시스템)라는 치료 모델을 만든 리처드 슈워츠 박사의 연구에 전적으로 기초하고 있다. 슈워츠는 처음으로, 사람들은 참자아와 많은 독립된 부분들로 구성되었다고 설명하였다. 달리 말하면, 그는 우리가 내적으로 일관성 있는 하나의 인격, 즉 항상 하나로 삶을 살아가지 않는다는 것을 보여주었다. 대신, 우리는 서로 다른 부분들의 동맹에 보다 가까우며, 부분들은 모두 우리가 '실제의 나'라고 생각하는 매우 독특한 측면들을 나타낸다.

내면가족시스템(IFS) : 인간을 참자아(이 책에서 하나님의 형상 혹은 이마고 데이라고 언급됨)와 서로 다른 많은 부분들로 구성되어 있다고 이해하는, 리처드 슈워츠 박사가 개발한 치료 모델.

처음엔 좀 이상하게 들릴 수 있을지 모른다. 하지만 그렇지 않다. 몇 페이지만 지나면 이해가 되기 시작할 것이다.

흥미롭게도, 치료사들은 슈워츠의 통찰을 PTSD, 중독 및 불안 장애로부터의 회복, 리더십, 부부 치료, 자살 예방, 그리고 전 세계적인 갈등과 같은 광범위한 문제에 적용하고 있다. 그리고 이 책의 핵심으로 나는 기쁘게도

IFS 모델이 성경적 통찰을 깊이 보완하고 그리스도를 높이는 진정한 영성을 살아내는 도구를 우리에게 제공한다는 사실을 발견하였다. 당신이 믿음의 사람이라면, 당신도 동일한 사실을 발견할 것이다.

즉, 부분들이라는 단어가 당신을 너무 놀라게 하지 않는다면 말이다.

부분은 당신의 한 측면일 뿐이다. 당신이 원한다면 하위인격체(소인격체)라고 할 수도 있다.

부분들 : 우리 인격체의 독특한 측면들(소인격체)로서, 그들만의 생각, 감정, 감각 및 의제를 가지고 있다. 모든 사람은 짐을 짊어지지 않은 많은 부분들을 가지고 태어나며 이들이 함께 자신의 독특한 인격을 구성한다. 모든 부분들은 개인을 위해 긍정적인 것을 원한다. 어떤 부분들은 부정적인 삶의 경험으로부터 고통(또는 고통에 대처하기 위한 전략)의 짐을 짊어지게 된다.

성경의 주요 인물들이 갈등 가운데 있는 부분들의 내면세계를 묘사하고 있다는 것을 기억하면 도움이 된다. 사도 바울을 생각해 본다. 그는 다음과 같은 글을 썼다. "나는 내가 하는 일을 도무지 알 수가 없습니다. 내가 해야겠다고 생각하는 일은 하지 않고, 도리어 해서는 안 되겠다고 생각하는 일을 하고 있으니 말입니다"(로마서 7:15). (달리 설명이 없으면, 모든 성경 구절은 새번역에서 인용함.) 다윗을 생각해 본다. 그는 시편 전체를 통해 자신의 부분들의 싸움을 이야기하고 있다. 어느 날은 "나는 주님을 절대적으로 믿습니다!"라고 하고, 그다음 날은 "난 여기서 죽겠나이다! 어디 있나이까, 주님?"이라고 한다. 그리고 사도 야고보를 생각해 본다. 그는 동일한 역동을 가리키며 다음과 같은 질문을 던진다. "무엇 때문에 여러분 가운데 싸움이나 분쟁이 일어납니까? 여러분의 지체들 안에서 싸우고 있는 육신의 욕심에서 생기는 것이 아닙니까?"(야고보서 4:1).

그 후 수 세기 동안 아우구스티누스, 루터, 그리고 수많은 다른 기독교

사상가들은 자신들의 부분들의 싸움을 연대순으로 기록하였다. 이러한 고백과 함께 인문과학의 최근 몇 가지 핵심 연구결과들은 나에게 교착 상태가 이야기의 끝이 될 필요는 없다는 희망을 준다.

부분이라는 단어에 거부감이 들면, 당분간 구성요소, 측면 또는 소인격체 같은 단어로 대체할 수 있다. 중요한 통찰은 우리가 그것을 무어라고 부르느냐가 아니라, 내가 느끼고(하고) 싶지 않은 일을 느끼고(하고) 있을 때, 나는 나쁜 사람이 아니라 단지 나의 부분들이 싸우고 있다는 것을 깨닫는 능력이다.

그 작은 변화로 우리 대부분이 수년간 무력하게 싸워 왔던 행동과 감정이 마침내 이해되기 시작한다. 당신이 나를 비롯한 수천 명의 다른 사람들과 같다면, 당신은 자신과 타인 그리고 하나님을 실제적이며 종종 새롭고 심오한 방법으로 사랑할 수 있나는 것을 알게 될 것이다. 당신의 친밀한 관계는 복구되고 크게 성장하게 되며 당신은 우울감, 불안, 과식으로부터 중독과 불륜에 이르기까지 흔히 볼 수 있는 정서적 몸부림에 대해서도 도움이 되는 통찰을 발견하게 된다. 심지어 당신이 다른 문화와 정당을 이해하고 관계를 맺는 방식도 급진적으로 변하게 된다.

당신이 회의적일지라도 괜찮다! 오히려 당신이 여기서 발견한 것을 적용하고 변화를 실제로 경험해 볼 정도로 회의적이길 바란다.

교착 상태 발견하기

당신의 교착 상태가 마음에 즉시 떠오를 수도 있지만, 당신의 부분들이 싸우는 삶의 상황을 떠올리는 것이 힘들 수도 있다. 우리의 이러한 몸부림이 때로는 너무 익숙해서 우리의 의식적 인식 밖에서 작동하기도 한다.

다음은 사람들이 교착 상태를 경험하는 몇 가지 흔한 삶의 상황들이다.

어떤 것이 당신에게 반향을 불러일으키는가? 잠시 당신의 반응을 생각해 본다. 이 교착 상태가 당신에게 어떤 영향을 끼쳤는가? 스스로에게 용감하고 정직하도록 한다. 판단하지 말라. 수치스러워하지 말라. 단지 안전한 장소에서 당신의 진실을 말하라.

감정

- 불안
- 우울감
- 두려움
- 걱정
- 공황
- 절망/무망감
- 외로움
- 고립
- 수치심
- 자기혐오
- 하나님에 대한 분노
- 영적 위기
- 억울함/분개
- 자부심/교만
- 영적 공허감
- 영적 교착 상태
- 탐욕/마땅히 누릴 자격
- 질투/부러움

사고 및 행동 패턴

- 부정적인 자기 대화
- 과식/먹는 것으로 위안 삼음
- 필요량보다 적게 먹음/식사 제한/다이어트 반복
- 과도한 업무 수행/강박적으로 바쁜 상태
- 너무 적은 업무 수행/게으름/불완전 취업 상태
- 지나친 지출/빚
- 쌓아놓음/과잉 저축/인색함
- 강박 관념
- 강박적인 행동
- 운동을 적게 함/나태
- 지나친 운동
- 잠을 많이 잠(늦잠)
- 잠을 적게 잠/불면증
- 긴장을 늦추기 위해 또는 취하도록 술을 마심
- 약물 복용
- 성적 행위 표출(포르노, 외도 등)
- 성적 행위 기피(회피, 비교 등)
- 해리/나가버림/TV 프로그램을 몰아 시청함
- 회피/고립
- 거부
- 지연

관계 패턴

- 분노/격분/분노의 폭발

- 해로운 관계를 유지함
- 중요한 관계를 방해함
- 변명함
- 남을 탓함
- 거짓말함/덮어버림/왜곡
- 다른 사람을 구조함
- 사람들의 비위를 맞춤

당신이 나와 같다면, 그 목록에 몇 개를 체크하며 적어놓아도 괜찮은 것도 있고, 아무도 보지 않았으면 하는 것도 있을 수 있다. 진실을 말함으로써 바로 우리가 지금 있는 곳(교착 상태)에서, 우리 자신을 보기 시작하는 선물을 얻게 된다. 그리고 그것이 변화의 출발점이다.

더 많이 알아가기 및 도움이 되지 않는 해법들

때때로 우리는 생각한다. '내가 더 많이 알기만 한다면, 개선될 수 있을 거야.' 이것은 우리에게 정보 문제가 있다는 것을 가정한다. 하지만 그것이 진실인가? 우리는 버는 돈보다 적게 써야 한다는 것을 알고 있다. 우리는 자녀들에게 질적·양적 시간을 투자해야 한다는 것을 알고 있다. 우리는 외도를 해서는 안 된다는 것을 알고 있다. 우리는 가능한 한 가장 전문적인 통찰을 찾기 위해 혼자 학습할 수 있는 팟캐스트를 여기저기 옮겨 다닌다.

> 더 많이 안다고 해서 우리의 행동이 달라지지 않는다.

하지만 더 많이 안다고 해서 우리의 행동이 달라지지 않는다.

우리 대부분은 사도 바울의 의견에 동의해야 할 것이다. 우리는 우리가 하고 싶어

하는 선한 일을 완벽하게 잘 알고는 있지만, 우리로 하여금 항상 그렇게 하도록 만들 수는 없다. 그리고 더 많이 아는 것으로도 충분치 않다면, 다른 많은 단순한 해결책들도 충분치 않다는 이야기가 된다.

예부터 내려온 이러한 격언처럼, "그만둬!"

"설탕 그만 먹어."

"불안해하지 마."

"포르노 그만 봐."

그만둘 수 없을 때, 그다음 대안은 종종 다음과 같다. "좀 더 열심히 해!" 이건 충분히 이해된다. "네가 더 열심히 노력한다면(자몽만 먹고, 기도를 더 잘하고, 노트북을 사용하지 않는다면) 그렇게 엉망이 되지는 않을 거야."

우리는 더 열심히 한다. 여전히 변화가 일어나지 않을 때, 우리는 다음과 같은 메시지로부터 엄청난 고통을 받는다. "네가 그것을 그만두지 않는다면… 너는 틀림없이 실패자가 될 거야. 그리고 네가 그만두지 못한다는 것을 알게 되면, 우리는 네가 그것밖에 안 되는 사람이라고 판단하고 수치심을 불어넣을 거야."

뚱뚱한 것이 창피한 줄 알아라(지구상의 모든 여성들에게 '뚱뚱한 것'은 그들의 현재 사이즈를 말한다). 술 마시는 것, 결혼 생활을 파탄 낸 것, 우울해하는 것, 불안해하는 것, 자살을 시도하는 것이 창피한 줄 알아라.

우리는 심지어 사람들이 상황을 통제하지 못한다고 그들에게 수치감을 불어넣기도 한다. 이를테면, '배우자가 성 중독이라니 창피하지도 않은가?' 아니면, '당신 자녀가 반항하는 것이 창피하지도 않은가?'

필연적으로, '네가 창피하지도 않아?'라는 메시지는 '내가 창피해'라는 더 치명적인 버전으로 변하여, 우리 스스로를 낙인찍는다. 내가 뚱뚱하다고, 우울해한다고, 관계가 깨졌다고, 빚을 졌다고, 술을 너무 많이 마신다고, 기도를 충분히 하지 않는다고 자신에게 수치감을 불어넣는다.

뼈저리게 친숙한 이야기인가?

중요한 건, 이 모든 '대답들'이 너무나 옳고 사실이며 전체적으로 명백해 보인다는 것이다. 우린 정말로 '그냥 그만둘' 수 있어야 하지 않는가? 그리고 더 열심히 노력하기만 하면 될 것이다. 크게 소리 지르며, 수치감과 죄책감을 없는 것이 너무 고통스럽기 때문에 우리가 바뀌도록 만드는 것이다.

사실, '더 배우고' '그만두며' '더 열심히 해보는' 것이 어떤 경우는 잠시 동안 효과가 있다. 그래서 그것들이 그토록 매력적으로 보이는 것이다. 하지만 우리가 거기까지만 한다면, 그것들은 결국 더 이상의 효과가 없게 된다. 왜냐하면 우리는 겨우 증상만 다루었지 원인을 다루지 않았기 때문이다. 그렇기 때문에 새해 각오가 보통 1월 10일까지는 완전히 끝나게 되어, 기존의 헬스클럽 회원들이 다시 아령이나 역기 운동을 할 수 있는 빈자리를 차지할 수 있게 된다.

많은 신앙인들에게 이러한 패배는 한층 더 참담하게 느껴진다. 왜냐하면 그것이 성경과 교회 문화가 약속하고 있는 승리와는 역행하는 듯이 보이기 때문이다.

나쁜 것들을 기도로 물리치기

완벽한 세상에서, 신앙 공동체는 보편적인 우리 인간의 교착 상태에 대해 솔직하게 말할 수 있는 가장 안전한 장소일 것이다. 다행스럽게도, 그것은 종종 사실이다. 그러나 때때로 우리는 도움이 되지 않는 인간적인 '일시적 해결책'을 신앙 공동체 내로 가져오고자 하는 유혹을 느낀다. 그럴 때, 교회는 지구상에서 우리의 몸부림과 고통이 현실이 될 수 있는 마지막 장소가 된다.

불행하게도, 신앙 공동체는 때때로 구태의연한 일시적 해결책을 단순히 영적인 것으로 위장하면서 문제를 가중시킨다. 무슨 의미인지 살펴보겠다.

'더 많은 지식을 가지라'의 영적인 버전은, 내가 성경을 읽거나 외우는 데 더 많은 시간을 보낼 경우, 나는 몸부림치지 않게 될 것이라고 말한다.

'그만두라'의 영적인 버전은 내게 말한다. "회개해! 그리고 네 죄를 십자가에 못 박아 버려."

'더 열심히 노력하라'의 영적인 버전은 "기도를 더 많이 해, 더 많이 참회해, 더 많이 내려놓아, 이 성경 구절들을 암송해, 거울에 그 구절들을 테이프로 붙여놔."라고 내게 말한다.

서로 다른 신앙 전통은 서로 다른 언어를 사용할 가능성이 있으나 암묵적인, 때로는 명시된 약속은 동일할 가능성이 있다. 만약 당신이 영적인 마인드를 더 많이 깆게 된다면, 그런 부정적인 감정을 느끼거나 나쁜 행동들을 하지 않을 것이다. 당신은 싸움을 그만둘 것이다.

이런 영적인 반응들은 하나도 나쁘지 않다. 그것들은 선하고, 종종 강력한 힘이 있다. 문제는 우리가 먼저 다음과 같이 이유를 묻거나 신경을 쓰지 않으면서 영적 해결책을 강요하려 할 때 온다. 왜 내가 우울해하는가? 왜 내가 불안해하는가? 왜 나는 술을 많이 마시는가? 왜 나는 지나치게 많이 혹은 적게 먹는가? 왜 나의 인간관계는 계속 흔들리는 것인가?

우리가 왜 그런 감정을 갖는지, 그런 방식으로 행동하는지 알지 못한다면, 우리는 실제로 일어나고 있는 것을 어떻게 다룰지, 하나님께서 치유해 주셔야 할 필요가 있는 것이 무엇인지 전혀 알 수 없을 것이다. 우리는 단지 그런 것을 하고 싶지 않은 부분 편에 서서, 그렇게 하는 부분에는 대항한다. 그러고는 내면에서 싸움이 일어난다.

우리의 '나쁜' 부분들이 행하거나 느끼는 모든 '나쁜' 것들을 없애버리거나 순전히 의지력으로 부수어 버리거나 제거하고 나서야 우리가 선한 믿음의 사람으로서의 자격을 갖춘다고 믿을 때 상황은 더 악화될 뿐이다. 만약 우리가 정말로 크리스천이 가져야 할 모습대로 살아가고 있다면, 때때로 우리는 그 어떤 나쁜 것들을 행하거나 느끼지 않을 것이라는 터무니없는 기대를 갖고 있기 때문이다.

나는 이것이 하나님의 마음을 아프게 한다고 믿는다. 성경에는 우리가 하나님께 부르짖으며[1] "날이 새도록 그와 씨름하라."[2]라고 독려하시는 하나님을 보여주고 있다. 이스라엘에서 가장 고뇌에 찬 시인 다윗도 성경에서는 하나님의 마음에 드는 사람[3]으로 묘사되어 있다.

나는 하나님께서 우리의 상처와 고통, 엉망이 된 것에 대해 이렇게 말씀하신다고 생각한다. "그 문제를 가져오너라, 내 자녀야. 가져오너라. 바로 여기 그 문제 가운데 있는 네 곁에 내가 있지 않느냐."

사촌 머틀의 병든 고양이

나는 내 인생의 대부분을 이런 꼼짝 못 하는 딜레마에 빠져 살았다. 나는 교회에서 성장하며, 20대 초반에 하나님께서 내 인생의 키를 잡아주시도록 초대하였고, 신앙에 대해 내가 할 수 있는 모든 것을 배우는 데 전심을 다하였다. 내게는 배우며 '올바르게 행하는' 것을 매우 좋아하는 학구적이고 정진하는 부분들이 있다. 이런 부분들은 전통적인 성경 공부와 교회 환경에서 능력을 발휘하므로, 나는 성경 구절을 읽고 '옳은' 대답을 하며, 내 사촌 머틀의 병든 고양이(역자 주 : 자신의 절실한 문제가 아니라, 형식적으로 관심을 보이는 남의 문제)를 위한 기도를 부탁하였다.

나는 하나님에 대해 머리로만 아는 지식을 많이 얻었고 옳고 바른 답을 많이 알게 되었다. 나는 선한 의도를 가지고 '옳은' 일도 많이 하였으므로, 나의 여정에 대해 흡족한 느낌을 갖게 되었다. 나는 가르치기도 하였다. 여름 성경 학교에서도 가르쳤고, 선교 여행도 하였다. 심지어 병든 사람들을 위해 요리도 하였다—나는 그리 훌륭한 요리사는 아니어서, 내가 만든 찌개가 아마 그들을 더 병들게 만들었는지도 모르겠다.

그것은 모두 괜찮고 좋았으나, 살아가면서 나는 힘든 경험을 지나게 되었다—모두가 잘 조직되고 준비된 듯이 보이는, 멋지게 미소 짓는 사람들로 이루어진 소그룹에서 기도해 달라고 이야기를 꺼내기가 편치 않은 그런 내용이었다. 나는 기도 시간에는 사촌 머틀의 병든 고양이에게 매달리고, 나의 진실은 내 자신의 비밀스러운 어둠 속에 숨겨야 했다. 왜냐하면 '그만 둬' 또는 '더 열심히 해'의 그 어떤 영적인 버전에 수치를 당하거나 판단받고 싶지 않았기 때문이었다.

나는 나의 실제 문제 대신에, 차라리 건강에 문제가 있었으면 좋겠다고 생각한 순간도 있었다. 적어도 내가 병원에 있다면 릴레이 중보기도의 대싱이 될 수 있고 사람들이 우리 가족에게 음식을 가져다줄 것이기 때문이다.

다른 방식으로 이야기해 본다.

내가 암에 걸렸으면 좋겠다고 생각하였다. 그러면 나는 교회에서 솔직하게 이야기할 수 있지 않은가.

나는 진실할 수가 없었고, 그것이 나를 지치게 만들었다. 나는 내 믿음을 버리지 않았다. 내 심장은 여전히 하나님과의 관계를 갈망했다. 하지만 이 같은 중요한 갈림길에서 많은 사람들이 자신의 믿음을 내던지거나 진실치 못한 삶이라는 '겉만 번지르르한' 가면을 쓴다. 교회 출석자가 급격히 줄고 있는 상황에서[4] 나는 이런 일이 우리가 인정하고 싶은 것보다 훨씬 더 많이 일어나는 것은 아닌가 생각한다.

삶은 힘들어진다. 우리는 이 땅에서 완벽해지지 않는다. 우리에게는 항상 문제, 즉 힘든 문제, 우리에게 닥친 문제, 우리가 겪는 문제, 그리고 우리가 우리 자신과 싸우는 문제가 있게 된다.

그것은 예수님 자신이 하신 약속이다.[5] 그러나 우리가 만약 '내가 제대로 된 믿음을 갖고 있으면 나는 실제로 몸부림을 치지 않을 것'이라는 왜곡된 생각에 빠지게 되는 경우, 우리는 영적 완벽주의의 가면 뒤에 숨을 수밖에 없다. 우리가 그렇게 믿고 있다면 다른 선택의 여지가 없다. 그때에는 우리가 매우 조심스럽게 관계를 맺게 되어, 우리의 '미친' 모습이 드러나지 않는다. 우리는 머틀의 병든 고양이에 대해 이야기를 나누는 데에만 매달려, 내면에서 천천히 죽어간다. 왜냐하면 그것은 우리의 실제 모습이 아니기 때문이다.

다행히도, 하나님께서 내 믿음의 여정에 여러 차례 보여주셨듯이, 그분은 이 조심스러움을 우회하여 그분과 연결되는 방법을 나에게 보여주셨다. '내면가족 시스템'이라는 모델 안에서 나는 교착 상태를 완전히 새롭게 이해하는 방식을 발견하였고, 이것은 나의 깊은 영적 신념을 멋지게 보완해 주었다. 그것은 실제적이어서, 나와 다른 사람들을 이해하는 데 즉시 큰

> 나는 교착 상태를 완전히 새롭게 이해하는 방식을 발견하였고, 이것은 나의 깊은 영적 신념을 멋지게 보완해 주었다.

영향을 주었다. 그것은 내가 판단, 수치심, 절망을 극복하고 긍휼의 마음, 존중, 은혜 가운데 살기 시작하도록 해주었다. 그것은 나에게 더 크시고, 더 좋으신 하나님 ─ 내가 끊임없이 바랐던 분 ─ 을 다시 알게 해주었다.

나는 그것이 내가 내 안에 있는 모든 부분들뿐만 아니라, 나의 밖에 있는 사람들에게도 예수님(즉 사랑을 베푸는 존재)이 될 수 있도록 해주었다고 생각하고 싶다.

나의 길은 너희의 길과 같지 않다

우리가 해야 한다고 생각하는 것과 반대되는 행동을 하는 것은, 그분의 길은 우리의 길과 같지 않다고 약속하시는 하나님과 함께하는 주제이다. 결론적으로, 예수님이 세상에 오셨을 때 그분은 모든 사람이 갖고 있는 하나님에 대한 개념을 뒤엎으셨다. 그분은 건강한 영적ㆍ정서적 삶이 어떤 모습이고 어떻게 행동해야 하는가에 대한 일반적인 기대에 도전하셨다―항상 그 모든 것을 갖춘 삶은 분명히 아니었다. 그분은 가망 없는 사람들과 어울리는 것을 즐기셨고, 자신들은 옳은 일과 옳은 말만 한다고 생각하였던 빛나는 영적 수호자(율법학자)들―'그만둬' '더 열심히 해'의 전문가들―에게 심한 말씀을 퍼부었다.

하나님이 실제로 어떤 분이셨는지에 대한 새로운 그림을 보여주기 위해 예수님께서는 평범한 사람들과 어울리는 것을 더 좋아하셨다. 그분은 못된 행동을 하는, 타락한, 불법을 행하였다고 의심받는, 지저분하지만 정직한 군중들을 향해 나아가셨다. 당신도 알다시피, 그분은 자신의 친한 친구들과 제자들을 찾으러 그 군중 가운데로 가신 것이다.

하나님에 대한 더 많은 것을 보여주기 위해 예수님께서는 이야기도 해 주셨다. 바보같이 길 잃은 양을 찾으러 간 목자, 그리고 가장 큰 실패자인 자신의 아들을 향해 달려간 아버지에 대한 이야기가 그것이다.

그것은 우리의 내면 모습에 대한 진실을 받아들일 때 비로소 행해질 수 있는 행동이다. 또한 그것은 우리의 모든 부분들이 환영받으며, 치유가 가능하며, 하나님이 창조하신 강력하며 변화를 가져오는 중심, 즉 우리의 하나님 형상이 우리 중심에 손상받지 않고 살아있다는 것을 우리에게 보여준다.

당신은 초대받았다

이 새로운 삶의 방식의 핵심 개념을 함께 탐구해 본다. 나는 내 자신의 이야기를 공유하고, 성경 구절과 그 밖의 자료들을 가지고 중요한 통찰을 지원하며, 개인적인 적용을 통해 당신이 변화를 경험하도록 안내하고자 한다.

이 책은 내면의 싸움을 이해하기 위해 지금까지 몸부림쳐 왔던 모든 이들을 위한 것이다.

우리 중에 하고 싶지 않은 일을 하고는, '하지 않았어야 하는데' 하고 바라는 이들을 위한 것이다. (정말로, 오레오 쿠키가 나를 노려보며 앉아있었다.)

믿음에 대해 어려운 질문을 갖고 있으나 솔직해지는 것을 두려워하는 우리 모두를 위한 것이다.

우리 중에 믿는 방식과 사는 방식이 다른 이들을 위한 것이다.

우리 중에 두려움, 외로움, 불안감, 억울함, 연약함, 우울감을 느끼며, 그러고 나서 그러한 감정들이 '믿는 사람'에게는 어울리지 않는 것 같아 창피함을 느끼는 이들을 위한 것이다.

이 책 말미에 이를 즈음에, 대부분의 사람들이 여러 해 동안 경험해 보지 못하는 치유가 당신에게 일어날 수 있는 기회를 갖게 될 것이다.

환영한다. 마음을 편히 갖기를 바란다. 당신은 혼자가 아니며, 교착 상태로 남아있을 필요가 없다. 당신은 인간이다. 그리고 당신의 모든 부분들을 환영한다.

논의를 위한 질문

- 삶의 어느 영역에서 당신은 교착 상태와 씨름하는가?
- 당신의 한 부분이 어떤 것을 하고 싶어 하고 다른 부분이 다른 것을 하

고 싶어 할 때, 그것은 당신의 부분들이 싸우고 있다는 신호이다. (잠자는 것 대 하나님과 함께하는 시간. 오레오 쿠키를 먹는 것 대 살을 빼는 것.) 당신에게 싸우고 있는 것으로 보이는 부분들이 있을 때 당신은 일반적으로 어떻게 반응하는가?

- 당신은 자신의 몸부림에 대해 솔직해지는 것이 두려웠던 적이 있는가? 사람이나 환경의 어떤 속성이 힘든 문제에 대해 솔직해져도 안전하다는 느낌이 들도록 만드는가?

- 영적 맥락에서 '더 많이 배워', '그만둬' 또는 '더 열심히 해'라는 이야기를 들어본 적이 있는가? 이 메시지가 당신에게 어떤 영향을 미쳤는가?

- 당신은 하나님께서 당신의 인간적인 사고방식을 완전히 뒤엎으시도록 할 준비가 되어있는가? 그 가능성에 대해 어떤 점이 당신을 흥분시키는가?

전체는 더 크다

어떻게 우리의 부분들을 이해하느냐가 우리의 변화 방식을 바꾼다

만약 이 모든 부분 언어가 당신으로 하여금 다중인격체를 가지고 있는 것은 아닌지 궁금하게 만든다면, 답은 "그렇다." 당신은 가지고 있다. 우리 모두 가지고 있다. 우리 인격체의 아주 다른 측면들이 모여 우리 전체를 구성하는 것은 완전히 정상이다.

우리는 이것을 직관적으로 이해하며, 그것은 우리가 말하는 방식에서도 드러난다.

"안녕 레이첼, 금요일 파티에 초대해 줘서 고마워! 한편으로는 정말 가고 싶지만, 직장에서 한 주간 너무 힘들게 보냈기에 또 다른 한편으로는 집에 가서 일찍 자고 싶어. 내가 한 시간만 들러도 괜찮겠어?"

때때로 숨어있는 '부분들의 전쟁'은 금요일 파티에 대한 우리의 느낌처럼 비교적 단순하다. 또 어떤 때는 우리가 중독이나 불안, 우울증과의 지속적인 싸움에 말려드는 경우처럼 좀 더 심각하거나 속상할 때도 있다. 하지만 싸우고 있는 부분들이 연속선상 어디에 있든, 우리의 부분들과 우리의 참자아에 대한 IFS 통찰이 도움이 될 수 있다.

우리는 우리의 부분들을 화해시키고자 하는 전통적인 시도가 어떻게 우리에게 수치감과 판단받는 느낌과 무가치한 느낌을 갖도록 만드는지 지금까지 보아 왔다. 믿음을 가진 사람들은 우리가 죄 가운데 있는 것인지, 하나님께 실망스러운 존재인 것인지 궁금해한다. 왜냐하면 도넛 먹는 것을 '그냥 중단'하는 것도, 영적 훈련을 '더 많이' 받는 것도 그리 오래가지 않기 때문이다.

이 장에서는 참자아에 대한 생각을 살펴보고, 우리의 부분들을 알아가며, 우리가 있는 곳에서 우리가 있기 원하는 곳으로 가는 방법을 알아본다. 먼저, 어떻게 이런 방식으로 우리 자신을 이해하게 되었는지에 대해 매우 흥미로운 이야기를 소개하고자 한다.

많은 것들 중 하나

1980년대에 리처드 슈워츠 박사는 가족시스템이라고 알려진 모델에 대해 교육을 받은 시카고의 젊은 치료사였다. 각 사람은 자신의 세계 안에 있는 복잡한 일차적인 관계망에 의해 형성된다고 이 모델은 가르친다. 한 사람의 몸부림이 해결되기 위해서는 더 큰 생태계에 있는 다른 구성원들과 작업할 필요가 있었다. 예를 들어 만약 당신에게 아버지로부터 언어 학대를 당하며 술을 마시는 10대 내담자가 있다면, 문제를 경감시키고 싶을 경우 아버지의 언어 학대와 어머니의 회피, 그리고 10대의 음주 문제를 치료해야 한다는 것을 우리는 가족시스템을 통해 이해한다. 증상이나 사람을 분리시켜 치료할 수는 없다.

하지만 이 접근법에는 한계가 있다. 치료사들은 가족 내의 문제가 해결될지라도 증상이 지속되는 경우가 많다는 것을 발견하였다. 슈워츠가 놀라운 돌파구를 마련한 것은 바로 이 지점이었다.

그는 시스템이나 핵심 관계가 내담자의 외부(부모, 삼촌, 경쟁적인 형제자매, 고약한 이웃)뿐만 아니라 그들 내부에도 존재한다는 것을 깨달았다. 그리고 그 내면시스템들도 역시 치유가 필요하였다.

구체적으로, 슈워츠는 내담자들이 예외 없이 그들의 고통이 끔찍한 갈등 가운데 있는 자신들의 서로 다른 부분들로부터 오고 있다고 묘사하는 것에 주목하였다. 섭식장애로 싸우고 있는 한 내담자는 자신에게 날씬해지고, 절제하며, 인정을 받기 위해 음식 섭취를 제한하고 싶어 하는 한 부분이 있기도 하지만, 허기지고 건강을 해칠까 봐 필사적으로 먹기를 원하는 다른 부분도 있다고 묘사하였다. 이 두 부분은 글자 그대로 전쟁 중이었으며, 그 전쟁의 결과가 내담자의 생사를 결정짓게 되었다.

호기심 가운데, 슈워츠는 다른 내담자들에게도 동일한 갈등 가운데 있는 꼭 같은 부분들이 있는지 체크해 보았다. 아니나 다를까, 그들에게도 있었다. 슈워츠가 자신의 내면에 주의를 기울이자 자신에게도 꼭 같은 전쟁터가 있음을 인정할 수밖에 없었다. 이것이 하나의 치료 모델로서 내면가족시스템(IFS)이 태어나게 된 경위였다.

그 당시에는 '부분들'을 가지고 있다고 지목된 사람들을 회의적인 시각으로 바라보았다. 지금은 정체성해리장애(Dissociative Identity Disorder)라고 불리는 다중인격장애라는 진단이 그 당시에는 허구이거나, 기괴하거나, 혹은 매우 병적인 것으로 여겨졌다.

상당한 용기를 가지고, 슈워츠는 심리학 영역에 발을 들여놓으며 동료들에게 조심스럽게 제안하였다. "나는 우리 모두에게 이런 부분들이 있다고 생각합니다. 부분들은 정상일 수 있습니다."

당신은 그 아이디어가 얼마나 철저하게 검토되었는지 상상도 할 수 없을 것이다.

하지만 슈워츠는 끈기 있게 붙잡고 늘어졌다. 그는 그 싸우는 부분들에 대해 더 많이 알고 싶었다. 즉 그들은 자신들이 그 일을 왜 계속하고 있는지, 그리고 어떤 것이 그들로 하여금 그만두지 못하도록 하는지 알고 싶었다. 답을 얻는 가장 좋은 방법은 부분들에게 직접 물어보는 것이었다. 그가 질문을 해보니, 부분들이 대답하는 것을 발견하였다. 글자 그대로, 귀에 들리는 목소리로 말하는 것이 아니라 이미지, 기억, 혹은 생각이 남긴 인상을 통해서 대답하였다. 내담자가 지어내거나 내담자의 생각에 이 부분들이 이렇게 말하겠거니 하는 것이 아니라, 부분들과의 실제 상호작용이 일어난 것이었다.

더 나아가, 그는 그 부분들이 마침내 누군가가 자신을 알아보고 자신의 이야기를 듣고 싶어 한다는 사실에 정말로 기뻐하고 있다는 것을 알게 되었다! (정말로, 방금 이 문장을 다시 읽어보라.)

더 완전한 그림이 나타난 것은 바로 이때였다.

우리 부분들이 독특한 정체성을 가지고 있다는 것이 드러났다.

그들에게는 뚜렷한 인격이 있다.

부분들에게는 자신들이 지금 하고 있는 임무가 있고, 도움이 되지 않는 행동 방식 가운데 그들을 계속 가두어 두고 있는 짐도 있으며 더 도움이 될 수 있는 일을 하기 위해 자신들이 치유되고 해방될 수 있는 방법도 있다.

이것들이 내면가족시스템 모델의 구성요소이다. 슈워츠가 우리의 나누어진 내면'가족'을 처음으로 인식한 사람은 분명히 아니었다. 하지만 그는 처음으로 그러한 자각으로부터 치료로 나아가는 실용적이고 포괄적인 접근법을 창안한 사람이었다.

그리고 비록 IFS가 인본적인 모델이지만, 그럼에도 불구하고 이 모델은 우리의 본질적인 정체성을 이해하는 방식에서부터 시작하여 우리의 인간성에 대한 깊은 성경적 진실을 반영하고 있다.

그것이 바로 내가 다음에 하고 싶은 이야기이다.

하나님의 형상 : 우리의 중심

슈워츠는 자신의 연구에서 모든 인간 내면의 깊고 안정적인 본질을 관찰했다. 슈워츠는 이 본질을 참자아(Self)라 불렀다. 모든 사람은 참자아를 가지고 있다. 참자아는 우리를 우리의 모습으로 만드는, 한 사람의 중심이며, 내면의 부분들을 치유의 길로 이끌 수 있도록 준비가 잘 되어있는 존재이다.

슈워츠는 또한 이 참자아가 본래 선하고 현명하며 용기 있고 긍휼의 마음을 가지고 있으며, 기뻐하며 침착하다고 보았다. 또한, 그는 참자아가 선하다는 이 통찰력 하나에도 엄청난 의미가 있다는 것을 깨달았다. 그는 묻는다. "만약 당신이 매일 그러한 품성에 더 많이 접근하며, 이 침착하고 기뻐하는 참자아가 당신의 진정한 정체성이라고 믿는다면, 당신의 삶은 어떻게 달라지겠는지 잠시 시간을 내어 상상해 보십시오."[6]

언뜻 보기에, 참자아를 바라보는 그의 견해는 우리가 교회에서 듣는 바, 즉 '자아(self)라는 단어는 보통 부정적인, 죄성을 가진 혹은 자아도취적인 가치와 관련이 있다'는 내용과 상충하는 것으로 보일 수 있다. 하지만 나는 슈워츠가 '참자아(Self)'라고 이름 붙인 것이 실제로 하나님의 지문, 즉 모든 인간 내면에 있는 하나님의 형상(이마고 데이)이라고 믿는다. 창조 이야기는 하나님의 형상을 가진 인간으로서의 우리의 모습에 대한 본질을 묘사하고 있다. 그래서 이 책에서는 참자아란 용어 대신에 하나님의 형상이란 용어를 주로 사용할 것이다.[7]

우리의 중심에 있는 이 하나님의 형상은 우리의 진정한 영성의 자리이며, 우리 안에 있는 신성의 반영이다. 하나님 품성을 순수하게, 그리고 손상되지 않도록 반영하면서, 지혜, 연결(관계 맺음) 및 긍휼의 마음이 자리 잡고 있는 곳이다. 창세기 1장 27절이 말씀하고 있는 "하나님이 당신의 형상대로 사람을 창조하셨으니, 곧 하나님의 형상대로 사람을 창조하셨다.

하나님이 그들을 남자와 여자로 창조하셨다."라는 것은 이 본질을 설명하는 한 가지 방식이었다. 하나님께서 창조하신 우리의 중심은 항상 우리 안에 있다—우리가 하나님 형상과 접촉하지 않고 있을 때조차도, 그리고 심지어 우리가 하나님 형상이 있다고 믿지 않는다 하더라도 말이다.

우리가 하나님의 형상에 완전히 접근할 때, 우리는 슈워츠가 8C라고 부르는 호기심, 긍휼의 마음, 용기, 연결, 명료성, 평온, 자신감, 창의성을 자연스럽게 (아무런 힘을 들이지 않고) 경험하게 된다. 갈라디아서 5장 22~23절은 다음의 속성들, 즉 사랑, 기쁨(희락), 화평, 인내(오래 참음), 친절(자비), 선함(양선), 신실(충성), 온유, 절제를 성령의 열매로 일컫고 있다. 우리가 뭐라고 부르든 간에, 우리가 내면의 하나님 형상에 완전히 연결되어 있을 때 우리는 하나님의 임재와 본성에 맞추어지므로 더 나은 자원을 얻어 치유로 나아갈 수 있게 된다.

모든 사람은 자신의 중심에 하나님 형상을 가지고 있고, 완벽한 세상에서는 아무런 제약을 받지 않는 많은 부분들에 둘러싸여 우리의 독특한 인격을 구성한다.

참자아(하나님의 형상 또는 이마고 데이) : 우리의 중심에 있는 핵심으로서 우리의 진정한 모습. 참자아는 신성과 우리의 진정한 영적 연결이 이루어지는 자리이다. 이 책에서는 '참자아(Self)'를 지칭하기 위해 주로 '하나님의 형상(이마고 데이)'이라는 용어를 사용하는데, 이는 인간이 하나님의 형상으로 만들어졌다는 기독교적 이해를 반영한다(창세기 1:27). 하나님의 형상은 모든 사람 안에 있는 손상되지 않은 존재이며, 성령의 열매나 8C 특성 같은 신적 속성을 반영한다. IFS 치료 및 크리스천 삶의 목표는 이 핵심의 입장에서 우리 내면의 부분들을 이끄는 것이다.

어떤 사람은 음악적인 부분을 가지고 창조될 수도 있고, 다른 사람은 유머 있는 부분을 가지고 있을 수 있으며, 또 다른 사람은 학구적인 부분을

가지고 있을 수도 있다. 우리 모두에게는 이렇게 짐을 짊어지지 않은 많은 부분들이 있다. 우리의 내적 경험이 완벽하게 기능하고 있는 경우, 이러한 부분들은 제약을 받지 않으며 유연하다. 유연하다는 것은, 필요할 때는 그것들이 우리의 즉각적인 인식 안으로 들어오고 그렇지 않을 때는 다시 인식 밖으로 나간다는 뜻이다.

물론, 우리는 완벽한 세상에 살고 있지 않다. 상처가 발생하고, 불의는 만연하며, 고통의 기억은 몸과 마음 가운데 남아있다. 그 고통은 우리의 부분들을 아프게 하고 우리가 추방자라고 부르는 것들을 만들어 낸다.

추방자

추방자들은 우리의 과거 기억과 고통의 흔적을 가지고 있는 민감하고 아파하는 부분들이다. 우리는 어떤 사건이나 사람으로부터 굴욕, 실망, 슬픔, 공포 또는 버려짐을 경험했을 수도 있다. 그리고 솔직히 말해서, 우리 모두는 어떤 식으로든 고통을 경험해 봤기 때문에 우리 모두에게는 많은 추방자들이 있다.

추방자 : 부정적인 삶의 경험으로 인해 짐을 짊어지게 되고, 따라서 천부적으로 긍정적인 특성에 접근하지 못하게 된 부분. 추방자들은 두려움, 수치심, 외로움, 불안, 슬픔 같은 부정적인 감정뿐만 아니라, '난 혼자야', '내 감정과 욕구는 중요하지 않아', '난 무언가 잘못됐어' 같은 부정적인 신념도 지니고 있다.

하지만 어느 누가 그 모든 나쁜 것들을 계속 느끼고 싶겠는가? 아무도 없다! 우리는 이러한 취약한 부분을 숨겨놓고, 눌러놓으며, 잠가놓고, 때로는 (우리 생각에) 완전히 남겨두고 떠나고자 애쓴다.

이제 당신은 추방자라는 용어가 왜 그토록 적합한지 이해하게 될 것이다.

IFS는 추방자의 거추장스러운 상태를 묘사하기 위해 '짐을 짊어진'이라는 용어를 사용한다. 짐은 부분들이 짊어지고 그들의 삶을 지배하는 극단적인 생각이나 감정이다. 그것은 그 부분에게 정서적인 짐(슬픔, 거부, 외로움)이나 인지적인 짐(예를 들면, '나는 충분하지 않아', '나는 긍정적인 관계를 가질 만한 가치가 없어', '나의 감정과 필요는 중요하지 않아'와 같은 부정적인 믿음)의 족쇄가 채워진 상태를 말한다.

짐 : 부정적인 삶의 경험의 결과로 부분들에게 붙어있는 극단적인 감정, 신념 또는 행동. 짐은 어떤 부분에 붙어있는 족쇄 채워진 쇳덩이와 같아(따라서 그 부분을 추방자나 보호자로 변화시킨다), 그 부분이 천부적으로 창조된 긍정적인 본질에 접근하지 못하게 만든다.

우리 부분들은 이러한 짐을 짊어지도록 설계되지 않았기에, 이 짐은 설계된 그들의 본래 모습을 갖지 못하도록 방해한다. 예를 들어, 짐을 짊어진 우리의 부분은 수치심과 두려움으로 인해 그 부분이 가지고 있는 천부적인 장난기에 접근할 수 없게 될 수도 있다. 이 부분들은 우리의 고통을 짊어지고 있으나 우리는 종종 그들을 없애려고 애쓰므로 그들이 얼마나 아파하는지 느끼지 못한다.

추방자들의 취약성은 결국 다른 부분들에게 추방자의 고통을 나머지 내면'가족'으로부터 떼어놓으려고 걱정하도록 만드는 짐을 지운다. 예상하겠지만, 이제 이렇게 짐을 짊어진 부분들도 역시 설계된 본래 모습을 갖지 못하도록 방해받게 된다.

IFS에서 우리는 이 열심히 일하는 부분들을 보호자라고 부른다. 왜냐하면 그들은 추방자의 고통으로부터 우리를 보호하려고 그토록 애쓰고 있기 때문이다.

보호자

보호자 부분들은 우리가 추방자들의 고통을 느끼지 못하게 하기 위해 두 가지 서로 다른 전략을 갖고 있다. 하나는 사전 예방적인 것으로서, 이 전략을 사용하는 부분들을 관리자라고 부른다. 다른 하나는 사후 반응적인 것으로서, 이 전략을 사용하는 부분들을 소방관이라고 부른다.

관리자들은 고통을 예방하기 위해 때로는 높은 수준으로 작업을 수행하거나, 사람들의 비위를 맞추거나, 다른 사람들의 욕구를 우선시하는 등 다양한 사전 예방적인 방법으로 일을 한다. 소방관들은 이미 존재하는 고통을 잠재우고자 사후 반응적으로 달려든다. 일반적으로, 그들은 고통을 없애기 위해 알코올, 약물, 해리, 자해, 자살 시도, 격분, 성적 행동, 또는 그 밖의 다양한 충동적 방법들에 의존한다.

보호자는 꽤 예측 가능한 방식으로 우리 삶 가운데 등장한다. 당신이 호텔 미니바를 다시 뒤지면서 "나는 이걸 한잔 마실 자격이 있어."라고 작은 소리로 말하는 부분이며, 곧 다가오는 마감일을 맞추고자 애쓰는 것이 아니라 사무실을 청소하기 시작하는 당신의 부분이다. 당신의 모습은 전혀 그렇지 않은데 파티의 활력소가 되고자 하는 충동이며, 주먹으로 벽에 구멍을 내는 당신 안의 격분이다.

그렇다. 보호자들은 모두 자신의 임무, 즉 당신의 고통을 뿌리 뽑는 일을 하고자 애쓰고 있다.

보호자 부분들이 가져다주는 '해결책'은 분명히 잠시 고통을 줄여준다. 하지만 궁극적으로 그것들은 우리의 고통을 악화시킨다. 그리고 비록 그들이 파괴적인 행동을 하고 있더라도 보호자 부분들은 진심으로 도우려고 애쓰고 있으며 다른 선택이나 행동 방식에 대해 반드시 알고 있는 것은 아니라는 것을 우리가 깨달을 때 "아하!"의 놀라운 순간이 찾아온다. 그들은 종

종 자신들이 하고 있는 일을 좋아하지는 않지만 고통이 영향을 미치지 않
도록 하는 것이 자신들에게 달려있다고 생각한다.

여기엔 말도 안 되는 역설이 있다. 선의의 보호자들은 고통으로부터 우
리를 보호하고자 애쓰지만, 결국 고통에 기여하게 된다. 관리자가 너무 성
공적으로 잘하면 우리는 사회적 고립을 경험하게 된다. 왜냐하면 아무도
우리의 '좋은 사람이라는 가면' 아래에 있는 실제 인간(우리의 모습)에 접근
하지 못하기 때문이다. 소방관은 빠른 안도감을 가져다줄 수 있지만, 우리
를 중독, 관계의 단절, 심지어 죽음과 같은 실제 위험에 빠뜨린다.

보호자 : 추방자의 고통을 없애기 위한 시도에서 극단적인 역할의 짐을 짊어지게 된
한 시스템 내의 부분들. 두 가지 유형의 보호자가 있다. 추방자의 고통이 활성화지
못하도록 사전 예방적으로 애쓰는 관리자, 그리고 일단 활성화되었을 때 추방자의 고
통을 사후 반응적으로 진화하려고 애쓰는 소방관이 그것이다.

활성화되다 : 어떤 부분이 (과거의 상처를 떠올리는 것을 경험하거나, 양극화된 부분
의 활동에 의해) 위협을 느껴, 한 개인의 내면시스템을 뒤덮거나 장악하기 시작하는
상황이다.

우리에게 있는지도 몰랐을 수 있는 우리 내면세계의 많은 측면에 대해
이같이 이상한 이름을 짓는 과정에서 우리의 목표를 기억하도록 한다. 우
리가 추구하는 것은 이미 드러난 오래된 진실과 모순되지 않는, 우리의 내
적 삶에 대해 검증된 새로운 통찰이다. 우리가 과거 생각하기 시작했던
방식으로 우리를 해방시키는 통찰은 결코 일어나지 않을 것이다. 그 통찰
은 우리를, 그리고 우리가 사랑하는 사람들을 계속 아프게 만드는 미워하
는 감정과 행동의 수수께끼를 푸는 데 도움을 준다.

용어들은 생소할 수 있지만 우리의 예전 방식이 효과가 없기 때문에 새로

운 방식에는 어느 정도 새로운 유형의 이해가 필요하다는 것에 수긍이 간다.

사실, 나는 내면의 당신 모습과 당신 본성의 많은 측면이 어떻게 서로 관계를 맺고 있는지를 다시 그리는 작업이 더 깊이 파고 들어가 보려는 호기심을 자아내고 있기를 바란다. 당신도 나처럼 이런저런 골치 아픈 부분의 행동으로 인해 당신 자신을 자책하며, 혹은 당신의 한 부분이 관여한 비열한 행동이 당신의 실제 모습이라고 믿으며 여러 해를 보냈을 수도 있다.

당신이 가장 힘들어하는 행동이나 가장 부끄러워하는 감정이 실제로 당신의 모습이 아니라고 정말로 믿는다면 당신의 삶이 어떻게 달라질 수 있을지 나와 함께 머릿속에 그려보도록 하자. 슈워츠는 "만약에 그 부분들이 당신의 진정한 참자아와 다르며, 당신이 참자아로서 그들이 변화되도록 도울 수 있다는 것을 전적으로 믿는다면 어떻게 될까요?"라고 쓰고 있다.[8]

오레오 쿠키 싸움

짐을 짊어진 우리의 부분들이 어떻게 기능하는지 정말로 알아보기 위해 다이어트에 대한 이야기로 돌아가서, 반대하는 보호자 부분들이 어떻게 달려들어 도움을 주는지 살펴보자. 미국 언론과 대중문화는 우리가 뚱뚱하다고 설득하고, 오레오 쿠키를 폭식하는 우리 자신에 대해 매우 언짢은 기분을 갖도록 만든다. 그래서 그 문제를 다루어 본다. 틀림없이 우리 모두 경험이 있을 것이다.

다이어트를 하려던 중에 끔찍한 내면 전쟁에 휘말린 적이 있는가? 한 부분은 살을 빼고 싶은데, 다른 부분은 쿠키를 먹고 싶은가? 그들만의 방식으로, 두 부분 모두 당신이 고통을 느끼지 못하도록 돕고자 애쓰고 있는 것이다.

살을 빼고 싶어 하는 관리자 부분은 극도로 체계적이고 잘 훈련되었으며 목표 지향적일 가능성이 있다. 그 부분을 '모니터가 달려있는 클립보드'라고 생각하자. 그리고 틀림없이 클립보드는 당신의 입에 들어가는 모든 칼로리를 집계하며 지금부터 다가오는 여름까지 모든 운동을 계획하려는 의도를 가지고 있다. 관리자 부분이 고약하고 자기비판적이며 비열할 수도 있다. 그런 경우에는 그 부분을 내면비판자라고 부른다. 그 부분은 내면에서 구부정하게 서서, 당신이 얼마나 못생겼고 혐오스러운가에 대해 비열한 공격을 날리고 있다. 이 두 관리자 모두 당신이 살이 쪘다는 수치심을 느끼지 못하도록 나름대로 애쓰고 있는 것이다.

반면에 쿠키를 먹고 싶어 하는 소방관 부분은 결과에 대해서는 전혀 신경 쓰지 않으면서, 충동적인 즐거움을 추구하고 있을 수도 있다. 그 부분은 충동적인 10대의 기질을 가지고 있다. 그 부분은 자신이 원하는 것을 자신이 원하는 때에 갖고 싶어 한다. 그리고 자신이 가장 원하는 것은 고당도의 즐거움으로 당신이 수치심이나 고통을 느끼지 않도록 해주는 것이다.

이렇게 서로 다른 보호자 부분들이 독특하고 뚜렷한 정체성을 갖는 것이 정상이라는 점에 주목한다. 이런, 그들이 서로 싫어한다니!

대부분의 사람들이 그렇듯이 클립보드를 들고 있는 당신의 보호자 부분은 매우 강하여 처음 2주 정도는(아니면 며칠. 그것도 아니면 몇 시간이라도. 여기서는 판단하지 말고 그냥 현실적이 되도록 한다) 열심히 책임을 다한다. 이 보호자가 책임을 맡고 있는 기간이 대단히 길더라도, 당신은 칼로리 추적(MyFitnessPal) 앱에 마지막 1칼로리까지 입력하고 당신의 활동 수준을 모니터링한다. 당신은 부지런히 그래프와 차트가 어떤 모습인지 체크하고, 그날 저녁에는 디저트로 소금을 넣지 않은 아몬드 3개를 먹을 수 있는 충분한 여유가 있는지 본다.

이 보호자 부분의 임무는 당신의 쿠키 먹는 부분을 지하실에 가두는 것이다. 하지만 머지않아 쿠키 먹는 부분은 점점 더 박탈감을 느끼고 점점 더화가 난다. 마침내, 그 부분은 너무 난도질당한 나머지 화가 나 지하실에서 튀어나와 선언한다. "여기는 내가 장악한다, 버릇없는 놈! 당장 그 클립보드를 던져버려. 그렇지 않으면 두 동강 내버릴 거야!" 그런 다음 쿠키 먹는 부분이 장악하여, 다이어트 부분을 밀어내고 오레오 한 봉지를 10분 만에 다 먹어 치운다.

이건 전혀 예쁜 모습이 아니지 않은가.

이제 남은 것이라고는 빵 부스러기, 쿠키 먹는 뚱뚱한 사람, 그리고 겁먹고 웅크린 채 망가진 클립보드를 들고 있는 보호자뿐이다. 하지만 아직 끝나지 않았다. 지금쯤 세 번째 보호자 부분이 등장한다. 우리가 내면비판자라고 불렀던 관리자이다. 그리고 그 부분은 방금 쿠키를 먹은 부분에 대해 소리를 지르고 수치감을 퍼붓는다. "이 뚱뚱한 게으름뱅이야! 너한테 무슨 일이 있는 거야, 쿠키 한 상자를 다 먹어 치우다니? 정말 쓸모없는 녀석이군."

이깃이 끊임없이 계속된다. 우리들 대부분은 이린 내적 다툼에 대해 아무것도 눈치채지 못한 채 삶을 살아간다. 우리는 이리 끌려갔다가 저리 밀려나며, 우리의 진짜 모습, 우리가 진실로 원하는 것을 알아내지 못한다. 그런데 하물며, 우리의 가장 좋은 모습을 오래 지속되는 현실로 만드는 방법에 대해서랴.

IFS의 통찰은 이 모든 것을 변화시킨다. 일단 우리가 더 큰 그림을 보면 진정한 변화가 가능해진다. 우리는 고통으로부터 우리를 보호하려고 애쓰고 있는, 짐을 짊어진 부분들이 갈등 가운데 갇혀있다는 것을 이해하기 시작한다. 하지만 우리는 또한 우리의 중심에 평온하고, 창의적이며 자신감 넘치는 하나님의 형상이 있어 우리가 변화하도록 도와줄 준비가 되어있다는 것

우리는 짐을 짊어진 부분들이 갈등 가운데 갇혀있다는 것을 이해하기 시작한다. 하지만 우리는 또한 우리의 중심에 평온하고, 창의적이며 자신감 넘치는 하나님의 형상이 있어 우리가 변화하도록 도와줄 준비가 되어있다는 것을 안다.

을 안다.

우리는 지금까지 마법의 땅 오즈(Oz)에 가서 무대 뒤를 보았다.

이제 우리는 진짜 어떤 일이 일어나고 있는지 알고 있다. 그리고 우리는 본향으로 가는 길을 찾기 시작할 수 있다.

부분들로 이루어진 하나님?

우리가 던지는 이 모든 새로운 용어들에 대해 당신은 궁금해할 수도 있다. 이 접근법이 성경 말씀에 일치되는 것인가, 아니면 어떤 이상한 것인가?

나는 이 접근법이 성경 말씀과 일치한다고 생각하며, 우리는 이제 계속해서 그 내용을 풀어갈 것이다. 하지만 당분간 다음을 생각해 본다. 성경의 하나님께서는 부분들로 이루어진 세계에도 당신을 드러내신다.

당신은 성부 하나님, 성자 하나님, 성령 하나님을 알고 있지 않은가? 삼위일체를 생각하는 것만으로도 우리 대부분은 머리에서 쥐가 난다. 하지만 하나님의 본성과 우리의 본성이 거울처럼 반영되는 관계라면? 생각해 보자, 왜 없겠는가?

창조 이야기의 가장 유명한 장면 중 하나는 하나님과 하나님 사이의 대화 장면이다. 창세기 1장 26절은 이렇게 되어있다. "하나님이 말씀하시기를 '우리가 우리의 형상을 따라서, 우리의 모양대로 사람을 만들자.'" 신학자들은 삼위일체 하나님의 주장을 펼칠 때, 여기서부터 시작한다. 여러 해전 어린이 설교에서 들었던 예화를 아직도 기억한다. 하나님은 달걀과 비슷하다. 하나의 달걀은 세 부분, 즉 달걀 껍질, 노른자, 흰자로 되어있다. 하나님 역시 한 분이나 세 부분, 즉 아버지, 아들, 성령으로 되어있다.

그다음 성경 구절은 우리가 하나님의 다면적인 본성을 반영한다는 것이 이해가 됨을 보여준다. "하나님이 당신의 형상대로 사람을 창조하셨으니,

곧 하나님의 형상대로 사람을 창조하셨다. 하나님이 그들을 남자와 여자로 창조하셨다." 우리는 모두 하나님의 형상대로 창조되었다. 그냥 어떤 하나님이 아니라 부분들로 이루어진 하나님의 형상대로 창조되었다.

하나님께서 교회가 어떻게 기능하기를 바라시는지에 대해서는 사도 바울의 설명에서 더 큰 유사점을 찾을 수 있다. 사도 바울은 다음과 같이 썼다.

> 몸은 하나이지만 많은 지체가 있고, 몸의 지체는 많지만 그들이 모두 한 몸이듯이, 그리스도도 그러하십니다… 그런데 실은 하나님께서는, 원하시는 대로, 우리 몸에다가 각각 다른 여러 지체를 두셨습니다. 전체가 하나의 지체로 되어있다고 하면, 몸은 어디에 있습니까? 그런데 실은 지체는 여럿이지만, 몸은 하나입니다… 그러므로 눈이 손에게 말하기를 "너는 내게 쓸데가 없다." 할 수가 없고, 머리가 발에게 말하기를 "너는 내게 쓸데가 없다." 할 수 없습니다… 한 지체가 고통을 당하면, 모든 지체가 함께 고통을 당합니다. 한 지체가 영광을 받으면, 모든 지체가 함께 기뻐합니다. 여러분은 그리스도의 몸이요, 따로따로는 지체들입니다.[9]

이 부분들 이야기는 하나님 — 세 부분으로 이루어진 한 분 하나님 — 과 함께 많이 나타난다. 많은 부분들로 이루어진 하나의 교회, 많은 부분들로 이루어진 한 몸, 그리고 많은 부분들로 이루어진 한 사람이 그 예이다. 각각의 경우, 전체는 부분들의 합보다 크다.

내면의 우리 모습은 항상 신비로 남아있을 것이다. 하지만 신비가 무질서와 같지는 않으며, 망가진 것도 아니고, 뼛속까지 나쁜 것도 아니다. 우리가 하나님의 형상대로 창조되었다면 어떻게 내면 깊은 곳의 우리 모습이 '나쁠' 수가 있겠는가?

그것이 우리가 자신 있게 다음과 같이 말할 수 있는 이유 중 하나다. 당신에게 나쁜 부분들은 없다. 단지 나쁜 역할에 갇혀있는 좋은 부분들이 있을 뿐이다.

문턱에 서서

우리는 우리가 갈망하던 명료함과 희망의 문턱에 서있다. 우리는 이제 우리가 하나로 이루어진 사람이 아니라는 것을 안다. 그래서 우리에게 자주 화나게 되는 부분이 있을 때, 우리는 '화난 사람'이라는 정체성을 가질 필요가 없다. 어떤 부분이 거절하기 힘들어할 때, 우리는 '비위 맞추는 사람'이 아니다. 어떤 부분이 아이들에게 소리 지를 때, 우리는 '나는 정말 나쁜 엄마야'라고 믿을 필요가 없다. 우리의 부분들은 우리의 모습이 아니다. 우리에게는 단지 나쁜 역할에 갇혀있는 좋은 부분들이 있을 뿐이다.

> 나쁜 부분들은 없고, 나쁜 역할에 갇혀있는 좋은 부분들만 있다.

만약 당신이 이 문장을, 하고 싶은 것은 무슨 짓이든 하면서 진실을 외면하기 위해 그럴듯하게 합리화시키는 작업이라고 받아들이며 공포에 질려있다면, 적어도 당신은 주의를 기울이고 있다고 볼 수 있다. 하지만 내 말은 결코 그것이 아니다.

모든 행동이 선한 것은 아니지만 모든 부분들은 선하다. 여기에는 엄청난 차이가 있다. 그리고 이제 알게 되겠지만, 이 중요한 통찰에 따라 행동함으로써 우리는 나쁜 행동을 멈추고 훨씬 더 효과적으로 우리 자신에 대해 긍휼의 마음을 품을 수 있다.

논의를 위한 질문

- 당신의 부분들이 당신의 모습 전부가 아니라는 생각이 어떻게 당신으로 하여금 자신에 대한 더 깊은 긍휼에 접근할 수 있게 해주는가?
- 우리는 이제 막 개념을 탐구하기 시작했지만, 나쁜 부분들은 없고 나

쁜 역할에 갇혀있는 좋은 부분들만 있다는 것을 당신은 어떻게 생각하는가?

- 당신을 고통으로부터 보호하려고 애쓰는 것으로 볼 수 있는 당신 안의 보호자는 어떤 것이 있는가? 어디서 그 부분은 이런 식으로 당신의 고통을 덜어주고자 노력하는 방법을 배웠는가?

- 하나님께서 당신이 그분에 대해 갖고 있었던 이미지를 완전히 뒤집어, 그분에 대한 더 큰 새로운 그림을 당신에게 드러내셨던 것을 삶 가운데서 경험한 적이 있는가?

모든 것이 엉망인 내 안에
하나님은 어디 계신가?

우리의 중심에 있는 하나님의 형상에 순복하기

우리의 내면 깊은 곳에 진실로 아름다운 존재가 있다는 생각은 많은 사람들에게 새로운 것이다. 정말 흥미롭기는 하지만, 깊은 내면의 우리의 진짜 모습은 나쁘다—영구적으로 망가졌다—고 믿으며 성장한 사람들에게는 무언가 잘못되었다는 느낌을 줄 수도 있다. 더 순화된 이러한 관점은 우리에게 미심쩍고 아마도 이단적인 느낌이 들게 만들 수도 있다.

앞 장에서 나는 한 사람의 내면에 있는 변하지 않는 핵심을 참자아(IFS 언어로) 또는 하나님의 형상(우리의 믿음의 관점에서)으로 묘사하였다. 이 장에서는 하나님의 형상으로 만들어졌다는 것이 우리의 치유 여정에 무엇을 의미하는지, 그리고 우리의 가장 깊은 내면에 신성한 특징을 갖고 있다는 것, 그리고 '저기 계신 하나님'보다 '이 안에 계신 하나님'의 가능성을 경험하는 것이 무엇을 의미하는지 탐구하고자 한다.

이 논의는 매우 중요하다. 우리가 자기 파괴적인 감정과 행동에 허우적거릴 때 하나님은 과연 어디 계신가? 구원받는다는 것은 무엇을 의미하는가—그리고 그 후에도 내가 계속해서 미친 듯이 몸부림을 친다면 어떡하는가? 내 중심에 변치 않는 선함이 있다는 걸 정말 믿을 수 있을까?

우리 부분들에 대해 진정으로 도움을 주는 이해나 우리의 중심에서 기쁨과 평화를 깨닫고자 하는 소망은 여기서 시작되어야 한다.

이것들은 엄청나게 크고, 말도 안 되게 무거운 주제들일 뿐만 아니라, 사려 깊은 사람들은 서로 다른 의견을 갖고 있음을 인정하자. 우리는 뼛속까지 나쁘단 말인가—아담과 하와 덕택에? 우리는 진화에 의해 오직 생존에만 급급한 이기적인 피조물로 만들어졌는가? 그렇지 않다면, 내면의 우리 모습은 어떻게 만들어졌는가, 주로 우리가 어떻게 양육되었는지에 좌우되는가 아니면 우리가 태중에서 발달하는 동안 무엇을 경험하였는지에 좌우되는가?[10]

이 장에서는 한 가지 가능성—IFS 모델과 우연히 궤를 같이하는 것—을 고려해 보기를 제안한다. 주로 성경적인 관점에서 이해하든, 아니면 직관과 경험에서 이해하든, 이 장을 마칠 때쯤이면 새로운 관점과 새로운 가능성이 당신에게 열리기를 바란다.

무엇보다도 우리의 근본적인 본질을 향해 예수님이 보여주신 놀라운 긍휼의 마음을 당신이 직접 받을 수 있기를 바란다.

하나님이 멀리 계신 듯할 때

하나님과 우리 자신을 새로운 눈으로 볼 수 있기를 가장 바라야 할 사람은, 크리스천으로서 평생의 여정 가운데 있는 우리들일 수 있다. 그게 왜 그런지 나는 잘 모른다. 어쩌면 우리는 친숙한 일단의 믿음과 거의 동일시하고 있기 때문에 새롭고 더 큰 이해가 들어오지 못하는 것일 수도 있다.

내 경험으로는, 심지어 우리가 다른 신앙에 대해 마음에도 없는 소리를 할 때조차도 '저기 계신 하나님'이라는 관점이 믿음의 문화 가운데 깊이 물

들어 있다. '저기 계신 하나님'은 내가 무언가, 아마도 많은 것을 해야 산더
미 같은 죄를 극복하고 그분의 임재 안에서 참된 휴식을 누리며 그분의 은
혜를 즐거워할 수 있다는 것을 암시하고 있다.

　내 산더미 같은 죄가 그런 일을 방해하고 있다는 것이 하나님에 대한 내
생각이라면, 나는 그냥 포기하고 라테를 마시러 갈지도 모른다.[11] 나의 쌓
인 죄가 너무 크기 때문이다. 그리고 내게는 그렇게 큰 삽이 없다.

　우리끼리 얘기지만, 나는 우리 중에 많은 사람들이 이런 식으로 하나님
을 바라본다고 생각한다. '저기 계신 하나님' 아니면 저 위 어딘가에 계신
하나님. 끔찍한 산더미 같은 나의 죄 근처는 절대로 아니다. 분명히 그분은
날 사랑하신다. 그분은 어쩌면 그러셔야만 할 것 같다. 하지만 하나님을 바
라보는 내 관점이 이럴 때, 내 안에서는 항상 그분이 나를 그렇게 좋아하시
지는 않는다는 의심이 슬그머니 올라온다.

　실제로, 그보다 한층 더 나쁘다.

　내 말은, 내가 교착 상태에 있을 때 ― 즉 "나는 내가 바라는 일은 하지 않
고, 원치 않는 일을 하고 있는" 때 ― 하나님이 틀림없이 내게서 얼마나 멀
리 떨어져 계신다는 것을 당신은 상상할 수 있겠는가 하는 것이다.[12]

　내가 불안과 싸우고 있다고 하자. (IFS 용어로, 나의 무서워하는 추방자
부분이 불안/두려움의 짐을 짊어지고 있으며, 계속해서 활성화되고 있다고
말할 수 있다.) 그리고 완전한 사랑은 두려움을 내쫓는다고 하자.[13] 예수님
은 완전한 사랑이시다.[14] 만약 내가 예수님과 완전한 교제 가운데 있다면,
나는 그렇게 끔찍하고 불쾌한 불안감을 느끼지 않을 것이라는 의미이다.

　그러나, 잠깐만. 뭔가 이해가 되지 않는다. 어쨌든, 하나님은 그 부정적
인 감정들을 느낄 수 있는 능력을 먼저 내 안에 두셨다. 그뿐만 아니라, 그
분이 그것들을 창조하셨을 때 "좋았더라."라고 말씀하셨다.[15] 그 불쾌하고
무서운 감정이 좋다니.

잠시 이것을 생각해 보자. '당신의 두려움은 좋다.'

힘든 감정—이 경우, 두려움—은 질적인 면에서 좋다. 내가 그 감정이 기분 좋게 느껴진다고 말하지는 않았음에 주목하라. 하지만 그 감정은 중요한 전령들이고, 하나님께서는 부정적인 감정을 느낄 수 있는 능력을 내 뇌에 두지 않으셨기에 그분은 내가 그런 감정을 느낀다고 내게 수치감을 불어넣으실 수 있었다.

> 하나님께서는 부정적인 감정을 느낄 수 있는 능력을 내 뇌에 두지 않으셨기에 그분은 내가 그런 감정을 느낀다고 내게 수치감을 불어넣으실 수 있었다.

아니면 내가 그런 감정을 더 이상 느끼지 않을 때까지, 혹은 내가 아마도 그 감정에 뿌리를 두고 저지르는 정말 바보 같고 죄 많은 일들을 그만둘 때까지, 그분은 내게서 거리를 두실 수도 있을 것이다. (역자 주 : 하나님께서 우리가 느낄 수 있도록 허락하신 능력이 아닌데도 불구하고 우리가 느끼고 있다면, 그분은 우리가 깨닫도록 수치감을 불어넣으시거나 그렇지 않으면 거리를 두실 것이라는 논리를 펴고 있다.)

두려움(또는 그 어떤 부정적인 정서)은 내 경험에서 비롯되며, 거기에는 그럴 만한 이유가 있다. 나는 어느 날 깨어나 두려워하기로 그냥 결심한 것이 아니다. 내가 실제로 위험 가운데 있거나, 내 삶에서 두려움을 만들어 낸 무언가가 치유되지 않은 채로 있어, 그 경험이 내 뇌의 변연계(느낌) 부분에 살아있되 그것이 내 뇌의 피질(사고) 부분과 소통하지 않는 상태에 있는 것이다. 연락 두절 상태라고 할 수 있다.

적어도 내가 실제로 두려움을 느끼고 있을 때는 그렇다.

그래서 내가 두려움을 경험하고 있을 때는 내가 진실이라고 알고 있는 것이 대체로 관련이 없다고 할 수 있다—내가 느끼지 말아야 할 무엇인가를 느끼고 있기 때문에 수치심을 더하는 것 외에는. 지금 나는 그것을 느끼기 때문에 두렵고, 나쁜 사람이라는 느낌을 갖는 것이다. 우리 대부분은 신경화학에 대해 잘 알지 못하므로, 달리 기대하는 것이 미친 짓이라는 것을 깨닫지 못하는 것이다.

하나님께서 이미 이 안에 계신다면 그것은 우리에게 어떤 의미가 있겠는가? 당신 안에, 그리고 내 안에 계신다면? 글자 그대로, 엉망 가운데 우리와 함께 계신다면? 만약 우리가 불안과 두려움, 그리고 다른 나쁜 감정들과 씨름하고 있을 때 저기 계신 그분께로 갈 필요가 없다면?

우리가 그런 나쁜 감정을 겪고 있는 동안 그분이 이미 바로 당신과 내 안에, 1밀리미터도 안 떨어진 곳에 계신다면?

엉망 가운데 우리와 함께 계신 하나님

나는 창세기 1장 27절이 바로 이 점에 대해 말한다고 믿는다. "하나님이 당신의 형상대로 사람을 창조하셨으니, 곧 하나님의 형상대로 사람을 창조하셨다. 하나님이 그들을 남자와 여자로 창조하셨다."

생득권으로서 모든 인간 내면에 그분과 닮은 모습, 하나님의 형상이 있다고 생각해 보자. 우리의 존재 안에 있는 하나님과 닮은 모습이 모든 참된 지혜와 평화와 치유의 자리가 되지 않겠는가? 마치 우리가 성령의 권능과 충만함을 받기 위해 접속되기를 기다리는 전원 콘센트같이 말이다.

이곳이 믿음과 임상적인 IFS 경험이 하나가 되는 지점이다. 개인이 겪었을지도 모르는 학대와 방치와 트라우마의 양과는 상관없이, 그리고 그들이 도움 되지 않는 그 어떤 대처 전략을 형성시켰을지라도, 각 사람 안에 있는 이 하나님의 형상은 근본적으로 손상되지 않은 채로 남아있다는 것이 밝혀졌다.

달리 말하면, 우리가 추방자와 보호자라고 부르며 인간의 자아라고 하는 부분들은 우리가 삶에서 경험하는 죄와 고통을 짊어지고 있지만, 우리 각사람의 내면 깊은 곳에는 하나님의 지문이 자리 잡고 있다. 그것이 하나님과 유사한 모습을 드러내고 있다는 사실로 말미암아, 그 지문은 더럽혀지거나 망가질(타락할) 수 없다. 죄를 품고 있는 우리의 부분들은 하나님 형상의 일부가 아니다. 부분들은 그럴 수가 없다. 우리의 하나님 형상은 하나님의 형상 바로 그것이며, 앞서 정의하였듯 손상되지 않은 상태이다.

하지만 우리는 중심에서 죄인이며 근본적으로 타락한 존재 아닌가?

그렇기도 하지만 아니기도 하다. 우리의 하나님 형상은 왜곡되지 않았으나 짐을 짊어진 우리의 부분들은 왜곡되었다.

하나님께서는 자신의 형상대로 인간을 창조하셨다. 그리고 하나님께서 남자와 여자를 완성하셨을 때, 그분은 그냥 좋다고 하신 것이 아니라 매우 좋았다고 하셨다. 아담과 하와는 죄 없이 하나님과 완전한 교제 가운데 살았다. 타락은 없었다. 그것은 짐을 짊어진 부분들이 없었다는 뜻이다.

자유 의지, 그렇다.

타락, 아니다.

우리가 창조 이야기를 문자 그대로 해석하든 은유적으로 해석하든, 타락과 죄가 들어오기 이전에 아담과 하와는 그들의 중심에 하나님의 형상과 짐을 짊어지지 않은 부분들을 가지고 있었고, 그것이 그들의 독특한 성격을 구성하였다. 그러나 안팎에 있는 하나님의 형상으로부터 그들을 분리시킬 만한 짐을 짊어진 부분들은 없었다.

그러자 죄가 들어왔고, 즉시 어떤 부분들은 짐을 짊어지게 되었다. 그들은 수치심과 두려움 같은 추방자, 혹은 숨거나 남을 탓하는 보호자가 되었다. 죄는 우리의 부분들의 일부가 짊어지는 짐이지만, 우리의 하나

> 죄는 우리의 부분들의 일부가 짊어지는 짐이지만, 우리의 하나님 형상이라는 핵심을 바꾸지는 않는다.

님 형상이라는 핵심을 바꾸지는 않는다. 다음 장에서 우리는 추방자와 보호자에 대해 더 잘 알아갈 것이지만, 그들은 근본적으로 아담과 하와의 모습이 아니었다. 왜냐하면 죄는 그들 안에 ─ 우리 안에 ─ 있는 하나님의 형상을 파괴할 만큼 강력하지 않았기 때문이다. 그러나 죄와 타락이 들어오자 추방자와 보호자가 등장하였다. 추방자와 보호자는 죄와 타락한 세상의 영향을 짊어지고 있는 우리의 부분들이다. 그리고 그들은 우리의 내면시스템을 탈취한다. 그들이 우리의 삶을 탈취할 때, 우리는 내면의 하나님 형상과 우리 바깥에 있는 하나님의 경험, 모두로부터 분리된다.

부분들에 대한 새로운 이해를 가지고, 친숙한 창세기 3장의 이야기를 본다. 그러면 내가 의미하는 바가 무엇인지 알 수 있을 것이라 생각한다.

"그러자 두 사람의 눈이 밝아져서, 자기들이 벗은 몸인 것을 알고,"[16]

번역 : "오, 안 돼!" (추방사 #1 : 수치심)

"무화과잎으로 치마를 엮어서, 몸을 가렸다."[17] (보호자 #1 : 숨기기)

"그 남자와 그 아내는, 날이 저물고 바람이 서늘할 때에, 주 하나님이 동산을 거니시는 소리를 들었다. 남자와 그 아내는 주 하나님의 낯을 피하여서, 동산 나무 사이에 숨었다."[18] (보호자 #1 : 숨기기 2.0)

"주 하나님이 그 남자를 부르시며 물으셨다. '네가 어디에 있느냐?'"

"그가 대답하였다. '하나님께서 동산을 거니시는 소리를 제가 들었습니다. 저는 벗은 몸인 것이 두려워서 숨었습니다.'"[19] (추방자 #2 : 두려움)

"하나님이 물으셨다. '네가 벗은 몸이라고 누가 일러주더냐? 내가 너더러 먹지 말라고 한 그 나무의 열매를 네가 먹었느냐?'"[20]

당신은 주인이 집에 돌아와 보니 온 집안을 어지럽혀 놓은 강아지 비디오를 본 적이 있는가? 그리고 그 강아지의 입에는 솜털이 묻어있어, 주인은 말한다. "피도(강아지 이름)야, 너 소파를 물어뜯었구나?" 그리고 피도는 정말로 죄가 없는 듯이 보이려고 애쓰며, 고양이 탓으로 돌리는 듯이 건너편을 바라본다.

그렇다. 이 순간 아담이 그 모습이다. 그는 하나님께 말한다. "하나님께서 저와 함께 살라고 짝지어 주신 여자, 그 여자가 그 나무의 열매를 저에게 주기에, 제가 그것을 먹었습니다."[21] (보호자 #2 및 #3 : 남 탓하기 및 피해자 연기하기)

(당신이 잘못한 것을 하나님 탓으로 돌리는 죄를 짓는 첫날에는 거칠고 매끄럽지 않다.)

"주 하나님이 그 여자에게 물으셨다. '너는 어쩌다가 이런 일을 저질렀느냐?'"

"여자도 핑계를 대었다. '뱀이 저를 꾀어서 먹었습니다.'"[22] (보호자 #2 : 남 탓하기 2.0)

그리고 이제 아담과 하와에게는 죄의 짐을 진 부분들이 있었다. 우리 안에 존재하고 하나님과의 자유로운 교제를 가능하게 하는 하나님의 형상으로부터 인성을 분리시키는 죄/짐을 짊어진 부분들의 유산은 이렇게 시작되었다. 우리가 짐을 짊어진 어떤 부분들에게는 치유를 가져다줄 수 있지만, 우리가 이 땅에 사는 한, 짐을 짊어진 부분들로부터 결코 완전히 자유로울 수는 없을 것이다.

그러나 태초부터 아담과 하와의 영혼 가운데 있었던 하나님의 형상은 절대 바뀌지 않았다. 왜냐하면 그것은 하나님의 반영된 모습이며, 그분의 근본적인 본성에 의해 하나님은 순수하고, 거룩하며, 더럽혀지지 않고, 짊어진 짐이 없으며, 온전한 상태로 남아있기 때문이다.

구원 : 삶으로 경험하는 하나님의 사랑

그러나 아직 삶에서 예수님의 능력을 알지 못하는 사람들에게도 여전히 그들 가운데 영광을 갈망하는 핵심적이고 깊은 본질이 있다면, 예수님과 구원의 관계는 어떻게 되는가? 그로 인해 무엇이 달라지는가? 그것은 어디서부터 시작되는가?

나는 구원을 이렇게 설명하고자 한다. 내가 태어날 때부터 내 안에 하나님의 형상이 존재한다. (그로 인해 아마도 내 마음이 그분과의 관계로 끌리게 되는 것이 아닌가 한다 ─ 나는 그분을 위해 만들어졌기 때문이다.) 내가 믿음의 행위를 통해 그리스도를 내 마음과 삶 가운데로 초대할 때, 내 안에 있는 하나님의 형상은 내가 그리스도 안에서 새로운 영적 거듭남을 받아들일 수 있도록 준비시키고 힘을 불어넣는다.

나는 지금 단지 하나님의 사랑에 대해 앎이 아니라 하나님의 사랑을 경험하며 살고 있다. 그분은 그분의 신성한 본질로 나의 내면을 채워주고 계신다.

사도 바울은 예수님을 아는 사람들에게 하나님의 충만함을 "여러분 안에 계신 그리스도요, 곧 영광의 소망"이라고 묘사한다.[23] 요한일서 4장 4절은 이렇게 말한다. "여러분 안에 계신 분이 세상에 있는 자보다 크시기 때문입니다."

내가 "하나님"을 내 웨이즈(Waze) 네비게이션 앱에 입력하면, "목적지에 이미 도착했습니다."라고 나온다. 하나님이 이 안에 계시기 때문에 나는 이미 하나님께로 온 것이다. 이것은 중요하다. 왜냐하면 지금 아파하며, 교착 상태에 있는 부분들인 나의

내가 "하나님"을 내 웨이즈(Waze) 네비게이션 앱에 입력하면, "목적지에 이미 도착했습니다."라고 나온다.

추방자와 보호자는 치유를 찾아가 짐을 내려놓으며 변화될 수 있는 장소를 갖게 되었기 때문이다. 그 위치를 파악하기 위해 우편 번호를 바꿀 필요가 없는 것이다. 그들은 내면의 하나님의 임재 가운데 있는 것 외에는 애쓰거

나 일할 필요가 없으며 아무것도 할 필요가 없다. 그렇다. 물론, 그분은 어디에나 계신다. 그러나 내가 그분과 개인적으로 관계를 맺을 수 있도록 그분은 이미 이 안에, 내 참자아 안에 계신다.

당신에게 다음과 같이 생각하는 부분들이 있을 수도 있다. "영적 세일즈를 하는 것 같군요. 하나님과 연결되기 위해서는 내가 항상 배워 왔던 것과 반대로 하라고 이야기하시는 건가요? 나는 그냥 긴장을 늦추기만 하면 되는 건가요?"

이해한다. 하지만 난 그저 성경이 줄곧 우리에게 말해주고 있었던 것을 전달하고 있을 뿐이다.

하나님께서 구약과 신약 모두에서 "내가 결코 너를 떠나지도 않고, 버리지도 않겠다."[24]라고 약속하실 때, 그분은 다음과 같이 말씀하고 계신다. "나는 결코 너를 떠나지 않을 것이다. 왜냐하면 나는 이 안에 있지, 저 밖에 ─ 내가 달려나가 샌드위치를 움켜쥐고 싶은 곳에 ─ 있지 않기 때문이다. 아니! 네가 가는 곳에 나도 가리라. 왜냐하면 나는 네 곁에, 네 안에 있으며, 너의 유일한 영광의 소망이기 때문이다."[25]

아마도 이 때문인지 사도 바울은 "죽음도, 삶도, 천사들도, 권세자들도, 현재 일도, 장래 일도, 능력도, 높음도, 깊음도, 그 밖에 어떤 피조물도, 우리를 우리 주 예수 그리스도 안에 있는 하나님의 사랑에서 끊을 수 없습니다."[26]라고 아주 단호하게 확신하고 있었다.

이것은 상당히 의미가 있다. 왜냐하면 우리의 속사람이 하나님의 사랑과 불가분의 관계라면, 하나님과 친밀해지기 위한 전체 전략이 바뀌기 때문이다. 더 이상 저기 계신 하나님께 다가가려고 애쓰는 것이 아니라, 이 안에 계신 하나님께 순복하기만 하면 된다.

사실, 그 모든 애씀과 노력은 실제로 하나님에 대한 진정한 경험으로부터 우리를 더 멀어지게 한다. 왜냐하면 줄곧 우리 안에 있는 하나님의 형상으로 나아가는 길목을 가로막는 것이 바로 애쓰는 보호자 부분이기 때문이다. [이에 대한 자세한 내용은 영성을 위장하는 자 부분(Spiritualizer part)을 탐구하는 제6장과 제9장을 보라.]

8C와 성령의 열매

슈워츠가 이마고 데이를 전혀 생각지도 못하던 때, 그가 이른바 '손상받지 않은 참자아'를 알아낸 놀라운 방법을 소개한다.

그는 질문하였다.

그는 내담자들과 이야기를 나누며 내담자들의 부분들을 발견한 다음, 그 부분들에게 그 사람에게서 "한 걸음 뒤로 물러나거나 분리될 수 있을까요?" 하고 부드럽게 요청하였다. 마침내 모든 부분이 한 걸음 뒤로 물러났고, 건강하고 긍정적인 참자아가 나타났다. 전혀 뜻밖에 그것을 발견하였지만, 매우 분명하였다. 모든 내담자에게서 동일한 것을 느낄 수 있었기에 그는 내담자가 참자아 상태에 있을 때 존재하는 특성을 파악하기 시작하였다. 아니나 다를까, 이 참자아의 특성은 우리가 선하다고 묘사할 수 있는 것, 즉 호기심, 긍휼의 마음, 용기, 연결, 명료함, 평온, 자신감, 창의성 같은 특성(8C)과 일맥상통하였다.

분리되다 : 섞인 부분이 충분히 안전하다고 느끼거나 긴장이 풀려, 통제를 해제하고 개인의 중심 경험으로부터 한 걸음 뒤로 물러나는 프로세스를 말한다. 어떤 부분이 분리될 때, 그 사람은 자신의 즉각적인 자각으로부터 그 부분의 감정, 감각 및 생각이 줄어드는 것을 감지하게 된다. (동의어 : 뒤로 물러서기, 분리시키기, 긴장 늦추기)

슈워츠는 모든 부분이 한 걸음 뒤로 물러섰을 때 각 내담자들(물론 자신

을 포함하여) 안에서 8C라고 부르게 된 특성을 접한 후, 모든 사람 안에 참 자아가 존재한다는 것이 변하지 않는 진리라는 것을 깨닫기 시작하였다. 사 람들이 자신들의 참자아와 완전한 교제 가운데 있을 때는, 좋은 특성들을 지어내거나 만들 필요가 없었다. 그러한 특성들은 저절로 출현하였다.

슈워츠는 이러한 특성은 모든 개인에게 항상 존재하지만, 만약 상처받거 나 보호적인 부분들이 나서서 그 사람을 통제하며 방해한다면 사람들은 특 성에 접근하지 못한다고 결론지었다. 만약 참자아가 의자에 앉아있는 것에 비유한다면, 마치 부분들이 참자아 앞에 나서서 참자아의 본질이 더 이상 빛을 발할 수 없도록 하는 것과 같다. 참자아는 여전히 거기 있다. 단지 가 려져 있을 뿐이다.

내가 믿음의 렌즈를 통해 이 현상을 이해하듯이, 슈워츠가 언급하는 내 면의 참자아는 우리가 하나님과 연결되는 통로이다. 이것이 우리의 진정한 영성이다.

우리가 진정한 영성을 주제로 하는 한, 분명히 당신은 슈워츠의 8C가 성 령의 열매, 즉 사랑, 기쁨, 화평, 인내, 친절, 선함, 신실, 온유, 절제[27]와 매 우 흡사하다는 것에 주목하였을 것이다.

갈라디아서 5장 16절은 우리가 성령의 인도하심을 따라 살아갈 때 이 성 령의 열매에 접근한다고 이야기한다. 달리 말하면, 우리의 부분들이 (성령 에 도달하기 위해 저기로 걸어가는 것이 아니라) 한 걸음 물러서서 "하나님 의 형상을 따라 살아갈 때" 이 같은 특성들은, 슈워츠가 그의 내담자들과 함께 발견한 것처럼, 저절로 출현할 것이다.

요한복음 15장 4~5절은 이제 내게 훨씬 더 분명해진다. 예수님은 떠나 실 준비를 하며 제자들에게 다음과 같이 말씀하신다. "내 안에 머물러 있어 라. 그리하면 나도 너희 안에 머물러 있겠다. 가지가 포도나무에 붙어있지 아니하면 스스로 열매를 맺을 수 없는 것과 같이, 너희도 내 안에 머물러

있지 아니하면 열매를 맺을 수 없다. 나는 포도나무요, 너희는 가지이다. 사람이 내 안에 머물러 있고, 내가 그 안에 머물러 있으면, 그는 많은 열매를 맺는다."

나는 이 두 구절에 대해, 성령의 열매는 내가 지어낼 수 있는 것이 아니라 내가 '포도나무 안에' 있을 때 저절로 출현하는 것이라는 설교를 많이 들어 왔다.

하나님은 나의 죄나 최선의 노력의 건너편에 계시며 내가 가장 깊이 느끼는 예배 경험의 건너편에 계시다고 이해했을 때는, 순복하면 열매를 맺는다는 개념을 나는 전혀 이해할 수 없었다. 하지만 내 부분들이 모두 한 걸음 뒤로 물러서고, 내가 내 안에 이미 계신 성령의 열매에 온전히 접근한다면, 그때는 완전히 다른 문제라는 것을 알게 되었다. 열매는 자연스럽게 넘친다. 그리고 나는 안도의 숨을 내쉴 수 있다. 나는 내 존재의 중심에서 하나님의 형상에 순복할 수 있다.

슈워츠는 이것을 참자아로의 접근이라고 부른다. 나는 그것을 기도 혹은 예배라고 부르고 싶다.

당신은 하나님 형상에 접근하게 되는 때를 안다. 당신은 그것을 느낀다. 그것은 신체적이다. 우리는 에덴 동산에서 하나님과 막힘없는 교제를 나누며 살도록 설계되었다. 죄와 타락이 발생하고, 우리 부분들은 짐을 짊어지게 되었다. 이제 짐을 짊어진 부분들이 장악하고 나를 그 침묵의 교제에 가까이하지 못하도록 만든다.

하나님이 나를 떠났기 때문이 아니다. 단 1분도 그렇지 않다. 그분은 바로 나와 당신의 중심에 계신다.

임마누엘.

더 깊이 들어가기 : 당신의 하나님 형상에 접근하기*

당신이 자신의 하나님 형상에 접근할 수 있는지 알아보기 위해 간단한 연습을 해보도록 한다. 우리는 함께, 바로 여기서 지금 당장 할 수 있다. 하지만 부지런히 노력하는 당신의 부분들이 하고 있는 그 어떤 작업에 대해서도 커다란 감사의 마음을 가지며 당신의 부분들을 존중하도록 한다. 만약 당신의 부분들이 활성화되고 있기 때문에 어느 단계에서라도 어떤 불편함을 느낀다면, 중단하고 우선 당신의 건강을 돌보도록 한다.

편안한 자세로, 눈을 감고 주의를 내면으로 돌린다. 당신이 느끼고 경험하는 것에 초점을 맞춘다.

당신을 약간 짜증 나게 하는 사람을 생각해 본다. 최악의 적이나 정말로 당신에게 상처를 입힌 사람은 택하지 않는다. 부드럽게 하도록 한다. 감당할 수 있도록 유지한다. 당신에게 거짓말을 했던 사람이나 당신의 신경을 건드리는 사람을 고르도록 한다.

이제, 그 사람이 방에 있고, 당신은 방 밖에서 일방경을 통해 그들을 들여다보고 있다고 머릿속에 그린다. 잠시 멈추고 모든 감각을 동원해서 이 사람이 방에 있는 것을 정말로 감지한다. 이제 부드럽게 자신을 체크한다. 그들을 향하여 어떤 느낌이 드는가? 화가 나는가? 초연한가? 두려운가? 판단하고 있는가?

일단 당신이 어떤 느낌인지 알게 되면, 당신의 초점을 그 느낌으로 옮겨 그 부분이 당신에게서 단 1분만이라도 분리될 의향이 있는지 물어본다. 당신은 여전히 방 밖에 있다는 것을 기억하도록 한다. (그런 식으로 느낌과 대화하는 것이 이상하게 느껴질 수 있다는 것을 이해하지만, 그냥 따라 하도록 한다.)

만약 당신이 그 느낌에게 당신에게서 한 걸음 뒤로 물러나 달라고 요청한 후에 그 느낌의 에너지가 빠져나가는 것을 느낀다면, 그 방에 있는 사람에 대해 어떤 감정이나 생각이 다음에 떠오르는지 주목한다.

---

* 리처드 슈워츠 박사의 *Introduction to the Internal Family Systems Model*에서 발췌한 연습이다.

만약 떠오르는 것이 호기심, 수용, 그리고 긍휼의 마음이 아니라면(달리 이야기하여, 당신의 하나님 형상으로부터 오는 것이 아니라면), 그 느낌이나 생각도 분리되어 달라고 요청한다. 만약 당신이 이러한 감정이나 생각이 점점 사라지는 것을 느낄 수 없는 경우, 그들에게 한 걸음 뒤로 물러선다면 어떤 일이 일어날까 봐 두려워하는지 물어보도록 한다. 그 부분들은 아마도, 비켜설 경우 당신이 다시 그 사람에게 상처받을까 봐 두려워할 수 있다.

졸음, 주의력 분산, 떠도는 생각, 당신이 제대로 하고 있지 않다는 걱정, 그리고 이 연습에 대한 회의감은 모두 부분들임을 명심한다. 그것들을 여느 부분처럼 다루도록 한다. 예를 들어, 그 회의감을 따뜻이 맞이한다. 그 부분에게 당신을 돕고자 얼마나 애쓰고 있는지 충분히 이해한다고 이야기해 준다. 회의감을 갖지 않는다면 어떤 일이 일어날까 봐 두려워하는지 물어본다. 짐작이 갈 것이다.

당신은 당신이 그 방에 들어가지 않을 거라고 하거나, 실제 삶에서 이 사람과 절대로 맞닥뜨리지 않을 것이라고 이 부분들에게 상기시켜야 할 수도 있다. 당신은 그들이 하나님의 형상을 가진 당신을 방 밖에 있도록 할 경우 어떤 일이 일어나는지 알고 싶을 뿐이다.

만약 당신의 부분들이 한 걸음 뒤로 물러났다면, 당신은 자신의 하나님 형상의 특성이 출현하는 것을 자연스럽게 경험하기 시작했을 수도 있다. 당신은 그 사람이 지금까지 왜 그런 행동을 했는지 갑자기 궁금해졌을 수도 있다. 아니면 그 사람의 관점에서 상황을 보고 그들의 행동을 더 잘 이해하게 되었을 수도 있다. 아마도 여전히 그들에게 가까이 가고 싶지는 않지만 그(혹은 그녀)를 바꾸고자 하는 욕구를 덜 느끼게 되었을 수도 있다. 그 사람의 이미지가 바뀌었을 수도 있고, 짜증이나 무서움이 덜해지고 있을 수도 있다.[28]

다르지 않은가? 하지만 만약 당신의 부분들이 기꺼이 한 걸음 뒤로 물러서서 당신으로 하여금 하나님 형상에 접근할 수 있게 해준다면, 당신은 그것이 얼마나 멋진 일인지 느꼈을 것이다.

일단 당신이 당신의 하나님 형상에 접근하고 나서, 우리가 한 걸음 더 나아가 등장한 모든 부분이 한 걸음 뒤로 물러나거나 분리되도록 초대한다면, 당신의 하나님 형상이 실제로 이러한 부분들을 치유하는 경험을 할 수 있을 것이다.

아마도 당신에게 그 방에 있는 사람을 두려워하는 부분이 있었을 수도 있다. 매우 다정하게, 당신의 하나님 형상은 그 두려워하는 부분에게 어떻게 두려워하게 되었는지 그리고 안전감을 느끼기 위해 어떤 것이 필요한지 물어볼 수 있다. 그 부분은 판단이나 바뀌어야 한다는 압박감에 대한 두려움 없이 자신의 경험을 공유하고, 당신 안에 있는 하나님이 갖고 계신 권능 즉 사랑, 안전, 긍휼의 마음을 경험하면서, 평온해지며 치유될 수 있게 된다.

우리들 대부분은 이런 식으로 우리 자신이나 우리의 부분들, 혹은 하나님과 관계를 맺는 경험을 갖지 못하고 있다. 만약 당신이 당신의 하나님 형상에 접근할 수 있게 된다면, 이 경험이 그 사람에 대한 당신의 부정적인 감정을 진정시키는 데 얼마나 효과적인지 주목하고 적어놓는다.

당신의 존재로부터 흘러나오기

성경에서도 동일하게 초대하고 있다. 요한복음 7장 38~39절은 이렇게 다정하게 말한다. "'나를 믿는 사람은, 성경이 말한 바와 같이, 그의 배에서 생수가 강물처럼 흘러나올 것이다.' 이것은 성령을 두고 하신 말씀이다."

따라서 우리는 우리 안에, 즉 우리의 하나님 형상 안에, 흐르는 생수를 가지고 있다. 그러므로 우리는 또한 이른바 영적 MRI 검사를 할 수 있는 능력을 항상 가지고 있다. 그것은 스스로를 점검하는 다음과 같은 질문을 말한다. "나는 이 부분, 이 사람 혹은 이 경험을 향하여 어떤 느낌이 드는가?"

영적 MRI : 한 부분, 사람 또는 경험을 향하여 어떤 느낌이 드는지 감지하는 것을 말한다. 8C에 해당하지 않는 모든 감정은 섞인 부분이 있다는 것과 그러한 개인은 자신의 중심에 있는 하나님 형상에 접근하지 못하고 있다는 것을 나타낸다.

만약 우리의 대답이 평온하고, 호기심이 있으며, 긍휼의 마음을 가지고 연결되어 있다면, 우리는 아마도 우리의 영적 중심에서 반응하고 있다고 할 수 있다. 만약 우리의 대답이 이와는 다른 것이라면(방어적이거나, 회의적이거나, 무섭거나, 화가 나거나, 좌절감을 갖게 되면) 우리를 장악하고 있는 어떤 부분(들)이 있다고 볼 수 있다.

우리가 부분들이 하고 있는 힘든 일에 대해 부드러운 긍휼의 마음과 존경심으로 접근할 때, 그들은 기꺼이 우리로부터 분리되어 자신들의 이야기를 공유하고 우리로 하여금 하나님 형상에 접근할 수 있도록 해준다. 이제 우리의 추방자들이 위로와 치유를 받기 위해 우리의 하나님 형상으로 달려갈 수 있는 길이 열린 것이다.

이제 나는 마태복음 11장 28절을 완전히 다르게 이해할 방법을 갖게 되었다. "수고하며 무거운 짐을 진 사람은 모두 내게로 오너라. 내가 너희를 쉬게 하겠다."

이 과정은 우리가 존중과 사랑의 마음으로 우리의 부분들에게 의식을 가져오고 그들에게 이 같은 영광을 베풀어 주는 부드러운 과정이므로, 그들은 기꺼이 분리되어 우리로 하여금 우리의 안에 있는 하나님에게 접근할 수 있게 해준다.

이것이 은혜다.

논의를 위한 질문

- 다음과 같은 문장에 대해 성찰할 때 어떤 생각이 떠오르는가? "하나님께서는 부정적인 감정을 느낄 수 있는 능력을 내 뇌에 두지 않으셨기에 그분은 내가 그런 감정을 느낀다고 내게 수치감을 불어넣으실 수 있었다."

- 하나님이 저기 계시지 않고 이 안에 계신다는 것을 이해하면, 하나님 과 관계하는 당신의 방법이 어떻게 바뀔 수 있는가?

- 우리에게 성령의 능력이 주어졌음에도 불구하고, 당신 생각에 왜 우리 는 우리만의 힘으로 예수님에게 가까이 다가갈 필요를 느끼는가? 그 런 식으로 사는 게 당신에게 어떤 효과가 있었는가?

- "더 깊이 들어가기 : 당신의 하나님 형상에 접근하기" 연습에서, 당신 은 어떤 것을 경험하였는가? 당신의 부분들은 기꺼이 분리되었는가? 만약 그렇지 않다면, 그들은 자신들이 분리될 경우 어떤 일이 일어날 까 봐 염려하였는가? 당신이 하나님의 형상에 접근한 경우, 당신은 어 떤 감정이나 생각을 인지하였는가?

우리 추방자들에게 귀를 기울이기

우리의 아파하는 부분들의 소망

하나님 형상에 대한 이 모든 이야기들이 좋기는 하지만, 나는 자신감, 긍휼의 마음, 명료함 및 용기로만 넘쳐나는 삶을 살아가지는 않는다. 정말로 정직하게 말한다면, 더욱 자주 내 삶을 정의하는 것은 고통, 외로움, 심지어 무감각이다. 때로는 그것이 정말로 나를 걱정하게 만들 정도이다.

사실이다. 비록 우리의 하나님 형상이 우리의 중심에 항상 존재하지만, 우리는 보통 성령의 열매가 넘쳐흐르는 상태로 돌아다니지 않는다. 때때로 우리에게는 고통스러운 생각, 감정, 정서가 넘쳐난다. 그 이유는 무엇인가? 아마도 한센병에서의 교훈이 이것을 이해하는 데 도움을 줄 수도 있을 것 같다.

한센병? 현대인들은 이 끔찍한 질병에 대해 잘 모르지만, 고대로부터 이 병을 앓고 있는 사람들은 정상적인 사회에서 제외되었다. 성서 시대와 의식적 정결이 영적 상태의 척도였던 문화 속에서는 그 병을 앓는 사람들이 격리된 삶을 살거나, 그들이 가는 곳마다 "부정하다."라고 외쳐야 했다. 그어떤 종류의 가정생활이나 정상적인 삶이 도저히 불가능하였다.

예수님은 나환자들에 대해 큰 긍휼의 마음을 가지고 계셨다.[29] 그분은 그들의 고통이 이상한 신체 조건에 뿌리를 두고 있다는 것을 이해하셨다.

그들은 고통을 느끼지 않았다.

보통 우리 모두는 고통을 느끼지 않는 쪽을 택한다. 우리는 약을 먹는다. 우리는 고통에서 벗어나기 위해 술과 마약을 하고 성적으로 행동한다. 우리는 TV를 보거나, 자원봉사를 하거나, 바쁘게 지내는 것에 몰두한다. 우리는 고통을 좋아하지 않는다.

한센병은 고통을 느끼지 못하게 한다는 것이 밝혀졌다. 이 질병은 신경 종말을 죽임으로써 고통을 느끼지 못하게 하고, 그 결과 사람들이 상처를 입게 된다. 그들은 몸의 일부를 잃고 화상이나 다른 상처로 인해 형태가 일그러지고 추하게 변색된다. 왜냐하면 고통을 느낄 수 없는 경우,

> 고통을 느낄 수 없는 경우, 언제 다친 것인지 모른다.

언제 다친 것인지 모르기 때문이다.

당신이 이것을 놓치지 않기를 바란다.

대부분의 세계에서 한센병은 더 이상, 적어도 우리 몸으로는, 아무것도 아니다. 하지만 우리가 마음속으로는 실질적인 유행병으로 고통받고 있다고 나는 생각한다. 우리는 고통이나 불편을 느끼고 싶어 하지 않는다. 아니, 그 어떤 유형의 부정적인 감정도 느끼고 싶어 하지 않는다.

언제부터인가 우리는 부정적인 감정에 귀를 기울인다면 그것들이 우리 내면 건강의 가장 중요한 안내자 중 하나가 될 수 있다는 현실을 놓치고 있다.

제2장에서 우리는 당신의 하나님 형상으로 묘사한, '본래의 진정한 당신'이라는 부분을 파악하였다. 우리가 이 사라지지 않는 영적 중심에 순복할 때, 우리는 무엇보다 용기, 자신감, 명료함과 같은 타고난 재능에 다시 접

근할 수 있게 된다. 이 장과 다음 장에서는 종종 그 힘으로 살아가는 방식을 방해하는 부분들, 특히 고통과 그것에 대한 우리의 계속된 반응으로 말미암아 형성된 부분들을 살펴본다. 우리는 그들을 추방자라고 부른다. 그것들은, 제2장에서 배웠듯이, 오래된 고통의 짐을 짊어지고 있는 우리의 부분들이다.

일단 우리가 이 아파하는 부분들을 이해하고 그것들이 어떻게 우리의 삶을 지배하는지를 이해한다면, 우리는 그것들을 그토록 두려워하지 않으면서 그들의 고통에 대해 긍휼의 마음을 갖는 법을 배울 수 있다. 사실, 우리는 그들을 고통으로부터 완전히 해방시킬 수도 있다.

당신에게 그 방법을 알려주고자 한다.

고통의 선물에 귀를 기울이기

나는 중독과 싸우는 용감한 내담자들과 작업을 많이 한다. 비록 당신이 하루 종일 중독을 다루지는 않더라도, 아마 중독이 교활하며 당황케 만드는 적이라는 것을 나만큼 잘 알고 있을 것이다. 중독은 당신에게 질병이 하나도 없다고 얘기해 주는 유일한 질병이다. 중독은 거짓말을 하며 당신에게 다음과 같이 이야기한다. "모든 것이 괜찮아. 너는 분명히 할 수 있어. 그러니 어서 마시도록 해. 너는 이번에 그것을 통제할 수 있으니까."

아니다. 당신은 할 수 없다. 당신은 통제할 수 없다.

하향적이고 파괴적이며 피할 수 없는 중독의 소용돌이를 중단시키기 위해서는 보통 어떤 것이 필요한지 아는가?

고통. 그렇다. 고통의 선물이다. 맞다. 난 그냥 고통을 글자 그대로 선물이라고 불렀다.

내 치료 작업에서, 중독자가 더 이상 계속할 수 없도록 느끼게 만드는 수준의 고통을 경험할 때, 우리는 그들이 "바닥을 치고 있다."라고 말한다.

바닥을 치거나, 우리가 사랑하는 누군가가 바닥을 치는 것을 보는 것은 매우 어려운 일이다. 왜 그런가? 우리 중 누구도 고통을 좋아하지 않기 때문이다. 사람들은 우선 술을 마시거나 마약을 하거나 포르노를 보기 시작한다. 왜냐하면 그것들이 고통을 피하게 해주는 방편으로 보이기 때문이다. 아마도 그 사람을 사랑하는 사람들이 여러 가지 방법으로 도우려고 애쓰는 이유가 그것일 테다. 불행하게도 사랑하는 가족과 친구들이 사랑하는 사람을 중독의 파국으로부터 구하려고 애쓸 때, 그들은 고통의 선물을 제거하는 것이다.

그러면 어떤 일이 일어나는가? 중독은 지속되고 더 강해지며 바닥은 점점 더 낮아진다.

이것이 비정한 소리로 들릴 수 있다는 것을 안다. 그러나 고통을 없애는 것이야말로 실제로 우리가 중독의 손아귀 가운데 있는 사람을 위해 할 수 있는 가장 잔인한 일인 것이다. 오랜 회복기에 있는 용기 있는 사람들은 모두가 자신의 개인적인 '바닥'이 얼마나 고마웠는지 이야기한다. 그녀가 "나는 더 이상 못 참겠어."라고 항복하는 순간, 하나님께 부르짖으며 도와달라고 손을 내밀기 때문이다. 돌이켜 보며 그녀는 바닥을 치는 고통이 자신의 목숨을 구하였음을 알게 된다.

우리는 왜 잘못되었는지 모르며, 고통의 선물을 느끼고 경험하고 제대로 귀를 기울이고 나서야 지혜롭게 도움을 구할 수 있다. 이것이 중독에만 해당되는 것은 아니다.

나의 분노에 귀를 기울이고 나니, 내가 경계를 침범당했다는 것을 알게 되었다.

나의 외로움에 귀를 기울이고 나니, 내가 깊은 관계에 투자해야겠다는 것을 알게 되었다.

나의 불안에 귀를 기울이고 나니, 내게 치유해야 할 미해결된 트라우마가 있다는 것을 알게 되었다.

나의 우울증에 귀를 기울이고 나니, 내 가슴 깊은 곳의 상처를 돌봐야 할 필요가 있다는 것을 알게 되었다.

나의 두려움에 귀를 기울이고 나니, 내가 안전을 도모해야 할 수도 있다는 것을 알게 되었다.

나의 스트레스와 짜증에 귀를 기울이고 나니, 내가 균형을 잃어 휴식이나 우선순위를 다시 조정할 필요가 있다는 것을 알게 되었다.

그러나 한 가지 공통된 경험이 우리 모두를 교착 상태에 빠지게 한다. 우리의 고통을 향해 나아가 고통이 가진 가치 있는 메시지에 귀를 기울이는 대신, 우리 대부분은 고통에 맞서거나 고통을 멀리한다. 우리는 고통을 무시하거나, 부정하거나, 고통을 느끼는 것을 수치스러워하거나, 원망하거나, 무감각하게 만들거나, 비껴가거나, 떨쳐버리고자 한다.

우리는 그 역겹고 힘든 감정에 귀를 기울이지 말라고, 심지어 느끼지 말라고 가르침을 받아 왔다.

묵묵히 참고 견디어라, 얘야.

남자다워야 해.

다 큰 애는 울지 않아.

징징대지 마, 그렇지 않으면 징징댈 이유를 만들어 주마!

당신은 내가 왜 우리가 몸이 아닌 마음에 심각한 한센병을 앓고 있다고 믿는지를 알 수 있을 것이다. 그 병이 우리를 죽이고 있다.

하지만 우리가 느끼는 고통에 맞서거나 그것을 멀리하는 대신, 고통을 향해 나아간다면 어떨 것인가? 예수님께서 우리더러 그렇게 하라고 초대하셨고, 자신의 삶으로 모델을 보여주신 것이 바로 그것이다. 그분은 세상에 오셔서, 가장 큰 슬픔과 가장 큰 상처를 안고 가장 큰 고통 가운데 있는 사람들을 향해 나아가셨다. 그분은 그들을 향해 나아가 그들의 이야기를 듣고, 그들이 혼자가 아니라는 것을 이야기해 주며, 감동과 위로와 목격하기를 통해 그들에게 치유를 가져다주셨다.

만약 예수님께서 외부적으로 그들에게 하셨던 것, 즉 고통과 상처를 향하여 나아가며, 실제로 그것에 귀를 기울이셨던 것을 우리가 우리 마음 안에서 한다면 어떨 것인가?

추방자는 상처를 입었다

추방자들은 연약하고 아파하는, 상처받기 쉬운 부분들이며, 우리의 모든 힘든 감정을 느끼고 있다. 수치심, 무가치함, 공포감, 슬픔, 상실감, 우울감, 외로움, 궁핍함, 불안, 고통, 무력감, 두려움, 고립감을 생각해 본다. 비록 그것들이 하나님의 완벽한 원래 설계의 일부는 아니었지만 솔직히 우리는 그것들을 얻게 된다.

하나님께서는 고통이 없고 눈물이 없으며 죄가 없고 타락이 없는 완벽한 세계 — 하나님 및 이웃들과 제약받지 않고 친밀한, 상처받기 쉬운 교제가 이루어지는 세계 — 를 위해 우리를 설계하셨다. 성경은 우리에게 말한다. 하늘은 짐을 벗어버린 축복을 들고 우리를 기다리고 있다고.

> 우리가 이 장막을 벗을지라도, 벗은 몸이 되지 않을 것입니다. 우리는 이 장막에서 살면서, 무거운 짐에 눌려서 탄식하고 있습니다. 우리는 이 장막을 벗어버리기를 바라는 것이 아니라, 그 위에 덧입기를 바랍니다. 그리하여 죽을 것이 생명에게 삼켜지게 하려는 것입니다. (고린도후서 5:3~4)

하지만 그동안 우리는 고통과 타락, 그것도 엄청난 타락의 세상에서 살고 있다. 그래서 우리에게는 추방자들이 있다. IFS에서는 그들을 추방자들이라고 부른다. 왜냐하면 이 연약한 부분들이 가장 많이 상처를 입었기 때문이다. 하지만 그 이름은 다음과 같은 또 다른 중요한 현실을 내포하고 있다. 우리의 보호자 부분들은 그들을 추방된 상태로 유지하기 위해 정말로 열심히 일한다. 추방자들을 우리 영혼의 어두운 구석에 숨겨놓고, 무시하며, 굶긴다. 그들에게서 동료애와 긍휼의 마음을 빼앗는다. 이것들은 고통 가운데 있는 사람을 돌보는 가장 좋은 방법이라고 할 수 없다.

추방자 : 부정적인 삶의 경험으로 인해 짐을 짊어지게 되고, 따라서 천부적으로 긍정적인 특성에 접근하지 못하게 된 부분. 추방자들은 두려움, 수치심, 외로움, 불안, 슬픔 같은 부정적인 감정뿐만 아니라, '난 혼자야', '내 감정과 욕구는 중요하지 않아', '난 무언가 잘못됐어' 같은 부정적인 신념도 지니고 있다.

이 추방된 부분들은 원래 어디서 오는가? 우리가 그들을 없애기 위해 최선의 노력을 기울였음에도 불구하고, 왜 그들은 나아지거나 없어지지 않는가? 한번 살펴보기로 한다.

어떤 추방자들은 명백한 곳에서 출현한다.

우리가 삶 가운데 가정이나 공동체에서 폭력(때리기, 던지기, 문을 쾅 닫기, 위협하기, 총질하기)을 목격하는 경우, 우리가 부모, 형제, 혹은 가족의 친구로부터 폭력이나 괴롭힘의 표적이 되는 경우, 우리 이름을 부르거나, 소리를 지르거나, 실제로 그렇지 않은데 우리가 잘못했다는 이야기를 듣는 경우, 혹은 우리가 어렸을 때 성적인 접촉을 경험하였거나 음란물에 노출된 경우, 또는 발달 과정에 있는 우리의 몸이 부적절한 성적 농담이나 관찰의 대상이었던 경우, 우리는 그와 같은 경험을 했던 나이에 얼어붙어 종종 무력감, 공포감, 수치심, 고립감을 느끼는 추방자들을 발달시키게 된다.

우리의 부모가 너무 자신들의 세계에 몰입해서 우리의 정서적 또는 신체적 욕구를 돌볼 수 없는 경우, 우리의 부모가 '자신들을 괜찮도록 만들거나' 정서적으로 자신들을 돌보기 위해서 우리를 필요로 하는 경우, 부모 중에 한 분이 없거나, 결혼 관계의 갈등으로 한 부모하고 지나치게 정서적으로 밀착되어 있는 경우, 우리가 홀로 남겨져 스스로 삶을 헤쳐나가야 하는 경우, 우리는 외롭고 망가진 느낌을 가지고 지나치게 의존적이며 과도한 책임감을 갖고 있는 화난 추방자를 발달시키게 된다.

나는 방금 학대, 버림, 방치, 밀착을 경험한 추방된 어린아이를 설명하였다. 이러한 역경의 경험은 명백하고 분명하여, 우리 대부분은 쉽게 그것들을 파악할 수 있다.

어떤 추방자들은 좀 더 간접적인 방법으로 우리에게 찾아오지만, 어느 모로 보나 현실적으로 경험한다. 나는 그것들을 스텔스 추방자 혹은 은밀한 추방자라고 부른다. 그것들은 그리 분명하지는 않다.

만약 우리가 완벽한 표준을 따르는 사랑하는 가정, 이웃 혹은 신앙 공동체에서 성장하면서, 어떤 '현실의' 문제나 '현실의' 죄와 씨름하는 것이 허용되지 않았으며, 날씬해야 했고, 최우수 학생이어야 했으며, 아버지나 어머니 혹은 가족의 이름에 먹칠하는 그 어떤 짓도 허용되지 않았다면, 우리는 종종 무언가 부족하다는 느낌을 갖는 추방자를 발달시키게 된다. 특히 아버지나 어머니가 목사, 장로, 집사, 또는 예배 인도자이고, 우리가 회중으로부터 일거수일투족의 감시와 완벽에 대한 기대 속에서 성장한 경우 현실이 된다.

만약 우리에게 부모나 문화의 관심을 모두 받았던 공부를 잘하거나 반항적인 형제자매가 있었다면, 우리는 사람들 눈에 띄지 못한다는 느낌, 덜 중요하다는 느낌을 갖는 추방자들을 발달시켰을 수도 있다.

만약 우리에게 만성질환을 앓고 있는 형제자매나 가족이 있다면, '나의 감정과 욕구는 중요하지 않다'고 믿는 추방자가 발달할 수도 있다. 누이나 아버지가 암으로 병원에 입원해 있을 경우, 어떻게 당신에게 정상적인 발달 과정에서의 고뇌가 일어나겠는가?

만약 폭력이 일상화된 가정이나 지역사회에서 살거나 홍수나 토네이도, 산불과 같은 자연재해를 겪거나 사랑하는 사람이 죽었다면, 우리는 불안해하거나 어찌할 바를 모르거나, 무력하다고 느끼는 추방자들을 발달시킬 수도 있다.

만약 우리가 아이들을 보기는 하지만 그들의 이야기를 들어주지 않는 가정에서 자랐다면, '내게는 이야기를 할 권리가 없어'라고 믿는 추방자들이 발달할 수도 있다. 마찬가지로, 만약 우리가 아이들이 모든 일을 책임지고, 부모들이 부모 노릇을 하지 않는 가정에서 자랐다면, '나는 혼자야' '모든 것을 나 혼자 알아서 해야 해'라고 믿는 추방자들이 발달할 수도 있다.

만약 우리에게 과소비와 빚으로 몸부림치는 부모가 있었고, 돈 문제가 늘 존재하며 스트레스를 받았다면, 우리는 '나는 그럴 만한 가치가 없어' 혹은 '돈이 나보다 더 중요해'라고 믿는 추방자들과 함께 자랄 수도 있다.

만약 우리에게 비판적이고, 불가능한 기준을 가지고, 수치감을 불어넣으며, 체중에 대해 비판적인 발언을 하거나, 성적을 비판하거나, 운동 경기에 한 번도 오지 않았던 부모가 있다면, 우리는 기분이 나쁘거나, 능력이 없거나, 무언가 부족하거나, 혹은 망가진 느낌을 갖는 추방자들을 발달시킬 수도 있다.

만약 우리가 학교에서 괴롭힘이나 따돌림을 당하거나 친구를 사귀는 데 어려움을 겪었다면, 우리는 선택받지 못하거나 눈에 띄지 못한다는 느낌, 망가진 느낌을 갖는 추방자들을 발달시킬 수도 있다.

추방자들이 어떻게 발달되었든 관계없이 그들은 중요하며, 그들은 고통 가운데 있다. 그리고 추방자들이 치유되지 않았거나 우리 안에 심지어 추방자들이 있는지도 모를 때, 그들은 계속해서 우리에게 새로운 고통을 줄 뿐만 아니라 우리가 세상을 보는 방식을 왜곡시켜 우리의 행동에 부정적인 영향을 미치게 된다.

시간이 지난다고 추방자들이 치유되지는 않는다. 우리는 저절로 그것들을 극복하지 못한다. 당신은 이혼, 사랑하는 사람의 죽음 또는 학대와 같은 자녀의 삶에서 고통스러운 상황에 대해 다음과 같이 말하는 것을 들어본 적이 있을 것이다. "하지만 아이들은 회복탄력성이 뛰어나지요." 회복탄력성이 있다는 것은 그 사람에게 "이 어려운 상황은 실제로 그 아이에게 그다지 큰 영향을 끼치지 않고 있어." 혹은 "그 아이는 극복할 거야."를 의미한다.

단언컨대 그건 사실이 아니다!

아이들은 그 단어의 의미로 볼 때, 회복탄력성이 없다. 아이들은 종종 어른들이 겪는 고통만큼 크거나 또는 더 큰 고통을 겪고 있지만, 살아남기 위한 대처 전략은 별로 가지고 있지 못하다. 그들은 자신의 고통을 무감각하게 하거나 숨기는 창의적인 방법을 알아냈을 수는 있지만, 눈에 보이는 추방자든, 눈에 보이지 않는 추방자든 동일한 양의 고통을 짊어지고 있다.

추방자는 추방자다. 그리고 제발, 드러난 학대와 방치로 인한 추방자들이 스텔스 추방자들보다 더 중요하거나 더 문제가 된다고 가정하지 마시라. 사실, 스텔스 추방자들은 인식하고 보듬어 주기가 특히 힘들다. 우리가 그들을 폄하하기 때문이다.

"하지만 나는 사랑이 넘치는 가정에서 자랐어요."

"하지만 부모님은 크리스천이었고 우리를 교회에서 키우셨어요."

"하지만 나의 모든 신체적 욕구는 충족되었어요."

"하지만 내가 사랑받고 있다는 것을 알았어요 – 아무도 그런 말을 한 적이 없지만."

이 모든 것이 사실일 수도 있다. 하지만 당신의 고통은 여전히 중요하다.

당신의 추방자들은 여전히 아프다. 만약 내가 길을 건널 때 버스에 치이면, 운전기사가 의도적으로 나를 치지 않았고 사고에 대해 정말로 안타까운 감정을 갖고 있을지라도 나는 여전히 병원에 가야 한다. 난 여전히 중환자실에 있다. "내가 버스에 치였어요."라고 말하는 것이 부끄러운 것이 아니다. 하지만 내가 버스에 치인 나의 상처를 무시하고, 내가 사고당했다고 말하는 것을 거부하며 병원에 가지 않는다면, 나는 제대로 낫지 않게 될 가능성이 있고 2차 감염이 생겨 항상 절뚝거리며 걷게 될 것이다. 우리가 정서적인 버스에 치일 경우에도 동일한 원리가 적용된다.

우리의 추방자들을 알아가는 것은 누군가를 탓하거나 다른 사람들에게 의심의 눈길을 보내는 것이 아니다. 십중팔구, 우리의 삶에 영향을 준 사람들은 선한 의도를 가지고, 그들의 성장 과정에서 발달한 추방자들이나 보호자들과 함께 최선을 디하고 있었다. 하지만 우리의 추방자늘을 알아가는 것은 우리 자신의 이야기를 이해하는 것이며, 우리의 진실을 말하고 존중하는 것이라 할 수 있다.

내 추방자 몇 가지를 소개하고자 한다. 당신이 내 추방자를 알아가면서 아마 당신도 당신의 추방자 일부를 만나게 될 것이다.

파마가 해결책이 아닌 경우

나는 사랑 많은 가정에서 성장하였다. 나는 사랑을 받았다고 들었다. 나의 모든 신체적 욕구는 충족되었다. 우리는 교회를 다녔다. 나는 맞거나 위협받지 않았다. 내게는 배움의 기회가 있었다. 우리는 검소하지만 불편함 없이 살았다. 내게 결코 어떤 물질적인 욕구가 있지는 않았다. 하지만 아니나 다를까, 진짜 '버스'가 나를 치었고, 내 추방자들은 내 평생 고통을 짊어지게 되었다.[30]

나는 군인 가정에서 자란 외동딸이었고 매 1~2년에 한 번씩 이사하였다. 내게는 형제자매가 없었고, 내 친가나 외가 쪽에도 오랫동안 아이들이 없었다. 그리고 우리는 한곳에 오래 머물지 않았기 때문에 오래 사귀는 친구도 없었다. 난 항상 끼고 싶어도 끼지 못하였다. 항상 어울리지 못했던 새로운 아이였다.

나는 또한 가족 안에서 전형적인 외동아이의 영웅 역할을 떠맡아 모든 것을 완벽하게 해내야 한다는 불안감을 많이 가지고 있었다. 나는 혼자 있거나 어른들에 둘러싸여 있었고, 다른 아이들과 잘 어울리지 못했으며, 서투른 늦깎이였다.

도대체 무엇이 잘못될 수 있겠는가?

내가 다정한 10대에 들어섰을 때, 우리는 하와이로 이사하였다. 그곳은 나와 같은 백인 이방인들은 특히 환영받지 못하던 곳이었다. 그리고 나는 아주 경쟁이 치열한 사립학교에 들어가 간신히 버틸 수 있었다. 푸나호우 학교의 학생들은 돈이 많았고, 모두 똑똑하고, 아름답고, 세련되고, 비범한 재능을 가진 듯이 보였다. 이 학생들은 유치원 때부터 함께 다녔을 뿐만 아니라 부모들 대부분도 그 학교 동문들이었다.

당신은 내 또래의 푸나호우 동창생 중에 몇 사람을 잘 알고 있을 가능성이 있다. 미국 대통령 버락 오바마, 아메리카온라인의 공동 창업자이자 전 CEO인 스티브 케이스, 에미상을 수상한 아마존스튜디오의 COO 앨버트 쳉, 그리고 '댄싱 위드 더 스타' 프로그램의 심사위원인 캐리 앤 이나바가 동문들이다.

이 정도면 감이 잡힐 것이다.

중산층의, 샌님 같은 군인 자녀이며, 뻐드렁니를 가진 내 모습은 잘 어울리지 않았다. 나는 여드름이 난 얼굴에 모자를 쓰고, 치아교정 고무줄을 한 채로 미숙하고 어색한 모습으로 푸나호우 학교에 입학하였다. 그 고무줄은 하품하거나, 미소를 짓거나, 입을 너무 크게 벌리면 입에서 튀어나와 사람들을 때렸다.

내가 파마 이야기를 하지 않았던가? 그 당시에는 길고 구불구불한 웨이브 머리가 귀쪽을 따라 부드럽게 흘러내리게 하는 것이 대유행이었기에 웃으면서 가볍게 머리를 넘길 수 있었으며, 그 멋진 웨이브 머리는 어깨에서 우아하게 출렁거리곤 하였다. 학교 여학생들 중 몇 명이 다름 아닌 전문 모델이었기 때문에, 나는 파마가 아마도 내 친구 문제에 대한 해결책이 될 거라고 생각했다. 내게 저 넓고 부드럽게 흘러내리는 웨이브 머리만 있다면, 나는 받아들여질 수 있을 거야.

나는 해결책을 발견했다! 하지만 사실은… 우리는 미용실 파마를 할 만한 여유가 없었다. 어머니는 걱정하지 말라고 하셨다. 어머니는 꿋꿋하게 홈 파마를 계속했었고, 비록 나는 그에 얽힌 이야기들과 어머니의 캐치프레이즈 "아름답기 위해서는 고통이 따른다"를 잘 알고는 있었지만, 어머니의 홈 파마 찬사에 기다렸다는 듯이 동의하였다.

우리 어머니는 정말 많은 것에 재능을 가진 분이지만 안타깝게도 전문 미용사는 아니셨다. 그리고 이것이 14세짜리 자아가 미처 고려하지 못한 핵심 정보였다.

어머니와 나는 가게에 가서 박스 파마 약과 도구를 사 들고 집으로 왔다. 그리고 몇 시간만 지나면 친구들의 관심을 끌 수 있는 넓은 웨이브 머리가 내 것이 된다는 기대에 들떠있었다. 하지만 상자 안의 내용물을 꺼내면서, 나는 나의 새로운 모습을 만들어 줄 아주 작은 롤러에 주목하지 못하였다. 난 미용실에 가본 적도 없고 파마를 해본 적도 없었다.

그래서 파마가 확실히 될 수 있도록 이 아주 작은 롤러를 몇 개 추가하자고 결정하였을 때에도 내 머릿속에서는 경보음이 울리지 않았다.

당신은 내가 머리에서 아주 작은 오버셋 롤러를 풀었을 때 어떤 일이 일어날 것인지 짐작하였을 것이다. 그렇다. 근엄한 아프리카계 미국인의 헤어스타일이었다. 그리고 그 파마를 풀 방법이 없었다.

만약 1980년대 당시에 파마를 푸는 약이 있었더라도, 나는 그것을 알지 못했다. 그 곱슬머리가 너무 얇게 말렸기에 뒤로 묶어 포니테일로 만들 수도 없었다. 그리고 핀으로 묶더라도 머리카락 끝이 머리에서 삐져나올 뿐이었다.

우리가 할 수 있는 일이라고는 차를 타고, 동네 이발소에 가서 5달러를 주고 머리를 자르는 수밖에 없었다. 내 머리카락을 온통 5밀리미터 정도로 잘랐다. 헤어스타일을 만들 만한 머리카락이 남아있지 않았다.

나는 한 1년 정도 울며 지냈다.

거의 대머리에 가까운 내 모습은 깊은 수치감과 자기혐오를 가지고 그 후 매일 이 상류 요새(푸나호우 학교)로 나아갔다. 벗어날 방법이 없었다. 내가 졸업반이 되어서야 당대 큰 인기를 모았던 파라 포셋의 플립 헤어스타일을 그나마 흉내 낼 수 있게 되었다. 그동안, 고통을 잊으려고 닥치는 대로 먹어댔던 나의 행동은 오히려 나를 대머리에다가 모자를 쓴 통통한 모습으로 만들었다.

그 암울한 세월 동안 나는 괴롭힘과 거절을 당했고, 학업에서나 교제 면에서 대단히 힘들어했다. 그 결과, 내게는 '선택되지 않았다', '망가졌다', '무언가 부족하다', '멍청하다', '추하다'와 같은 부정적인 핵심 신념을 짊어진 상당히 강력한 추방자들이 발달되었다. 내 추방자들이 심한 고통 가운데 있었던 최악의 수년 동안에는 계속해서 정신적 고통을 견뎌야 할 바에는 살지 않는 것이 꽤 좋아 보인다고 생각한 적이 여러 차례 있었다.

몇십 년이 빠르게 지나, 나는 결국 내 자신으로 성장하였고, 하버드에 진학해 2개의 석사 학위를 취득했으며, 오래도록 유지하고 있는 친밀한 많은 관계들을 발전시켰다.

그중에 어떤 것이 이 추방자들의 치유에 도움을 주었는가?

도움을 준 것은 없었다.

단 하나도.

추방자들은 14세라는 시간 가운데 얼어붙어 있고, 개인적인 치유에 최선을 다했음에도 불구하고, 솔직히 그들이 여전히 나에게 상당한 힘을 행사하고 있다고 고백할 수밖에 없다. 새로운 환경에 들어서면, 내가 꽤 외향적이고 자신감이 있음에도 불구하고 그 추방자들은 일어나 앉아서 내가 얼마나 부족하거나 적응하지 못하는지를 말하기 시작한다. 나는 49세이고 치료사가 아닌가.

추방자들은 강력하다.

추방자들을 향해 나아가기

우리는 이렇게 아파하는 작은 추방자들에게 수치감을 불어넣거나("나는 성인 여성인데 이런 느낌을 갖고 있다니 믿을 수 없어."), 그들을 외면하거나, 최선을 다해 그들의 입을 다물게 만들어 우리 영혼의 지하실에 가두는 것으로 대처하는 경향이 있다.

당신에게 한 가지 질문을 해본다. 만약 당신의 자녀가 귀가하여 그날 학교에서 받은 거절감에 대해 말하고 싶어 한다면, 당신은 자녀에게 수치감을 불어넣겠는가? 자녀에게 저리 가라고 하겠는가? 당신의 관심을 끌려는 자녀의 노력을 무시하겠는가?

물론 그렇지 않을 것이다! 의자를 가까이 끌어당기고, 안아주며 사랑한다고 말할 것이다.

우리의 추방자들이 원하는 것이 바로 그것이다. 그들은 누군가 자신들을 바라보고, 이야기를 들어주며, 돌봐주기를 원한다. 그것이 예수님이 하시

> 추방자들이 원하는 것이 바로 그것이다. 그들은 누군가 자신들을 바라보고, 이야기를 들어주며, 돌봐주기를 원한다. 그것이 예수님이 하시는 일이다.

는 일이다. 예수께서는 마태복음 11장 28절에서 이렇게 말씀하신다. "수고하며 무거운 짐을 진 사람은 모두 내게로 오너라. 내가 너희를 쉬게 하겠다."

이 추방자들이 짊어지고 있는 고통에 대한 치료 용어가 '짐'이라는 사실이 재미있다. 갑자기 이 치료 모델의 치유력이 충분히 이해된다.

예수님과는 달리, 우리는 때때로 다음과 같은 방법으로 추방자들의 고통을 없애려고 애를 쓴다.

- 추방자들을 가두어 버린다. ("어떤 느낌인지 모르겠어.")
- 계속 바쁜 상태를 유지하여 추방자들에게 시간을 내지 않는다. ("내게 할 일이 너무 많아. 느껴보려고 속도를 늦출 수는 없잖아.")
- 추방자들을 무감각하게 만든다. ("와인을 한잔 마시거나, 저 예쁜 신발을 가지고 싶어.")
- 추방자들을 지하실에 가둔다. ("나는 징징대는 걸 중단해야겠어. 내 문제는 그리 중요하지 않아. 심각한 문제를 갖고 있는 저 사람이 고통을 느낀다면 말이 되지만 말이야.")
- 추방자들을 영성으로 위장한다. ("선한 크리스천은 이런 식으로 느끼지 않을 거야.")

이런 반응들은 비정할 뿐만 아니라 효과도 없다. 추방자들은 수치감이 느껴진다는 이유로 수치심을 느끼기 때문에 이런 반응들이 실제로 고통을 더 악화시킨다.

우리는 부분들을 제거할 수 없다. 그러고 싶지도 않다! 그들이 치유되면, 그들은 저절로 변화하여 우리의 내면시스템에 놀라운 것을 가져다준다. 종 종, 이 상처받은 부분들이 짐을 내려놓을 때(그들의 영혼이 쉼을 찾을 때), 우리의 삶에 기쁨, 장난기, 애정 또는 자발성을 가져다준다. 그들은 또한 진정한 우정을 맺고, 예술을 경험하고 창조하며, 감성을 풍요롭게 하는 우리의 능력을 증진시킬 수 있다. 달리 말하면, 그들 나름대로의 방식으로 그들은 꽤 아름답다. 하지만 그들이 짐을 지고 있는 동안, 그들의 긍정적인 특성은 잠겨있어 접근을 할 수 없다. 이것은 상처를 입고 여전히 짐을 짊어지고 있는 추방자들을 가진 우리 대부분이 왜 자유롭게 놀고, 걱정 없이 지내며, 우리의 참모습을 사람들에게 보여주고자 안간힘을 쓰는지를 설명해 주고 있다.

그러자 예수님께서 진정한 반역사의 모습으로 나타나셔서 말씀하신다. "어린이들이 내게 오는 것을 허락하고, 막지 말라. 하늘나라는 이런 어린이들의 것이다."[31]

여기서 우리의 대화를 위해, 그리스도의 초대를 이렇게 읽을 수도 있다. "추방자들을 막지 말라! 그들을 지하실에 가두지 말라. 그들이 내게 오는 것을 방해하지 말라. 나는 그들을 들어 올려, 안고 위로하기를 원한다. 왜냐하면 나의 나라에서는 한 사람도 빠뜨릴 수 없기 때문이다."

예수님은 삶 가운데서도 사람들의 추방자들을 향하여, 그들의 고통을 향하여 나아가셨다. 고통을 치유할 능력과 의도를 갖고 계셨어도 그분은 먼저 그들을 공감하셨다.

베드로가 한 말을 기억하는가? "여러분의 걱정을 모두 하나님께 맡기십시오. 하나님께서는 여러분을 돌보고 계십니다."[32]

그분께서 돌보시니까! 예수님은 우리를, 우리 모두를 사랑하신다. 그리고 그분은 우리의 무서워하고 불안해하는 추방자들이 짊어지고 있는 짐을 대신 짊어지고 그들을 공감하고 치유할 테니, 그분께로 나아오라고 초대하신다.

요한복음 11장에는 예수님과 그분의 나아감에 대한 놀라운 이야기가 나온다. 예수님께서는 마리아와 마르다의 집으로 가는 길에, 나사로가 방금 죽었다는 것을 잘 알고 계셨다. 두 누이는 큰 슬픔에 젖어있었고, 예수님께서 나사로의 목숨을 구하러 좀 더 일찍 오시지 않은 것에 화가 나있었다. 그러나 예수님께서는 상황을 바꾸기 위한 어떤 노력을 하기 전에 두 누이들을 향하여, 그들의 고통과 슬픔을 향하여 나아가셨다는 사실에 주목한다. 예수님께서는 그들의 애통해 하는 추방자들 곁에 앉아 그들의 슬픔을 나누셨다.

> 예수께서 그녀가 울고 있는 것과, 함께 온 유대인들도 눈물을 흘리는 것을 보시고, 영이 깊이 감동되어 괴로워하셨다. "나사로를 어디에 눕혔느냐?" 그분이 물었다.
> "주여, 와서 보소서." 그들이 대답했다.[33]

> 그런 다음
> 예수께서 우셨다.[34]
> 무엇이라고?
> 예수께서 우셨다.
> 다시 읽어본다.
> 예수께서 우셨다.

그분은 자신이 죽은 나사로를 일으켜 세우실 것을 완벽하게 아셨다. 그분은 대략 5분만 있으면 모든 것이 잘되어, 나사로는 치유될 것이며 누이들의 슬픔은 기쁨으로 바뀌리라는 것을 분명히 알고 계셨다. 그럼에도 불구하고 예수님의 첫 번째 행동, 그분의 첫 번째 움직임에 주목한다.

그분은 우셨다.

그분은 마리아와 마르다의 슬픔과 고통에 함께하셨고, 그들과 공감하셨으며, 향하여 나아가셨다. 사실, 향하여 나아가는 것이 치유에 앞서는 것으로 보인다. "이봐, 그만 징징대."가 아니라 임마누엘의 순간이었다. 하나님은 고통 가운데 있는 이들과 함께하신다.

자, 놀라운 부분이 여기 있다. 우리의 아파하는 추방자들이 하나님 형상에 접근할 때, 그들은 고통 가운데 있는 자신들의 이야기를 쏟아내고 이해받으며, 위로를 받고, 자신들의 얼어붙은 상태를 벗어나 새로운 곳으로 옮겨가 짐을 내려놓을 수 있게 된다. 그들이 하나님 형상의 능력에 의해 짐을 내려놓을 경우, 그들은 보통 과거 모습과는 정반대의 모습으로 변화된다.

우리가 치유 방법에 대한 탐구를 더 진행하면서, 당신은 이것을 직접 경험하게 된다. 추빙자의 짐을 완전히 내려놓는 것은 이 책의 범위를 벗어나지만,[35] 당신은 몇 명의 추방자들을 긍휼의 마음으로 돌보는 작업을 진행해 볼 수 있다.

추방자들이 깨닫지 못하는 것

나는 향하여 나아가기를 원한다. 하지만 난 그게 어떤 모습인지 전혀 알지 못한다. 추방자가 뒤덮어 내가 슬프고, 외로우며, 두렵고, 거부당하였거나 부끄러움을 느낄 경우, 나는 어떻게 반응하는가?

좋은 소식은, 우리가 지금까지 알고 있던 답이 옳다는 것이다. 우리는 하나님께 달려가는 것으로 우리의 추방자들에게 대응해야 한다. 하지만 아마도 우리가 이전에 생각해 왔던 것과는 다른 방식일 것이다.

뒤덮다 또는 뒤덮임 : 어떤 부분이 장악하여 참자아 혹은 하나님 형상으로의 접근을 완전히 차단할 때 뒤덮임이 발생한다. 어떤 부분이 뒤덮일 때 그 사람은 그 부분의 감정을 느끼고, 그 부분의 생각을 생각하고, 그 부분의 신체적인 감각을 경험한다. 마치 그 사람이 그 부분인 것처럼 느낀다. 뒤덮다는 한 걸음 뒤로 물러서다, 분리되다, 분리시키다, 혹은 긴장을 늦추다의 반대어이다. (동의어 : 섞이다, 장악하다)

우리의 추방자들이 하나님께로 달려가게 한다는 것은 추방자의 고통을 두려워하는 짐을 짊어진 우리의 모든 부분이 한 걸음 뒤로 물러서서, 우리의 추방자가 우리 안에 있는 신성에게, 즉 우리의 중심에 있는 하나님 형상에게 접근할 수 있도록 초대하는 것을 의미한다. 하나님께 달려가게 한다는 것은 영성을 위장하는 관리자로 하여금 추방자에게 소리를 지르며, 느끼지 말라고 이야기하거나, 관리하려고 애쓰거나, 수치감을 불어넣도록 허락하는 것을 의미하는 것이 아니다. 예를 들어, "만약 사람들로부터 상처받은 느낌이 들고, 그들이 당신에 대해 무슨 생각을 하고 있는지 염려하고 있다면, 그것은 당신이 오만하기 때문이다. 당신은 겸손해질 필요가 있다. 당신은 잘못된 믿음을 가지고 있는 것이다. 그 죄가 되는 교만을 회개하라."

아, 아니다.

수치심과 죄책감에서 종교적인 행위를 하도록 강요하고 싶어 하는 나의 의제 중심적인 부분들은 충분히 편안함을 느끼며, 한 걸음 뒤로 물러서서 통제권을 내려놓아야 한다. 그때서야 비로소 나는 실제로 여기 안에 계신 하나님께 접근하여 위로와 치유를 받을 수 있게 된다.

자, 추방자들은 마치 아파하는 어린아이들처럼 행동한다는 것을 아는 것이 중요하다. 추방자들이 고통 가운데서 도움을 줄 수 있는 누군가(우리의 중심인 하나님 형상)를 본다면, 그들은 달려가서 그의 모든 관심을 얻으려고, 즉 그를 장악하려고 애쓴다. 그래서 우리는 추방자들이 활성화되자마

자 고통스러운 추방자 감정으로 뒤덮이게 된다.

우리가 추방자에 의해 뒤덮이게 되었는지 어떻게 아는가? 간단하다. 우리는 마치 부정적인 감정에 사로잡힌 것처럼 느끼게 된다.

예를 들어, 내게는 완벽주의자 부모님들 밑에서 성장한 내담자들이 여러 명 있었다. 이러한 유형의 가정에 속한 자녀들에게는 종종 '무언가 부족하다'고 느끼는 매우 어린 추방자들이 발달한다. 성인이 되면 그들은 애쓰며 노력하는 관리자 부분들을 갖게 되어 자신의 가치를 성공적으로 증명하기 위해 스스로를 몰아간다. 매우 높은 성취를 이룩한 전문직 성인일지라도, 자신들이 기준에 미치지 못했다고 인식되는 상황에 부딪치면(아마도 대표이사가 회사의 매출실적에 실망하거나, 상사로부터 과제 계획서를 다시 써 오라고 반려당한 경우), 그들의 추방자들이 장악한다. 그들은 수치심에 압도되어 어릴 때 그랬던 것처럼 상처받기 쉽고 무력감을 느낄 가능성이 있다. 그것이 추방자가 하는 일이다. 추방자들이 장악할 때 우리는 추방자가 된 느낌을 갖는다. 우리는 추방자의 감정, 생각 및 신념을 마치 우리의 것인 양 경험한다. 우리는 "내가 너무 부끄럽다." "나는 결코 기준에 도달하지 못할 것 같다."와 같은 말을 한다. 우리는 얼굴이 붉어지거나 풀 죽은 자세를 취하게 된다.

추방자들이 깨닫지 못하는 것은, 그들이 우리를 장악하면 우리의 하나님 형상이 그들(추방자들)을 도울 수 없다는 사실이다. 추방자들이 부정적인 감정을 조금 낮추어야 우리가 여기 계신 하나님께 접근하고 나서, 도움을 줄 수 있게 된다. 그리고 일단 추방자들이 이 방법으로 도움을 받을 수 있다는 것을 알게 되면, 그들은 바로 실행에 옮긴다. 당신은 실제로 그들에게 이 이야기를 하고 나서 부정적인 감정에서 해방될 수 있다.

추방자를 알아가기

내가 사용하는 용어 몇 가지, 이를테면 뒤덮기, 한 걸음 물러서기, 장악하기는 당신에게 다소 이상하게 보일 수 있으나, 당신은 이 단어들이 묘사하고 있는 경험을 인지하리라 확신한다. 만약 그렇다면, 지금쯤 당신은 아마도 내가 수치감이나 불안 혹은 부정적인 감정을 촉발시킨 상황에 비해 지나치게 큰 두려움으로 항상 뒤덮여 있다고 생각하고 있을 것이다. 끔찍하다! 그럼 이 추방자를 돕기 위해서 나는 무엇을 해야 하는가?

당신이 추방자들과 좀 더 효과적으로 상호작용하도록 해줄 수 있는 연습을 자세히 안내하고자 한다. 그리고 질문 목록을 읽어 내려가는 것이 그 질문에 몰입하는 것과 같지 않다는 것을 기억한다. 정보는 우리를 변화시키지 않으나, 경험은 우리를 변화시키기 때문이다. 따라서 이 책의 각 연습과 목록에 대해 시간을 내어 깊이 몰입하도록 한다.

천천히 진행하고 당신에게 떠오르는 것을 존중한다. 과하다는 느낌이 들면 언제든지 연습을 중단하고 몇 차례 심호흡을 하거나 산책을 하거나 도움을 청한다. 우리의 추방자들이 상당한 고통을 짊어지고 있을 때, 우리에게는 종종 그들의 경험을 이끌어 줄 IFS 치료사가 필요하다. 그것은 충분히 타당하다. 당신을 돌보기 위해 할 수 있는 것은 무엇이든지 하도록 한다.

더 깊이 들어가기 : 추방자를 알아가기

준비가 되면, 주의력을 방해하지 않는 조용한 장소를 찾아 편히 앉는다. 천천히 심호흡을 두 번 정도 하여 당신이 안전하다는 메시지를 몸에 전달한다. 이제, 부드럽게 다음의 감정을 곰곰이 생각해 본다. 그리고 각 감정을 느꼈던 최근 사건의 시간과 그것을 촉발시켰던 상황을 간단히 메모한다.

- 수치심
- 불안감

- 공포감
- 두려움/테러
- 자기 의심
- 자기혐오
- 슬픔
- 우울감
- 무가치함
- 능력 부족
- 외로움
- 무력감
- 압도됨

이제 당신이 추방자들이 안고 있는 감정의 몇 가지를 파악하였으므로, 어느 정도 극단적이지 않은 느낌이 드는 것 한 가지를 골라 시간을 가지고 그것에 집중한다. 반드시 적당한 감정, 즉 0~10의 척도에서 2 정도 되는 것을 고르도록 한다. 여기서 0은 고통이 전혀 없는 것, 10은 당신이 상상할 수 있는 최악의 고통이다. (10에 근접한 것들에 대해서는, 당신이 이런 새로운 방식으로 상호작용하는 처음 두 번 정도는 아마도 전문적인 도움이 필요할 것이다.) 감정, 그 강도, 그리고 어떤 것이 그것을 촉발시켰는지 주목한다.

감정 :

강도 (0~10) :

그것을 촉발시킨 상황 :

이제, 이 기억과 부드럽게 함께하도록 한다. 간단히 그 기억을 묘사한다.

잠깐, 심호흡을 하고, 그 기억 속으로 다시 들어가는 기분이 어떤지 느껴보도록 한다. 부정적인 감정이 등장하도록 허용한다. 당신의 모든 부분이 당신으로 하여금 잠시 동안 부정적인 감정과 함께할 수 있도록 허락하는지 체크하고 확인한다.

당신의 몸 어디에서 부정적인 감정이 느껴지는가?

감정이 몸 안 어느 곳에 자리 잡고 있는지 실제로 감지한다. 어깨에서의 긴장감, 배에서의 차가운 느낌, 이마에서의 통증, 혹은 목구멍에서의 조이는 느낌을 감지할 가능성도 있다. 잠시 시간을 내어 이 느낌과 감각에 부드럽게 주목하도록 한다. 처음에는 느낌과 감각이 약간 고조되어도 괜찮다. 안전한 느낌이 들면, 가라앉는다. (강도의 변화를 감지하거나 신체적인 감각이 변할 수도 있다.) 어떤 것이 감지되든 따뜻이 맞이한다. 그 부분을 감지하고 함께하는 것 말고는 다른 어떤 생각을 하지 않으며 1~2분간 그 감각과 그냥 함께 있도록 한다.

어떤 것이 감지되는가?

그냥 그 부분과 함께 있으면서, 어떤 조그만 변화라도 감지되었는가?

이제, 이 감정을 품고 있는 부분에게 기꺼이 분리되거나 한 걸음 물러서서 당신과 거리를 둘 의향이 있는지 묻는다. 당신이 여기 계신 하나님께 접근하기 전까지는 그 부분이 갖고 있는 고통의 문제를 도와줄 수 없다고 그 부분에게 상기시킨다. 우리는 우리의 모든 부분을 존중하며 대하여야 한다는 것을 기억한다. 우리는 분리하기를 요청하지만, 절대 강요하지 않는다(강요는 효과가 없다 – 대체로 역효과를 낳는다).

어떤 것을 감지하였는지 보고, 여기에 기록한다.

그 감정이나 감각이 줄어들면 "추방자가 분리될 때" 섹션으로 건너뛰어 진행한다. 줄어들지 않으면 여기서 계속한다.

추방자가 분리되지 않을 때

만약 감정과 감각이 1~2분 후에도 변화가 없다면, 이 부분이 분리되면 어떤 일이 일어날까 봐 두려워하는지 이야기해 줄 수 있는지 알아본다. 아마도 그 부분은 누군가 들어주지 않거나 도와주지 않을까 봐 두려워하고 있을 수 있다. 걱정 말라. 목소리가 들리지 않을 수도 있다! 부분들은 다양한 방식으로 소통한다. 어떤 것은 우리 마음 가운데 기억을 비춘다. 어떤 것은 단어나 신체 감각의 느낌을 제공하여 자신을 드러낸다. 추방자를 경험하는 방법에는 옳고 그름이 없다.

그 부분이 분리되는 것을 염려하는 이유에 대해 당신이 얻은 느낌을 여기에 기록한다.

또 다른 옵션은 당신의 중심에 있는 하나님 형상에 대해 강한 감각을 유지하면서, 추방자 감정의 몇 퍼센트를 당신이 감내할 수 있는지 추방자에게 알려주는 것이다. 예를 들어, 당신은 다음과 같이 말할 수 있다. "창피하다. 네가 100퍼센트 나를 뒤덮으면, 내가 영적 중심에 접근할 수 없기에 너를 도와줄 수 없어. 나는 네가 그런 감정을 품고 있는 것이 어떤 느낌인지 느껴보고 싶어. 하지만 난 겨우 30퍼센트 정도밖에 수용할 수 없어. 만약 네가 수치심의 70퍼센트 정도를 뒤로 물러나게 할 수 있다면, 나는 그것이 어떤 느낌인지 명확히 알 수 있겠고, 너의 고통을 치유할 수 있을 거야."

어떤 것을 감지하였는지 보고, 여기에 기록한다.

섞이다 또는 섞임 : 어떤 부분이 장악하여 참자아 혹은 하나님 형상으로의 접근을 완전히 차단할 때 섞임이 발생한다. 어떤 부분이 섞일 때 그 사람은 그 부분의 감정을 느끼고, 그 부분의 생각을 생각하고, 그 부분의 신체적인 감각을 경험한다. 마치 그 사람이 그 부분인 것처럼 느낀다. 섞이다는 한 걸음 뒤로 물러서다, 분리되다, 분리시키다, 혹은 긴장을 늦추다의 반대어이다. (동의어 : 뒤덮다, 장악하다)

추방자가 분리될 때

만약 감정이나 감각의 강도가 가라앉았다면, 그것은 추방자가 (적어도 부분적으로) 분리되었다는 것을 의미하며, 당신은 마음속으로 그 부분에게 이미지를 보여달라고 요청할 수도 있다. 그것이 바보 같거나 이상한 이미지, 색깔, 모양이라도 걱정하지 않는다. 어떤 부분을 경험하는 방법에 있어 옳고 그름은 없다.

어떤 모습인지에 대한 감이 잡히면, 여기에 기록한다.

당신이 이 추방자를 향하여 어떤 느낌이 드는지 감지하는 간단한 영적 MRI 검사를 하거나 '부분 체크'를 한다.

만약 당신이 하나님 형상의 특성(평온함, 호기심, 긍휼의 마음, 명료함, 용기, 연결, 창의성, 자신감)이 아닌 다른 것을 느낀다면, 또 다른 부분이 섞여있는 것이다. 아마도 그 추방자를 싫어하거나 그 추방자의 고통을 두려워하는 부분일 수 있다. 예를 들어, 추방자를 향하여 호기심이나 긍휼의 마음이 들 때까지 그 감정들에게 한 걸음 물러서 달라고 요청한다.

이 추방된 부분이 당신의 하나님 형상 곁에 있는 것은 강력한 경험이다. 잠깐 그 부분 곁에 있다. 그 부분이 당신을 알아보고, 긍휼의 마음을 가진 영적 중심 가운데 있는 당신과 함께하는 것이 어떤 것인지 정말로 이해할 수 있도록 초대한다.

추방자와 함께 한 단계 더 나아가기

만약 당신이 이 연습에서 한 단계 더 나아가고 싶다면, 이 부분에게 어떻게 그렇게 많은 고통을 품게 되었는지 보여달라고 요청한다. 그 부분은 다양한 기억들이 당신의 마음 가운데로 지나가게 할 수도 있고, 당신의 몸에 다른 감각을 보낼 수도 있다. 기억하도록 한다. 만약 추방자의 감정이 다시 당신을 장악하기 시작한다면, 당신이 곁에서 도와줄 수 있도록 그 부분에게 물러서 달라고 상기시켜 주기만 하라. 당신이 감지한 것을 기록한다.

그 부분이 당신에게 들려주거나 보여주고 싶어 하는 다른 것이 더 있는지 물어본다. 만약 어떤 감이 오면, 그것을 적는다.

추방자가 당신에게 전달할 필요가 있는 모든 것을 전달하였다고 느껴지면, 이야기를 해줘서 고맙다고 인사한다. 그 부분의 이야기를 잘 들었고 그가 가진 고통에 대해 안타깝게 생각한다고 전한다.

그런 다음 조심스럽게 당신의 주의를 주변의 방으로 옮기기 시작한다. 발밑의 마룻바닥과 당신의 몸을 지지하는 의자나 소파의 느낌에 주목한다. 방에서 들리는 소리에 주목한다. 심호흡을 두 번 한다. 당신이 내면에서 처음으로 주의를 돌릴 때는 약간 방향 감각을 잃은 느낌이 들 수도 있다. 적응할 시간을 갖는다.

축하한다! 당신은 추방자를 알아가는 첫걸음을 내디뎠다. 잠시 시간을 갖고 이 경험이 당신에게 어땠는지 일기를 쓴다.

만약 당신이 실제로 추방자들의 짐 내려놓기를 향한 다음 단계를 취하고 싶으면, 이 책 뒷부분의 '참고자료'에 있는 작업 방법에 대한 도구를 참조하도록 한다. 이 흥미진진한 깊은 자기 연민과 치유의 여정에 온 것을 환영한다!

논의를 위한 질문

- 당신은 이 장에서 고통의 가치에 대해 어떤 것을 배웠는가?
- "고통을 느낄 수 없는 경우, 언제 다친 것인지 모른다."라는 말을 생각해 볼 때 어떤 생각이 떠오르는가? 당신이 자신의 고통에 귀를 잘 기울이는 모습은 어떤 것인가?
- 당신은 고통을 피하기 위해 우리가 흔하게 사용하는 전략 중 어느 한 가지를 택하는가? 단기적으로 그것들은 당신에게 어떻게 효과를 주었는가? 장기적으로는?
- 추방자들의 발달 방법 중에서 당신은 어떤 것과 관련이 있는가?
- 당신 생각에 왜 은밀하게(예 : 학대나 버림받음이 아니라, 지나치게 높은 기대로 인해) 발달된 추방자들은 인지하고 확인하기가 힘든가?
- 고통을 짊어지고 있다고 인식되는 당신의 추방자 하나를 찾아본다. 그 추방자는 어떻게 발달하였는가?
- 당신의 추방자들이 짊어지고 있는 고통에 대해 생각할 때, "예수께서 우시며" 고통 가운데 있는 마리아와 마르다 곁에 계셨다는 현실을 생각해 보면 어떤가?
- 만약 당신이 어떤 추방자를 알고 있다면, 그들에게 어떤 위로가 필요할 것 같은가?

우리 관리자들 만나기

고통을 예방하기 위해 열심히 일하는 부분들

나는 군인 가정에서 자랐고, 자주 이사를 다녔기에 반려견을 키우는 데 도움이 되는 환경은 아니었다. 그래서 나는 커서 내 영역에서 전문가가 되면 꼭 반려견을, 그것도 여러 마리를 키우겠다고 결심하였다. 나는 벌충해야 할 것이 많았다. 하지만 내가 결혼하고 아이 둘을 낳고 나서야 비로소 동물보호소에 들러보는 것을 진지하게 생각하게 되었다.

거기서 우리는 벨라라는 이름을 가진 시츄를 발견하였다. 벨라는 강아지 사육장에서 구조되었고, 흠 하나 없었다. 우리가 벨라를 필요로 하는 만큼 벨라도 우리를 필요로 하였다.

벨라의 어린 시절에 형성된 어떤 부분들은 벨라를 절대로 떠나지 않았다. 벨라는 천둥과 폭우, 시끄러운 소리, 그리고 공중에 떠있는 것들을 대단히 무서워했다. 무엇을 보고 그러는 것인지는 아무도 모른다.

벨라는 멀리 걸을 수 없었고, 말년에는 거의 시각과 청각을 잃고 대부분의 시간을 잠으로 보냈다. 벨라는 어느 것도 해치지 않으려고 하였고, 그럴 수도 없었다. 그러나 우리는 벨라를 좋아하였고, 벨라는 우리를 안전하게 지키기 위해 자신이 할 수 있는 모든 것을 하고자 하였다.

평온한 듯한 어느 날, 곰돌이 푸 풍선이 우리 아이의 생일 선물에 붙어 우리 집에 배달되었다. 침입에 놀란 벨라는 우리의 안전을 위협하는 위험을 경고하기 위해 무턱대고 시츄 닌자 행동을 개시하였다. 벨라는 용감하게 싸움 자세를 취하고, 최대한 풍선 가까이 서서 끊임없이 짖어대었다. 그래서 우리는 위험에 대한 경각심을 갖게 되어, 벨라가 더 이상 풍선을 볼 수 없도록 풍선을 벽장에 넣었다.

두려워 떨면서, 벨라는 무섭고 생명을 위협하는 상황으로부터 우리를 돕기로 결심했다. 이것이 물론, 실제로 무섭거나 생명을 위협하는 것은 절대 아니었다. 그러나 아마도 언젠가 오래전 강아지 사육장에서 너무 작은 상자에 갇혀 빠져나오거나 상황을 바꿀 힘이 없었을 때, 벨라에게 그것은 생명을 위협하는 무서운 것이었을 수 있었다.

당신은 용기의 멋진 점을 아는가? 용기는 실제적인 위험을 필요로 하지 않는다. 그것은 단지 두려움, 그리고 위험에 대한 인식을 필요로 한다. 두려움이 없다면, 우리는 용감해질 수 없다─비록 우리가 직면하고 있는 것이 위험하지 않고 우리가 하고 있는 일이 도움이 되지 않을지라도.

이게 바로 우리의 보호자들이 하는 일이다. 우리의 이러한 부분들은 무섭게 보이는, 아마도 과거에는 실제로 무서웠을 수도 있었던 상황을 보고 그 두려움이나 고통, 불안감, 외로움 혹은 우리 안에 있는 치유되지 못한 추방자들이 그 순간에 느끼게 되는 어떤 것이라도 도와주려고 애쓴다. 심지어 자신들이 하고 있는 일이 효과가 없거나 더 이상 필요하지 않을 때에도 그들은 애쓰며, 계속 시도한다.

그래서 그들을 보호자라고 부른다. 그들은 고통으로부터 우리를 보호하려고 하기 때문이다. 마치 벨라처럼 그들은 매우 용감하다! 선한 의도를 가지고 있다. 그리고 자신들이 전혀 도움이 되지 않고 있다는 것을 꿈에도 알지 못한다.

우리는 과거의 트라우마와 부정적인 삶의 경험에서 오는 고통이 우리의 추방자들 가운데 계속 존재하며, 그 아파하는 부분들이 어떻게 다른 부분들을 촉발시켜 행동하게 만드는지 보았다. 이 장에서 고도로 동기가 부여된 보호자 부분들의 전체 라인업을 소개한다. 당신은 많은 것들을 알아볼 수 있을 것이다. 추측건대, 적어도 당신이 온전히 알고 있는 한 가지는 만날 것이다.

당신도 나처럼 실제의, 온전한, 그리고 영원한, 진짜 당신이라고 항상 생각해 왔던 보호자를 만날 가능성도 있다.

나는 당신이 자신의 가장 용감한 보호자 부분들을 이해하는 것뿐만 아니라 왜 그들이 당신을 그 모든 위협으로부터 구하려고 그토록 애쓰고 있는지 새롭게 이해하게 되리라고 약속한다.

비슷한 두 가지

우리 모두에게는 두 가지 매우 다른 유형의 보호자가 있다. 관리자와 소방관이 그것이다. 그들은 (고통의 문제를 돕는) 동일한 목표를 가지고 있으나 완전히 반대되는 접근법을 취한다. 관리자들은 사전 예방적인 팀으로서, 고통을 예방하기 위해 열심히 노력한다. 소방관들은 사후 반응적이다. 그들은 고통이 나타날 때 그 고통의 불을 '끄고자' 애쓴다. 둘 다 추방자들의 고통을 두려워하며, 둘 다 본의 아니게 상황을 더 악화시킨다.

관리자 : 추방자의 고통이 활성화되지 않도록 사전에 사건을 관리하거나 통제하고자 시도하는, 짐을 짊어진 보호자 부분을 말한다. 일반적인 관리자 전략으로는 통제하기, 비위 맞추기, 애써 노력하기, 판단하기, 자기비판하기, 완벽하게 일 처리하기가 있다.

관리자에 의해 지배를 받는 사람들은 교회, 헬스클럽, 학부모회에 모이는 경향이 있다. 소방관에 의해 지배를 받는 사람들은 술집과 라스베이거스에 모이는 경향이 있다. 차이는 없다. 그들은 둘 다 좋은 유형의 부분들이며 도움을 주려고 애쓰고 있다. 그들은 단지 나쁜 역할에 갇혀있을 뿐이다.

그리고 마지막 한 가지, 관리자와 소방관은 종종 서로를 싫어한다. 우리의 내적, 외적 고통의 대부분이 그들의 강렬한 싸움에서 온다.

소방관 : 추방자가 활성화된 후 그의 고통의 불을 사후 반응적으로 끄고자 시도하는, 짐을 짊어진 보호자 부분을 말한다. 일반적인 소방관 전략으로는 중독, 불규칙한 식사, 자해, 폭력, 해리, 강박, 충동, 환상, 격분이 있다.

이러한 부분들이 보호하는 추방자들이 우리의 중심에 있는 하나님 형상에 접근하여 치유되면, 보호자들은 더 이상 자신들이 도움이 되지 않는 일을 할 필요가 없어진다. 그들 역시 짐을 내려놓고, 자유롭게 되어 좀 더 도움이 되는 일, 그들이 창조된 목적에 부합하는 일을 할 수 있게 된다. 우리의 치료 대부분은 보호자들과 추방자들의 짐을 벗겨주는 데서 온다.

보호자들이 중요한 역할을 수행하고 있다는 것을 이해할 경우, 우리는 그들을 다루는 비효율적인 전략을 중단할 수 있다.

우리의 '그만둬' 전략을 기억하는가? 그렇다. 만약 우리가 억지로 보호자들에게 그들의 행동(예 : 음주, 격분, 통제, 과로, 비위 맞추기)을 그만두게 하려고만 한다면, 우리는 그러한 행동으로 몰아가는 추방자들의 고통을 무시하고 있는 것이다. 이러한 역행하는 조치는 궁극적으로 비효과적이 된다. 어쩌다 중단하게 되더라도 일시적이 된다. 단지 공포를 유발하는 것일 뿐이다. 왜냐하면 저변의 고통은 여전히 해소되지 않고 있기 때문이다.

중독 상담가들은 공포를 유발하는 것이 술을 끊게 하는 것이 아니라 재

발의 전조라는 것을 알고 있다. 오히려 더 깊은 곳에 자리 잡고 있는 추방자들을 치유하고, 보호자들이 성취하고자 애쓰는 목표를 존중하는 것이 원치 않는 행동을 바꿔줄 수 있는 훨씬 더 효과적인 방법이 된다.

이 장과 다음 장에서는 관리자에 대해 알아가며, 보다 도움이 되는 방식으로 관리자들을 이해하는 방법을 알아본다.

관리자, 사전 예방 팀

우리 관리자 부분들은 종종 가족, 친구, 상사, 동료, 신앙 공동체, 그리고 주일 학교 프로그램을 위한 자원봉사자들을 조직해야 하는 여성들로부터 특히 많은 사랑을 받고 있다.

> 관리자들은 행동하고, 비위를 맞추며, 과제를 수행함으로써 거절감과 고통을 예방하고자 애쓰고 있다.

이 부분들은 일반적으로 열심히 일하고, 성공적이고, 마감일을 맞추며, 그룹 발표를 위해 분담하였지만 미처 자기 몫의 제안서 작성을 끝내지 못해 뒤처진 사람을 메꿔준다. 그들은 꽤 지쳐있지만, 이야기만 떨어지면 언제든지 행동으로 옮길 준비가 되어

있다. 이러한 사전 예방적 관리자들은 행동하고, 비위를 맞추며, 과제를 수행함으로써 거절감과 고통을 예방하고자 애쓰고 있음을 기억한다.

갇혀있는 행동으로 관리자들을 소개하는 것이 아마도 가장 실용적일 것이다. 관리자들은 단순히 이러한 행동보다 훨씬 더 복잡하며, 여기에 열거되어 있는 행동 외에도 더 많은 것이 있다. 하지만 이것을 통해 당신은 그들의 모습에 대한 전반적인 감을 얻게 될 것이다.

다음의 관리자들 중에서 당신이 갖고 있는 부분을 알아볼 수 있는가?

완벽주의자

외동이나 맏이인 사람들, 혹은 높은 기준이나 경쟁을 요구하는 환경에서 자란 사람들에게서 이러한 종류의 관리자 전략이 발달되는 경향이 있다. 똑바로 해, 제대로 해—항상.

죄지은 느낌. 이것이 내가 갖고 있는 감정이다.

이 관리자는 보통 '뭔가 부족하다'는 짐을 짊어지고 있는 추방자를 보호한다. 완벽주의자 부분은 만약 자신이 모든 것을 완벽하게 할 수 있다면 사람들이 우리를 좋아하고 우리가 얼마나 훌륭한지 말해줄 것이고 그러면 우리는 훨씬 기분이 좋아질 것이라고 생각한다.

한 가지 작은 문제가 있다. 만약 이 부분이 아주 작은 실수 하나라도 저지르면 그 부분은 절망의 구덩이로 굴러떨어져 온통 '뭔가 부족하다'는 감정에 휩싸이게 된다. 이 부분은 꽤 잔인한 작업 관리자다. 이 부분은 A+짜리 학기말 리포트나 업무 제안서를 제출한다. 그리고 그 부분이 대가로 받는 "잘했어."라는 칭찬과 격려로 한 1분 동안은 꽤 기분이 좋아진다.

하지만 그것은 우리의 진짜 모습, 관계 가운데 보여지는 모습이 되도록 도와주지는 못한다. 그 모습이야말로 궁극적으로 그 부분이 보호하고 있는, '뭔가 부족한' 고통스러운 느낌들을 모두 치유하도록 돕는다.

완벽주의자가 장악하고 있을 때, 다른 사람들이 우리 기준에 미치지 못한다고 생각하여 우리는 다른 사람들을 겁주게 된다. (우리의 완벽주의자 관리자로 인해 그들의 '못하다는 느낌을 갖고 있는' 추방자들이 활성화되는데, 바로 그 관리자가 우리의 '못하다는 느낌을 갖고 있는' 추방자들을 보호하고 있는 것이다.) 그러면 그들도 우리의 가면과 비슷한 가면을 쓰므로 우리는 진정한 관계를 맺지 못한다. 이것은 우리로 하여금 뭔가 부족한 느낌을 갖게 만든다… 그러면 우리의 추방자들은 더욱 강해진다… 이제 당신은 전체 그림을 이해할 수 있을 것이다.

완벽주의자에게는 또 다른 문제가 있다. 완벽주의자가 완벽한 연기를 하고 박수갈채를 받을 때, 모든 칭찬은 완벽주의자의 가면이 된다. 아무리 많은 칭찬과 긍정의 말을 대가로 얻더라도 그것은 충분히 스며들지 못한다. 왜냐하면 그 어느 것도 저변에 있는 진짜 흠이 있는 사람에게 다가가고 있지 않기 때문이다. 그래서 완벽주의자 부분은 "제대로 하라."라는 소리만 하며, 순간적인 칭찬과 성공에서 오는 좋은 기분의 조각들로 힘을 얻지만, "만약 당신이 진짜 흠이 있는 나를 안다면, 당신은 나를 사랑하지 않을 거야."라는 추방자의 핵심 신념은 여전히 전과 같이 강력하기 때문에 기분만 더 나빠지게 된다. 헛수고에 이르는 탈진과 고갈의 순환이 반복된다.

행동가

행동가는 계속해서 우리를 빠르게 움직이고 열심히 일하게 만들기 때문에 우리는 우리의 감정이나 우리의 몸, 아니 정말로 그 어떤 것도 느끼지 못한다―아마도 스트레스와 불안감만 제외하고는. 하지만 그 부분을 마비 상태로 유지시키는 것이 고통을 느끼는 것보다 훨씬 낫다. 그래서 그 부분은 혼란에 개의치 않는다. 특히 스트레스는 우리가 한층 더 빨리 그리고 더 많은 혼란과 함께 삶을 질주하도록 만들기 때문이다. 행동가의 목표는 우리가 압도당한 상태 가운데 있도록 함으로써 느낄 시간이 없게 하는 것이다. 왜냐하면 행동가는 가만히 있게 되는 경우 올라오는 감정이 불쾌하고 불편하며 무섭기 때문이다.

이 관리자는 할 일 목록을 가지고 있으나 완전히 체크하는 일이 거의 없다. 모든 항목을 체크하고 하루나 이틀이 되면, 행동가는 긴장을 늦추기보다는 불안감을 느낀다. 왜냐하면 그 부분은 가만히 있는 것을 싫어하기 때문이다. 정적이 무서운 것이다.

이 관리자를 갖고 있는 사람들은 지나치게 많은 자원봉사를 하고, 많은 일을 하며, 많이 여행하고, 많이 즐기며, 자녀들을 스포츠와 음악 레슨, 과외 활동에 등록하여 이 모든 장소에 데려다주느라고 자신들을 바쁘게 만든다. 행동가는 자신이 혼돈을 선택하고 있다는 것을 의식적으로 깨닫지 못하지만, 종종 행동가는 자라난 환경 가운데서 강렬함과 회오리바람처럼 많은 일이 정신없이 이어지는 상황이 정상으로 느껴졌기 때문에 자연히 그쪽으로 끌리게 된다. 중독, 학대, 이혼, 완벽주의는 행동가의 어릴 적 삶에서 겪는 흔한 주제이며, 행동가는 과도한 헌신과 "이 시기만 지나가면, 나는 긴장을 늦출 수 있다."라는 모토를 통해 무의식적으로 그 혼란을 재현한다.

이 관리자는 우리의 경쟁문화 가운데 미화되므로, 우리의 행동가 관리자들은 종종 우리가 대화를 이끌어 가는 존재들이다.

> "어머, 만나서 반가워! 너와 아이들은 어떻게 지내니?"
> "나도 만나서 반가워! 우리는 바빠, 정말 바빠. 딸 샐리는 운동을 세 가지 하고 있고, 아들 조니는 선행 과목을 8개나 듣고 있어. 그리고 나는 학부모회장을 맡고, 성경 공부를 가르치거든. 우리는 너무 바빠. 좋기는 하지만, 바빠. 너희 아이들은 어때?"
> "응, 우리도 바빠. 아들 파블로는 학생회장이고 순회 야구팀에 속해있어서 우리는 경기 때문에 주말마다 지방으로 다니지. 남편 헥터는 매주 출장을 다니고, 나는 일주일에 5일간 아침에 무용을 가르치고는 1시간 걸려 출근하고 있어. 우리는 바쁘지. 엄청 바빠. 하지만 좋아."
> "우리 언제 한번 만나자."

문제는, 행동가 관리자가 너무 빨리 움직이기 때문에 우리가 도를 넘었다는 것을 말해주고 있는 탈진과 원망에 귀를 기울이지 못하도록 만들고 있다는 것이다. 어느 순간엔가 우리 몸이 그 페이스에 견딜 수 없게 되므로, 우리는 과민성 대장 증후군이나 부신 피로 증후군, 갑상선 기능장애, 고혈압, 독감 등에 걸리거나 허리가 삐끗하여 움직일 때마다 고통스러워하며 우리 삶의 한가운데 갑자기 딱 멈춰버린다. 그리고 이제 행동가에게는 고통을 막을 수 있는 선택의 여지가 전혀 없게 된다.

우리는 고통에 휩싸이게 되고, 과민성 대장을 갖게 된다. 이런!

생각하는 자

생각하는 자 관리자는 종종 똑똑하다. 이 관리자는 상황을 파악하며, 많은 걸 알고 있다. 이 관리자는 정보, 머리로만 아는 지식, 데이터 및 팩트를 소비한다. 생각하는 자 관리자를 갖고 있는 사람들은 종종 자신의 분야에서 최고의 자리에 오르며, 놀라운 논문을 쓰고, 질의응답 패널에서 훌륭한 기여를 한다. 생각하는 자는 순수한 지성과 혼동하기 쉽다. 하지만 우리는 차이점을 알고 있다. 왜냐하면 생각하는 자는 우리를 우리의 생각에 가두어 놓고, 우리의 가슴에는 접근하지 못하도록 하기 때문이다. 행동가와 마찬가지로, 생각하는 자의 임무는 우리가 느끼는 것을 막는 것이다.

생각하는 자 관리자는 가슴과 몸으로부터 머리를 효과적으로 단절시킨다. 그리고 자신들이 보호하고 있는 사람을, 생각하는 자가 발달될 때의 정서적인 연령에 묶어놓는다. 생각하는 자는 5세짜리 정서적인 아이를 40세짜리 지적인 어른 뒤에 숨긴다. 이로 인해 감정을 느껴야 할 때 꽤 혼란스러워지게 된다.

생각하는 자를 발달시킴으로써 고통 가운데서 살아남은 사람들은 내 상담실로 찾아와 감정이나 표정이 전혀 없이 가장 끔찍한 고통에 대한 이야기를 들려준다. 그들은 내가 기분이 어떠냐고 물으면 "좋아요." 또는 "괜찮아요."라고 대답한다. 나는 그들에게 '좋은 섯'과 '괜찮은 것'은 감정이 아니라고 부드럽게 상기시켜 준다. 그러면 그들은 "피곤해요."나 "감당하기 어려워요."라고 말한다. 내가 그들에게 그것은 감정이 아닌 존재의 신체적 상태라는 것을 부드럽게 상기시켜 주면, 그들은 완전히 혼란스러워하며 나를 바라본다. 그들은 "나는 _____ 느낌이 들어요."라는 문장을 감정적인 어휘(예 : 연약한, 강력한, 두려운, 외로운, 의기양양한, 원망스러운, 무감각한, 회의적인)로 완성시키지 못한다. 왜냐하면 생각하는 자에게는 감정 어휘가 없고, 가슴에 연결되는 것이 분명히 금지되어 있기 때문이다. 만약 그들이 가슴에 연결된다면, 대기하고 있다가 밀려올 큰 슬픔이나 절박함 혹은 수치감의 물결을 저지하지 못할까 봐 두려워한다.

생각하는 자처럼 똑똑하고 사려 깊은 사람은 매우 효과적으로 감정, 특히 힘든 감정을 피한다. 트라우마가 우리의 중심 자아를 산산조각 내고 우리의 머리를 우리의 가슴으로부터, 우리의 몸으로부터 분리시키기 때문이다. 따라서 만약 당신이 부정적인 상황을 겪은 적이 있다면, 당신의 고통을 최소화하거나 합리화할 가능성이 있다. 당신은 다음과 같이 말할 것이다. "성적 학대는 내 잘못이었다." 또는 "이혼이 그렇게 나쁜 것은 아니었다." 왜냐하면 당신에게는 그것이 정말로 얼마나 나쁜지 느끼지 못하도록 막는 부분들이 있기 때문이다. 우리 몸이 종종 그 많은 고통과 질병을 짊어지고 있는 이유가 그것이다. 몸은 머리가 우리의 가슴속에 꽉 채워진 고통에 주목하도록 애쓰고 있는 것이다. 우리가 어떤 것을 느끼고 있는지를 알아가며, 우리가 몸에서 경험하고 있는 것에 주의를 기울이는 것이 치유의 핵심이라고 하는 이유가 여기에 있다. 우리는 산산이 부서진 우리 자신을 다시 통합하고 있다.

통제자

통제자는 안전을 창출하고자 하는 의도를 가진 관리자이다. 통제자는 종종 핵심적인 발달 단계에서 무력감이나 안전의 결핍을 경험한 추방자가 안고 있는 고통을 숨긴다. 통제자는 자신이 경험한 적이 있는 통제 불능 또는 무서운 일이 다시는 절대로 발생하지 않도록 사람과 환경을 관리하고자 끊임없이 노력한다. 불행하게도, 다른 사람들을 통제하기 위해 열심히 노력함으로써, 통제자는 무심결에 다음의 메시지를 전달한다. "너는 너의 삶을 관리하는 데 필요한 것을 가지고 있지 않아. 나를 닮아봐라, 그러면 너는 나아질 거야." 이것이 바로 통제자가 피하고자 애쓰는 바로 그 거부감과 거리두기를 사실상 불러일으키고 있는 것이다.

통제자의 좌우명은 다음과 같다. "하나님은 당신의 삶에 멋진 계획을 가지고 계신다. 그리고 나는 그것이 무엇인지 안다." 통제자는 다른 사람들을 위한 의제를 가지고 있고, 다른 사람들이 자신의 충고와 고압적인 전술을 환영하거나 받아들이지 않을 경우, 불쾌하게 여긴다. 통제자는 다른 사람들이 자신과 다르게 세상을 경험하며, 사람들이 서로 다른 생각, 감정, 욕구 및 선호를 가질 가능성이 있다는 사실을 고려하지 못한다. 통제자는 자신의 주의를 바깥으로, 즉 다른 사람들이 하고 있는 것을 향하도록 하여 부분적으로는 자신의 내적 경험에 대한 불편한 현실을 들여다보지 못하도록 하고 있는 것이다.

이 관리자를 가진 사람들은 때때로 자신이 다른 사람들에게 강요해야 할 필요가 있는 옳은 해답을 가지고 있다고 생각하는 공동체(예를 들면, 신앙 공동체, 정당, 경제적으로 혹은 사회적으로 특권을 누리는 환경)로 모인다. 다른 사람들을 변화시키는 것에 대한 관심 저변에 두려움, 불안감, 혹은 강압적인 의제가 있는 경우, 이 관리자가 자리 잡고 있다는 것을 우리는 알고 있다 ― 진실을 충분히 이해하고, 그 진실에 대해 대화하기 위해 다른 사람들을 따뜻이 초대하는 (짐을 짊어지지 않은) 건강한 부분과는 대조된다.

통제자 뒤에 있는 추방자는 보통 상당히 작고 겁이 많으며 안전과 예측 가능성에 대한 욕구가 대단히 많아 통제자가 그것을 만들어 내고자 하는 것이다. 강력한 통제자 관리자는 종종 겁에 질린 추방자들이 존재하고 있음을 나타낸다.

수동적인 부분

수동적인 부분은 흥미로운 관리자 전략을 갖고 있다. 수동적인 부분은 다음과 같은 일련의 안전 지향적인 추론 방식에 맞춰 느긋한 무표정을 하고 있다. "시도하지 마. 솔선수범하지도 마. 네가 할 수 있다고 믿지 마. 아무 노력도 하지 마. 안전지대 밖으로 발을 내딛지 마. 풍파를 일으키지 마. 그만한 가치가 없고 아마 잘되지도 않을 거야, 그러니 거기 가지도 마." 수동적인 관리자들은 만약 당신이 시도하지 않으면 당신은 실패하지도 않고, 따라서 상처받지도 않는다고 흔히 믿는다.

이 관리자에 의해 지배를 받는 사람들은 소파에 많이 앉아있는다. 그들은 헬스클럽에 가거나, 승진 면접을 보거나, 밤에 데이트하자고 배우자에게 물어보거나, 뒷마당에서 아이들과 공 던지기를 시작하거나, 어떤 종류의 갈등에도 관여하지 않는다.

수동적인 관리자는 모든 것을 닫아버리고 사람들이 그들의 삶을 실제로 경험하지 못하도록 한다. 어떤 면에서는 그 관리자가 그들을 투명인간으로 만든다. 만약 당신이 완벽주의자나 통제자 관리자들 같은 고도의 실적 지향적인 부분들에 의해 지배를 받는 사람이라면, 이 수동적인 관리자에게 미치도록 화가 날 수 있다.

수동적인 전략은 무가치하고, 보살핌을 받지 못하고, 무기력하고, 희생 당했다고 느끼는 추방자의 고통을 보호하려고 애쓰는 것이다. 수동적인 관리자들은 우리를 작게 유지하기 위해 종종 열심히 일하여 우리로 하여금 세상의 판단과 거부에 맞닥뜨리는 위험을 감수하지 않도록 한다. 그리고 그들은 흔히 자신들의 소극성이 실제로 자신들이 가장 두려워하는 바로 그 판단과 거부를 불러오고 있다는 사실을 망각하고 있다.

자기 파괴자

수동적인 관리자에게는 추진력이 있고 성취도가 높은 사람들에게서 나타 날 수 있는 흥미로운 변이 유형이 있다. 자기 파괴자가 그것이다. 이 관리 자는 그 사람으로 하여금 그 사람이 받을 만하다고 생각하는 수준의 기쁨, 사랑 또는 성공을 이룰 수 있도록 허용한 다음에는 스위치를 꺼서 주의를 딴 데로 돌리거나, 탈선하거나, 어떠한 또 다른 성취도 평가 절하하는 온갖 방법을 만들어 낸다.

비이성적으로 들리는가? 전혀 그렇지 않다. 자기 파괴자 관리자는 이렇 게 이야기한다. "네가 누군데 그 큰일을 해? 너는 비현실적인 것에 목표를 두지 말아야 해. 그러니까 그냥 여기 이 편안하고 작은 곳에 머물러 있어. 여기 네게 필요한 모든 것이 있잖아. 만약 네가 그런 위험을 감수하면, 넌 정말로 그것을 누릴 자격이 없다는 것을 알게 될 거야."

자기 파괴 전략은 수동적인 전략과 비슷한 방식으로 작동하지만, 그 전 략은 나중에 등장하게 되는 경향이 있고 성공에 대해 더 높은 수준의 관용 을 갖고 있다. 목표는 우리를 작게 유지하여, 우리가 세상으로부터의 잠재 적인 거부나 실패의 고통에 직면하지 않도록 하는 것이다.

비관주의자

비관주의자 관리자들은 수동적인 관리자들과 자주 어울리고, 둘이 소파에 앉아 풋볼 경기를 많이 본다.

비관주의자는 관리자들 중의 이요르(곰돌이 푸에 나오는 비관주의자 캐릭터)라고 할 수 있다. 왜냐하면 비관주의자는 모든 것에 대해 부정적으로 말하고 있기 때문이다. 세상의 종말이 가까이 온 것이 분명해. 정부는 희망이 없고, 거짓말쟁이들로 가득해. 선생님은 편파적이고 자신이 무엇을 하고 있는지도 몰라. 상사는 매사에 일일이 지시를 내리는 스타일이고 자신의 큰 사무실에만 신경 쓰고 있어. 배우자는 잔소리꾼이고, 아이들은 실패자야. 친구들은 애정에 굶주려 있고, 연료 탱크를 채우기 위해 네 앞에 차를 댄 녀석은 정말로 악의를 품고 너에게 시비를 걸었어.

비관주의자는 '항상' 그리고 '전혀' 같은 포괄적인 단어를 좋아한다. ("넌 나를 항상 개똥 취급 하잖아." "넌 내가 뭘 원하는지 전혀 신경도 쓰지 않잖아.")

당신은 눈치채고 있지 않은가? 왜 비관주의자가 관리자인지. 만약 비관주의자가 당신으로 하여금 계속해서 모든 것과 모든 사람에 대해 최악의 상황을 생각하게 한다면, 당신은 다른 사람들이… (이런) 모습을 보일 때 실망하지 않을 것이다.

아…

물론 실망을 피하기 위한 노력에서 비관주의자는 실제로 실망을 만들어 내고 있지만 보통은 그것을 깨닫지 못하고 그러고 있는 것이다. 비관주의자 전략들은 종종 절망적이고 무기력하며 무가치한 느낌을 갖고 있는 추방자들을 보호하려고 애쓰는 것이다.

우리 관리자 전략들 하나하나가 실제로 자신들이 피하려고 애쓰고 있는 바로 그것(고통)을 만들어 내는 것이 놀랍지 않은가? 모든 관리자는 진실로 좋은 의도를 가지고 있으나 우리의 유연성과 진실성을 제한하는 고통에 대한 두려움에서 꼼짝 못 하고 그 일을 하고 있는 것이다.

우리가 지금까지 살펴본 일곱 가지 관리자는 너무 흔해서 당신은 아마도 여러 관리자와 동일시할 수 있었을 것이다. 세 가지가 더 있는데, 그것은 큰 것들이다. 나는 다음의 관리자들을 탐구하는 데 좀 더 많은 시간을 할애한다. 왜냐하면 나의 개인적인 경험과 전문가로서의 경험에서 우리가 주일학교에서 첫 번째 금색 스티커를 받는 순간 이 관리자는 믿는 사람들에게 짐을 지우는 듯 보이기 때문이다.

비위 맞추는 자/섬기는 자

비위 맞추는 자/섬기는 자를 가진 사람들은 겉으로는 정말로 선해 보인다. 그리고 어느 모로 보나 사랑의 동기에서 나온 것처럼 느껴진다. 사실 이 관리자에 의해 지배당하는 대부분의 사람들은 자신을 생각지 않는 섬김이야말로 사랑이라고 생각한다.

진정한 사랑은 주고받는 것을 포함한다는 생각이 이 관리자를 정말로 불편하게 만든다. 왜냐하면 이 관리자는 받는 것을 좋아하지 않기 때문이다. 이 관리자는 받을 만한 가치가 있다고 생각하지 않는다.

가치 있는 존재가 되기 위해 열심히 노력함으로써, 비위 맞추는 자/섬기는 자는 자신이 다른 사람에게 필요하고, 충분히 이해받으며, 사람들이 자기를 좋아하게 되기를 바란다. 관리자가 그토록 열심히 애쓰며 보호하고 있는 추방자는 종종 눈에 띄지 않거나, 인정받지 못하거나, 무가치하다고 느낀다. 그리고 관리자는 그 고통을 없애려고 애쓰면서 탈진을 호소한다.

비위 맞추는 자/섬기는 자는 만성적으로 자신의 감정과 욕구를 무시하면서 다른 모든 사람의 감정과 욕구를 돌보는 데 초점을 맞춘다. 이 관리자는 다른 사람들이 자기를 가치 있다고 느끼기를 바란다. 그 결과, 다른 사람들에게 초점을 맞추게 되고 진정한 참자아로부터 효과적으로 단절되기에 강한 비위 맞추는 자/섬기는 자를 가진 사람들은 자신이 무엇을 느끼거나 필요로 하거나 원하는지 전혀 알지 못한다. 참자아에 대한 개념이 없이, 진실로 이타적이라 할 수 있다. 이것은 당신이 그것이 정말로 선한 것이 아니라는 것을 깨닫기 전까지는 정말로 선하다는 소리로 들리게 된다.

특정 관리자들과 소방관들은 우습게도 천생연분인 듯이 서로를 위해 만들어진 것처럼 보인다. 사실 전혀 우습지 않지만 적어도 알아두면 좋다. 즉, 그들의 대처 전략은 서로 잘 들어맞는다. 예를 들어, 비위 맞추는 자들은 술을 마시거나, 학대하거나, 성적으로 행동하는 소방관들과 잘 어울린다. 왜냐하면 비위 맞추는 자의 감정이 중요하지 않다고 둘 다 동의하기 때문이다. 그래서 비위 맞추는 자와 알코올 중독자는 결혼하고, 결국에는 많은 고통 가운데 상담실을 찾게 된다.

무엇보다도, 비위 맞추는 자/섬기는 자는 다른 사람들이 자기를 맘에 들어 해야 자기가 사랑을 받고, 사람들이 자기를 찾으며 필요로 한다고 생각한다. 그리하여 자신이 존재해야 할 장소와 이유를 갖게 된다.

비위 맞추는 자는 실제로는 '아니'를 뜻할 때에도 "예."라고 말한다. 자신은 피자를 더 좋아하지만, 친구가 중국 음식을 원하기 때문에 중국 음식점에 가게 된다. 그 부분은 다른 사람들에게 저녁과 음료를 서빙하면서, 자신은 먹거나, 심지어 앉는 것을 잊기도 한다.

비위 맞추는 자/섬기는 자와 진정한 서번트의 마음을 가진 부분과의 사이에 있는 큰 차이점에 주목한다. 후자는 아무런 의제를 갖지 않고 또는 고맙다는 말을 받으려 하지 않고, 마음에서 우러나와 섬긴다. 그런 진정한 유형의 부분은 짐을 짊어지지 않고 도움을 주게 된다.

심지어 그리스도같이.

내 경험으로는, 교회에서 성장한 사람들은 종종 비위 맞추는 자/섬기는 자의 짐으로 힘들어한다. 그래서 이 부분에 대해 우리가 혹시 어떤 것을 혼동하고 있었는지 보기 위해 몇 가지 친숙한 성경 구절을 자세히 보고자 한다.

우리가 잘 아는 대로, 마르다가 일행을 위해 정신없이 음식을 준비할 때, 예수님께서는 당신이 사랑하는 친구 마르다 안에 있는 비위 맞추는 자/섬기는 자를 마주하였다. 독자들은 어떨지 모르겠지만, 끊임없이 접대를 하였던 군인 가정에서 자란 아이였던 나는 마르다의 경험에 아주 공감할 수 있다. 나는 그녀를 약간은 보호하고 싶은 느낌이 든다.

어느 날 저녁 식사 전에 그녀가 허둥지둥 돌아다니는 것을 보시고 예수께서는 그녀에게 이렇게 말씀하셨다. "마르다야, 마르다야, 너는 많은 일로 염려하며 들떠있다."[36]

잠깐만, 예수님. 그건 정말 불공평해 보입니다. 제 말은, 당신이 식사를 하려고 한다면 누군가는 저녁 식사를 준비해야 하지 않습니까? 그들이 휴대폰에 배달 앱을 깔아놓고 있었던 것도 아니고, 마리아와 남자들은 분명히 식사 준비를 하지 않고 있었습니다.

말이 나왔으지 말이지, 우리 교회는 우리가 자기희생적으로 다른 사람들을 섬겨야 한다, 우리 자신의 욕구보다 다른 사람의 욕구를 먼저 생각해야 한다고 가르치지 않습니까? 우리 자신의 감정과 욕구에 대해 먼저 생각하는 것은 이기적이고 자아도취적이며 경건하지 못한 것 아닙니까? 우리의 가치 체계에는 첫 번째가 하나님, 두 번째가 다른 사람, 세 번째가 내 자신이어야 한다고 하는 우선순위 목록이 있지 않습니까?

이 관리자에 대한 우리의 혼란은 솔직한 것이다. 좀 더 자세히 살펴본다. 성경은 이것에 대해 무엇이라고 말하는가?

갈라디아서 6장 2절에서 사도 바울은 이렇게 가르친다. "여러분은 서로 남의 짐을 져주십시오. 그렇게 하면 여러분이 그리스도의 법을 성취하실 것입니다."

하지만 잠깐, 바로 그다음에 바울은 이렇게 말한다. "사람은 각각 자기 몫의 짐을 져야 합니다."[37]

어떤 것이 우리가 이야기하고 있는 관리자인가? 누군가 혼동한 사람이 또 있는가?

고백해야겠다. 내게는 헬라어와 히브리어에 대해 아는 걸 좋아하는 괴짜 같은 학구적인 부분이 있어서, 영어가 이해가 안 될 때 나는 그것들을 확인하지 않고는 견디질 못한다. 내가 아는 훌륭한 성경 선생님이 이 진리에 내 눈이 뜨이게 해주셨다.[38]

짐(burden) - 성경 구절이 계속해서 이것들을 짐이라고 부르는 것이 싫지 않은가? 짐은 헬라어로 바레(βάρη)이다. 그 의미는 한 사람이 짊어질 수 있는 엄청난 무게, 슬픔 또는 비통함을 의미한다. 짐(load)은 헬라어로 포르티온(φορτίον)이며, 그것은 배낭과 같다 - 각 사람이 자신의 필요를 위해 공급할 필요가 있는 것을 말한다. 그것은 개인적인 것이고, 정의에 의하면 양도할 수 없는 것이다.

그래서 만약 내 이웃이 암이나 이혼, 불임이나 자녀의 상실과 같은 짐을 마주하게 된다면, 나는 진심으로 그녀 곁에 가서 그녀의 고통과 필요를 돌봐줄 수 있다. 그러나 매일의 삶의 책임들 가운데서, 만약 내가 누군가를 위해 그들이 할 수 있고 또 그들이 스스로 해야 할 일을 대신한다면 - 특히 그들이 나를 좋아하고 나를 착한 사람으로 보도록 내가 그 일을 하고 있다면 - 나는 방금 성경의 명령을 벗어나 '비위 맞추는 자/섬기는 자'에 발을 들여놓은 것이다.

하긴, 당신이 헬라어를 할 줄 모르면 그 두 가지를 혼동하기가 쉽다.

그리고 예수님은 말씀하셨다. "네 마음을 다하고, 네 목숨을 다하고, 네 뜻을 다하고, 네 힘을 다하여 너의 하나님이신 주님을 사랑하여라… 네 이웃을 네 몸같이 사랑하여라. "**39**

거기서 예수님께서는 "네 이웃을 네 몸같이 사랑하여라."가 둘째로 큰 계명이라고 말씀하셨다.

사도 요한은 그것을 더욱 간결하게 기록하고 있다. "내 계명은 이것이다. 내가 너희를 사랑한 것과 같이, 너희도 서로 사랑하여라. "**40** 그리고 그는 몇 구절 뒤에 강조하기 위해 이 말을 반복한다. "내가 너희에게 명하는 것은 이것이다. 너희는 서로 사랑하여라. "**41**

바로 그것이다. 누구나 갖고 싶어 하는, 커다랗고 무거운 성경을 한 문장으로 요약해 주는 클리프노트(CliffNotes) 앱. 나는 그것을 가끔 교회에 들고 가지만, 교회에서는 휴대폰으로 성경 구절을 찾는 것이 거룩해 보이지 않는다. 왜냐하면 사람들이 내가 문자를 보내고 있는 줄로 생각할 가능성이 있기 때문이다.

모든 율법과 선지자들이 이 간결하고 함축적인 문장을 꼭 붙들고 있다면, 잠시 시간을 내어 그 문장을 뜯어보아야 하지 않겠는가?

어디서부터 시작할 것인가? **하나님을 사랑하라.** 우리는 가능한 한 최선의 방법을 세웠다. 나의 모든 부분들이 분리되도록 하는 것이다. 이것은 나로 하여금 내 안의 하나님과 태초부터 나의 존재 깊은 곳에 견고하게 뿌리박힌 그분의 사랑을 완전히 경험하게 해준다.

이해하였다. 다음은?

내 이웃을 사랑하라… 내 몸같이.

이웃을 사랑하는 것은 하나님을 사랑하는 것보다 나중에, 내 자신을 사랑하는 것보다 먼저 오는 것처럼 보인다. 하지만 잠깐―그게 정말 맞는가?

선행 조건이 있다. 만약 내가 나 자신을 사랑하듯이 내 이웃을 사랑하려

> 만약 내가 나 자신을 사랑하지 않으면서 내 이웃을 사랑하는 것은 내 이웃을 사랑하지 않는 것을 의미할 것이다.

한다면 나는 내 자신을 먼저 사랑해야 한다. 만약 내가 나 자신을 사랑하지 않으면서 내 이웃을 사랑하는 것은 내 이웃을 사랑하지 않는 것을 의미할 것이다. 내가 하나님은 아니지만, 그분이 말씀하시는 것은 그것이 아님이 확실하다.

내 자신을 사랑하는 것이 다른 사람을 사랑하는 의무적 선행 조건이라는 말인가? 그렇다면 내가 인정과 자존감을 얻고자 하는 짐을 짊어진 채 내 '이웃'을 '섬기고' 있고 그 과정에서 완전히 소진되었다면, 이것은 경건치 못한 것인가?

내가 믿기로는 본문이 말하는 것이 바로 그것이다.

따라서 먼저 나 자신을 사랑하고 나서(즉 내가 생각하는 것, 필요로 하는 것, 느끼는 것을 알고 존중하고 나서) 비로소 내가 자유로운 상태에서 적절히 다른 사람들을 섬길 수 있다는 것인가? 그 논리대로라면, 만약 내가 나 자신에게는 해를 끼치면서, 그리고 내가 필요로 하는 것, 원하는 것, 느끼는 것을 먼저 알고 존중하지 않으면서 다른 사람을 섬긴다면 나는 실제로 성경적이지 않다는 말인가?

그렇다, 섬김은 좋은 것이다. 그렇다, 다른 사람들을 돌보는 것은 좋은 것이다. 희생적으로 섬기는 것은 좋은 것이다. 그러나 비위 맞추는 자/섬기는 자의 자세로 해서는 안 된다. 의제를 가져서도 안 된다. 충분히 좋은 사람이 되기 위해서, 인정을 얻고자 하는 마음에서, 혹은 수치감이나 죄책감을 벗어나기 위한 목적으로 해서는 안 된다. 아무런 죄책감과 의제 없이 오직 우리 안에 있는 하나님의 형상이 직접 이끄는 가운데 행해져야 한다.

돕는 자들에 대한 긍휼의 마음을 향하여

짐을 짊어진 모든 보호자들은 우리의 고통의 문제를 돕고자 애쓰고 있다. 여기에는 당신에게 칭찬을 안겨주는 관리자 부분(완벽주의자, 행동가 혹은 비위 맞추는 자/섬기는 자)과 당신을 배제시킬 가능성이 있는 관리자 부분(통제자, 비관주의자, 자기 파괴자)이 포함된다.

다음 장에서 우리는 두 종류의 관리자를 더 만나고, 그들에게 긍휼의 마음과 도움을 줄 수 있는 실제적인 6단계 접근법을 제시하고자 한다. 그를 통해 당신은 삶에서 훨씬 더 명료하고, 평온하며, 더 많은 긍휼의 마음을 갖게 될 것이다.

논의를 위한 질문

- 이 장에서 당신은 우리를 고통으로부터 보호하고자 애쓰는 관리자 전체 라인업(완벽주의자, 행동가, 생각하는 자, 통제자, 수동적인 부분, 자기 파괴자, 비관주의자, 비위 맞추는 자/섬기는 자)을 만나보았다. 당신은 어떤 것과 동일시할 수 있는가? 그 이유는?
- 만약 당신이 믿음을 가진 사람이라면, 어떤 관리자가 성경 구절의 이해나 교회에서의 경험에 몰입감을 가지고 있다고 이야기하겠는가?
- 만약 당신이 다른 사람을 섬기는 것과 자신을 존중하는 것 사이에서 갈등을 경험한 적이 있다면, 비위 맞추는 자/섬기는 자를 이해함으로써 어떤 도움을 받을 수 있겠는가?

관리자들의 고통을 경감시키기

두 가지 유형의 주요 관리자, 그리고 활동하는 6F

나는 이 장을 가장 열심히 일하는 우리 관리자 둘을 위해 남겨두었다. 그들도 역시 우리의 내면 및 외부 세계에서 가장 많은 혼란을 일으키는 경향이 있다. 그들은 우리가 '제대로 하도록' 부지런히 노력하기 때문에 별도의 공간을 마련하여, 이해와 긍휼의 마음을 베풀어 줄 만하다.

행동하는 이 부분들을 마주할 수 있도록 돕기 위해, 우리는 치료사와 고통스러워하는 관리자를 이해하는 데 어려움을 느끼고 있는 내담자 사이의 가상 대화를 차근차근 살펴보며, 강력한 6F를 당신 삶에 적용하는 방법을 소개하고자 한다.

이제 우리는 우리 내면세계의 많은 부분들을 이해하였으므로, 우리는 아마도 전에는 결코 상상하지 못했을 방식으로 그것들을 하나로 묶을 수 있다.

비판자/판사

경쟁적이고 개인주의적이며 성과와 외모 지향적인 미국에서, 나는 이 관리자의 전술을 적어도 가끔씩이나마 다루지 않았던 사람을 만난 적이 한 번도 없었다. 너무 친숙하므로, 당신은 아마도 그 부분의 직무기술서까지도 작성할 수 있을 것이다.

우리는 종종 심술궂고 못된 정신을 가진 부분으로 비판자/판사 관리자를 경험한다. 그것이 바깥쪽으로 향하면 판사가 되고, 안쪽으로 향하면 비판자가 된다. 어느 쪽이든 잘못, 결함, 결점에 대해 끊임없이 서술하며, 오로지 흠밖에는 남아있는 것이 없는 듯이 보일 때까지 그것들을 확대한다.

비판자/판사는 여러 가지 억양과 태도에서 자기 자신을 드러낸다. 하나는 못된 10대 소녀 목소리로서, 허리에 손을 얹고 눈을 부라리며 코끝을 약간 들어올리는 모습을 보인다. 하나는 클립보드를 들고, 돋보기를 손에 쥐고 있는 검사관으로서, 실제 혹은 인식된 아주 작은 결함에 초점을 맞추고 그것을 확대한다. 또 다른 하나는 화난 부모 유형으로서, 소리를 지르고 수치감을 불어넣으며, 외모, 성과, 또는 완벽이라는 의제를 밀어붙인다. 만약 우리에게 그런 유형의 부모가 있다면, 우리는 그것이 하나님의 음성이라고 믿게 될 수도 있다.

맹세코 그건 하나님이 아니다. 그것과는 거리가 멀다.

그런데 우리 언론은 이 문제 해결에 도움을 주지 않는다. 그들은 우리의 비판자/판사 부분들에게 비난을 쏟아놓기 때문이다. 그렇다. 이것은 광고, 영화, 쇼에 나오는 불가능할 정도로 완벽한 이미지 가운데서 일어난다. 우리는 그들의 전술을 잘 알고 있다. 우리 모두는 관음적인 '예능'을 보아 왔다. 예를 들면, 서바이벌 예능 프로그램에서 한 명씩 표결로 퇴장시켜 한 사람이 남을 때까지 사람들의 모든 흠과 단점을 부각시킨다. 그 누구도 안중에 없다. 다른 모든 사람이 패자다.

우리의 판사들은 다른 사람들의 흠을 면밀히 조사하는 것을 즐기는 반면, 우리의 비판자들은 우리 머릿속에서 볼륨을 높인다.

잠깐−비판자와 판사가 관리자인가? 나는 관리자가 고통을 야기하는 것이 아

니라, 예방하는 것이 아닌가 생각하였다. 누군가 이것을 잘못된 카테고리에 넣었음이 틀림없다.

나는 그러한 혼동을 이해는 하지만, 이 관리자들이 효과적으로 고통을 없앤다고는 말하지 않았음을 기억하도록 한다. (장기적인 측면에서, 그 어느 것도 그러한 능력이 없다.) 나는 그들이 애쓰고 있다고만 하였다. 불행하게도, 그들은 종종 자신들이 야기하고 있는 그 고통을 인식하지 못한다.

비판자들은 당신이 얼마나 뚱뚱한지, 어젯밤에 당신이 어떻게 그런 멍청한 말을 할 수 있었는지, 그 약속을 잊었다니 당신이 얼마나 어리석은지, 아무도 당신과 데이트하려 하지 않는다니 당신이 얼마나 별로인지, 당신이 아무것도 이루지 못한다니 얼마나 절망적인지에 초점을 맞춘다.

그렇다. 그러한 비판적인 서술은 고통스럽지만, 그것들은 우리를 '작은' 상태로 유지하고 우리를 겁주어 '제대로 하게' 만든다. 비판자에 따르면, 그것이 바로 핵심이다.

비판자는 내가 너무 뚱뚱하거나, 너무 못생겼거나, 너무 멍청해서 세상 밖으로 나가 일을 시도할 수 없다고 믿는다. 그런 식으로, 비판자는 가능하면 내가 다른 사람들에게서 그런 이야기들을 듣지 못하도록 애쓰는 것이다. 비판자는 나에게 충분히 소리를 지르면 두말할 나위 없이 내가 엉망으로 만들거나 잘못하지 않을 것이라고 믿는다. 비판자는 내가 실패하거나 거절당하거나 실망하지 않도록 보호해 주고 싶어 한다.

반면에 판사는 다른 사람(또는 집단, 정당, 종교, 성별, 인종)이 얼마나 뚱뚱하거나 멍청하거나 게으르거나 모자라거나 절망적인지에 초점을 맞춘다. 왜냐하면 그 부분이 우리로 하여금 다른 사람들의 흠에 계속 초점을 맞추게 한다면, 우리는 우리 자신의 결점을 볼 필요가 없을 것이기 때문이다. 만약 우리가 우리 자신의 결점을 더듬거리며 말할지라도, 적어도 우리는 그 사람들 또는 그 집단만큼 나쁘지는 않다고 생각한다. 이것은 우리의 수치심을 감추려는 한 수 위의 전략이다.

판사/비판자는 종종 망가지거나, 무가치하거나, 선택받지 못하거나, 바람직하지 못하거나, 끼지 못한다고 느끼는 추방자들의 고통을 돕고자 애쓰고 있다. 물론, 이러한 아픔을 주는 견해와 이야기를 나눔으로써 이 관리자들은 고통을 더 악화시키며, 실제로 다른 사람들 안에 이 추방된 고통을 만들어 낸다.

그러나 이 부분들은 보통 그것을 보지 못한다. 그들은 돕고자 열심히 일하고 있다. 다른 많은 관리자들처럼, 그들은 선의를 가지고 있으며 지칠 줄 모른다.

영성을 위장하는 자

이것은 좀 어렵다. 만약 당신의 부분이 그 이름에 대해 방어하는 듯한 느낌을 갖고 있다면, 이것이 여느 관리자들과 마찬가지로 선한 의도를 가지고 열심히 일하고 있는 부분이라는 것을 기억한다. 하지만 영적으로 진실해지고자 하는 노력에서 영성을 위장하는 자는 실제로 우리가 하나님을 진정으로 경험하지 못하도록 하고 있는 것이다. 물론 그 부분은 그것을 깨닫지 못한다. 그 부분은 자신이 의로우며, 거룩함을 추구하고 있다고 완전히 믿고 있다.

영성을 위장하는 자를 알아가며, 그 부분이 우리가 잘 알고 있는 친구인지 보도록 한다.

영성을 위장하는 자의 대처 전략은 종종 완벽주의자, 행동가, 통제자, 비판자/판사, 비위 맞추는 자/섬기는 자 같은 다른 관리자 전략들을 종교적으로 비튼 것이다. 종종 영성을 위장하는 자가 존재하게 되는 이유는 다른 관리자들에 의해 지배당하는 사람들이 크리스천이 되거나, 교회에 참여하기 때문이다.

물론 옳은 일을 알고, 말하고, 행하고 싶어 하는 것이 나쁜 것은 아니다. 그리고 하나님을 위해 그러한 것들을 하고 싶어 하는 것 역시 나쁜 것이 아니다. 자신의 의로움을 드러내고 하나님이나 교회의 인정을 얻으려 하거나, 또는 무가치하거나 망가진 느낌, 혹은 눈에 띄지 않는다는 느낌을 갖는 추방자를 보호하려는 시도에서, 영성을 위장하는 자의 노력이 진정한 믿음의 여정을 장악해 버릴 때 문제가 되는 것이다.

영성을 위장하는 자 관리자는 영적인 것들을 행하고, 말하고, 생각한다. 교회도 가고, 주일 학교에서 가르치며, 여름 성경 학교에서도 봉사하고, 십일조도 하며, 성경 공부도 가르치고, 이웃에게 전도도 하며, 선교 여행도 가고, 그 밖에 선한 일, 교회 일도 많이 한다. 또한 영적인 언어로 말하고, 감동적인 교회 말로 기도도 하며, 죄와 구원, 예수님에 대해서도 이야기한다.

이것은 스텔스 관리자 전략이다. 왜냐하면 겉으로 보기에는 진정한 영성(이것은 우리의 모든 부분들, 특히 우리의 영성을 위장하는 자 부분들이 한걸음 뒤로 물러났을 때, 우리의 중심 하나님 형상으로부터 온다)과 매우 흡사하게 보이기 때문이다. 하지만 몇 가지 분명한 증거들이 있는데, 당신은 아마 그들이 어떤 사람인지 알고 있을 것이다. 왜냐하면 당신은 언젠가 그들과 마주한 적이 있기 때문이다. 당신 내면에서 다음과 같은 반사 반응이 일어난다. 숨기기, 가장하기, 은폐하기, 교회적인 것들을 말하기, 당신의 실제 모습이 아닌 어떤 것이 되도록 스스로에게 강요하기, 판단하기 또는 판단받기가 그것이다.

긍휼의 마음을 갖고, 호기심 많으며, 사람에 대한 진실한 사랑으로 가득 찬 우리의 참된 영적 본질과는 다르게, 영성을 위장하는 자는 당신에 대한 의제(제대로 하라/통제자), 불가능한 기준(완벽주의자), 그리고 '의로운' 판단과 수치감 불어넣기라는 얄팍한 베일에 가려진 정신(비판자/판사)을 갖게 된다. 영성으로 위장하는 자는 지저분한 인간의 경험이나 부정적인 감정에 불편해한다. 그리고 그것은 충분히 이해가 된다. 왜냐하면 짐을 짊어지고 있는 부분이 해야 할 일은 지저분한 인간의 경험과 부정적인 감정을 피하는 것이기 때문이다. 이 관리자는 그것을 영적인 언어로 하는 것뿐이다.

누군가의 중심인 하나님 형상으로부터 기도를 받으면 안전과 친밀감, 돌봄이 만들어지는 것과 달리, 영성을 위장하는 자 부분에 의해 기도를 받을 때 우리는 종종 상처받거나 발가벗겨진 느낌을 갖게 된다. 이런 유형의 기도는 우리의 영적 연기에 대한 위장된 평가(이 정도의 모습을 가져야 영적인 삶이라 할 수 있다고 생각하는 판단 기준)로 느껴질 수도 있다.

"하나님이시여, 여기 있는 조가 두려움/부끄러움/불안감을 느끼지 않도록 해주시옵소서." (그것들은 나빠. 나, 영성을 위장하는 자는 부정적인 감정을 회피하기 때문이야.)

"내가 예수의 이름으로 그 죄를 쫓아내노라." (너는 죄 가운데 있어. 나는 그렇지 않아.)

"교만으로부터 그를 보호하여 주시옵소서." (나는 네가 교만하거나 교만하게 될 위험성이 있다고 평가하고 있어.)

"그가 하나님을 분명히 볼 수 있도록 도와주옵소서." (너는 하나님을 명확하게 보지 못하고 있어. 너는 너의 영적인 초점을 바로 여기에 맞출 필요가 있어, 친구야.)

영성을 위장하는 자는 실제로 하나님과의 진정한 경험을 방해하기 때문에, 하나님이 하셔야 한다고 생각하는 것을 모방하기 위해 최선을 다하며 결국 하나님을 인간의 형상으로 만든다. 영성을 위장하는 자는 하나님이 우리의 부정적인 감정이나 지저분한 행동, 고군분투하는 것을 다룰 수 없다고 진심으로 믿고 있다. 마찬가지로 영성을 위장하는 자, 그 자신도 할 수 없다. 관리자 전략의 전체 핵심은 고통을 피하는 것이기 때문이다.

영성을 위장하는 자는 기도나 성경 공부, 자원봉사나 전도 같은 영적 활동을 매우 열심히 하다가 소진된다. 그리고 탈진되어, 자신이 그토록 바라는 하나님과 연결됨을 느끼지 못할 때 환멸을 느끼게 된다. 그러나 그 부분은 그것을 크게 소리 내어 말할 수 없다. 왜냐하면 결함을 인정하는 것이 허용되지 않기 때문이다.

영성을 위장하는 자는 만약 당신이 두려움이나 우울증, 불안감이나 스트레스를 느낀다면, 혹은 정신건강에 문제가 있다면, 혹은 특정한 행동과 씨름하고 있다면, 당신은 하나님 앞에서 올바른 자세가 아니라고 가르친다. 영성을 위장하는 자는 열 가지 성경 구절을 당신에게 건네주며, 왜 당신이 성경적 가르침을 따르지 않는지를 보여줄 것이다. 영성을 위장하는 자는 "만약 네가 X 혹은 Y와 씨름한다면, 차라리 이러한 영적 활동을 하며 제대로 잘할 필요가 있어."라고 조언할 것이다. 그 부분은 당신이 좀 더 낳이 수용될 수 있고, 덜 지저분하며, 덜 현실적이 되기 위해 해야 할 것과 하지 말아야 할 것에 대한 전략을 많이 가지고 있다. 영성을 위장하는 자는 기준, 행동, 판단에 초점을 맞춘다. 슬프게도, 그동안 하나님에 대한 진정한 경험, 즉 사랑으로부터 점점 더 멀어진다. 사랑은 영성을 위장하는 자가 그토록 열심히 애쓰며 기쁘게 해드리려는 하나님의 본질 그 자체이다.

만약 내가 하나님 형상의 입장에서 말하고 있는 사람이 두려움, 불안, 수치심, 외로움에 대해 이야기하는 것에 귀를 기울이고 있으면, 긍휼의 마음, 은혜, 공감의 정신이 들리게 된다. 예수님이 그러셨던 것처럼 아무런 의제도 그리고 부끄러움도 없이 향하여 나아가는 발걸음이다. 모든 고통을 느끼며, (영성을 위장하는 자) 바리새인들에 의해 판단받고 있다는 느낌을 받았던 사람들이 예수님께로 몰려든 이유가 바로 그것이다.

그러나 내가 영성을 위장하는 자의 입장에서 말하고 있는 사람이 두려움, 불안, 외로움에 대해 이야기하는 것에 귀를 기울이고 있으면 내 부분들이 활성화된다. 내 추방자들은 수치심을 더 많이 느끼게 되어, 숨어야 할 수도 있다. 나는 판단받으며 환영받지 못한다고 느낄 수도 있다. 제대로 하고 있지 못하다고 느낄 수도 있고 내 믿음이 영성을 위장하는 자를 가진 사람의 믿음만 못하다고 느낄 수도 있다.

나는 그것이 부분이지 하나님 형상이 아니라는 것을 알 수 있다. 왜냐하면 그 부분은 의제를 가지고 있고, 수치감을 불어넣고 있으며, 판단하고 있고, 나의 부분들이 반응하고 있기 때문이다. 돈, 관계, 자녀 양육, 섹스, 그리고 자원봉사에 대한 대화에도 동일하게 적용된다.

그렇다. 하지만 진실은 어떤가? 어떻게 사람들에게 그들의 죄 많은 방식의 오류를 보여주어야 하는가? 어떻게 사람들을 하나님께로 향하게 해야 하는가?

예수님께서는 자신의 진실을 분명히 그리고 비방어적으로 유지하시는 방법, 즉 긍휼의 마음으로 사시는 방법을 가지고 계셨다. 그래서 사람들의 보호하는 부분들이 안전하다고 느껴 한 걸음 뒤로 물러났고 자신들의 내적 확신/회개로의 여정을 떠날 수 있었다. 예수님께서는 은혜 충만한, 긍휼의 마음으로 함께하심으로써 사람들을 하나님께로 인도하셨다. 진리와 확신은 대립과 판단, 수치심에 의해서가 아니라 오히려 사랑과 긍휼의 마음과 연결시킴으로써 가장 효과적으로 전달된다는 것을 예수님께서 아시고, 또 실제 삶으로 보여주셨다.

예수님 자신은 깊은 슬픔에 잠겨, 당시 교회 지도자들의 영성을 위장하는 부분들에 대해 분명히 말씀하셨다.

> "율법학자들과 바리새파 사람들아! 위선자들아! 너희에게 화가 있다. 너희는 회칠한 무덤과 같기 때문이다. 그것은 겉으로는 아름답게 보이지만, 그 안에는 죽은 사람의 뼈와 온갖 더러운 것이 가득하다. 이와 같이, 너희도 겉으로는 사람에게 의롭게 보이지만, 속에는 위선과 불법이 가득하다."[42]

예수님이 영성을 위장하는 자 — 대부분의 다른 죄에 대해 사용하신 말보다 더 강한 말씀 — 에 대해 이같이 느끼셨다면, 나는 일어나 앉아서 주의를 기울이는 것이 좋겠다고 생각한다.

그것은 약간의 딜레마이다. 왜냐하면 우리가 영성을 위장하는 자에 의해 장악되는 경우, 우리는 그 부분을 깨닫지 못하고 그러한 가능성에 저항하며 상당히 강하게 방어하려는 경향을 보이기 때문이다. 바리새인들은 자신들이 영성의 완벽한 모델이 아니라는 것을 전혀 몰랐다. 그리고 그들은 다른 의견을 고려할 만큼 마음이 열려있지도 않았다.

물론 그들은 마음을 열지 않았다. 짐을 짊어진 우리의 부분들은 그들의 바로 그러한 본성에 의해 보호를 받고 있는 것이다. 우리가 진정한 하나님 형상 가운데 있는지, 영성을 위장하는 자 부분 가운데 있는지 보기 위한 손쉬운 리트머스 테스트는 우리가 자신의 행동과 동기를 점검하는 것에 대해 어떤 느낌을 받는지를 알아보는 것이다. 만약 우리가 방어하는 듯한 느낌을 받는다면, 우리는 부분 가운데 있는 것이다. 만약 우리가 마음을 열고 호기심을 갖는 느낌을 받는다면, 우리는 내면의 진정한 하나님 형상 가운데 있을 가능성이 높다.

많은 사람들이 증오라는 단어를 크리스천과 연관 짓는 것에 주목한 적이 있는가?

뭔가 이상하다. 왜냐하면 예수님께서 꽤 분명하게 말씀하셨기 때문이다. "너희가 서로 사랑하면, 모든 사람이 그것으로써 너희가 내 제자인 줄을 알게 될 것이다."[43] 왜 많은 사람들이 크리스천을 그리스도가 우리에게 명하신 모습과는 정반대로 경험하는가?

내가 영성을 위장하는 자를 이해하는 순간, 이것이 순식간에 이해되었다. 그것은 단순히 진정한 영성과 영성을 위장하는 자 부분들 간의 차이인 것이다. 하나님의 형상으로부터 반응하는 사람에게서는 내 부분들이 대응할 것이 없다. 왜냐하면 짐을 짊어진 부분들이 존재하지 않기 때문이다. 우리가 진정한 영적 중심 가운데 있을 때, 다른 사람들은 은혜 및 긍휼의 마음에 담겨있는 진실을 경험한다.

당신은 하나님 형상의 입장에서 말하는 누군가―아마 은사가 많은 목사, 성경 공부 리더, 혹은 친구―의 가르침 가운데 앉아있는 기쁨을 가진 적이 있었을 것이다. 그 사람은 당신에게 수치감을 불어넣거나 판단하거나 압박하지 않고 놀랍도록 더 높은 곳으로 부르는 영적 진리와 성경적 권고를 전달할 수 있었다. 그것이 우리의 마음을 끄는 진정한 영성이요, 진리와 함께한 은혜이다. 그것은 일종의 향하여 나아가는 경험이었다. 당신은 안전한 느낌이 들었고, 더 많은 것을 알고 싶어 하였다. 당신은 그들의 삶의 방식과 가르침에 끌렸다.

영성을 위장하는 자는 불행히도 역효과를 가져온다. 심지어 거의 비슷한 단어를 사용했을 때조차도 그렇다. 그 부분은 우리에게 판단받은 느낌, 패배당한 느낌, 고립된 느낌, 망가진 느낌, 부끄러운 느낌, 뭔가 부족한 느낌, 절망적인 느낌을 남긴다. 우리는 숨고 싶어진다.

우리의 영성을 위장하는 자 부분들도 좋은 의도를 갖고 있다는 것을 기억하도록 한다. 그들은 자신들이 옳다고 생각하는 일을 하고자 진심으로 애쓰고 있으며, 자신들이 그리스도와 같은 존재가 아니라는 것을 전혀 모르고 있다. 그들은 하나님과 다른 사람들의 호의를 얻기 위해서, 그리고 자신들이 망가진 존재이거나, 원치 않은 존재이거나, 뭔가 부족한 존재라고 믿는 취약한 작은 추방자들을 보호하기 위해서 정말로 열심히 애쓰고 있다. 그리고 당신이 하나님 앞에 뭔가 부족하다는 것을 상당히 두려워한다. 그래서 영성을 위장하는 자는 매우 강해야 한다고 생각한다. 대부분의 보호자들이 그렇듯이, 우리는 종종 부모님이나 어린 시절 신앙 공동체로부터 이 관리자를 물려받았다. 따라서 그 부분을 정직하게 바라보는 것이 심지어 불충하게 느껴질 수도 있다. 그리고 그것은 힘들다. 우리가 함께 이것을 탐구할 수 있는 용기와 호기심을 갖고 있다는 것이 정말 기쁘다. 편치 않겠지만, 또한 깨달음을 주기도 하지 않는가?

우리가 섬기는 분은 정말 놀라운 하나님이요 사랑의 하나님이시다. 감사할 뿐이다.

나쁜 부분은 없다. 나쁜 역할만이 있을 뿐이다

이제 이 관리자 전략 중의 몇 가지에 익숙해질 수 있는 기회가 생겼으므로, 열심히 일하는 당신의 부분들이 얼마나 놀라운지 새로운 방식으로 이해할 수 있다. 당신이 고통을 깊이 인식하고 있을 수 있기에 그들은 당신이 그것을 피하도록 돕고 있는 것이나. 지금은 정말로 중요한 개념 — 나쁜 부분은 없다. 나쁜 역할만이 있을 뿐이다 — 을 다시 강조하기 좋은 기회이다. 짐을 짊어진 모든 보호자들은 우리의 고통의 문제를 도우려고 애쓰고 있다. 도움이 되지 않는 방식으로 그 일을 하고 있지만 말이다.

그것은 매우 중요하므로 기억해야 한다. 왜냐하면 우리가 도움이 되지 않는 행동을 하는 부분들을 접하게 되면, 그로 인해 우리의 다른 부분들이 활성화될 수도 있기 때문이다. 예를 들어, 우리가 믿음이라고 생각했던 영성을 위장하는 자 부분이 실제로 우리를 하나님과 거리 두도록 만들고 있다는 것을 발견하면, 우리의 한 부분, 아마도 완벽주의자 부분은 즉시로 그 무익한, 영성을 위장하는 자를 팀에서 내쫓는 법을 알고 싶어 하게 된다. 우리 부분들이 싸우는 것은 정상이기 때문이다.

그 본능이 도덕적으로 옳은 듯 보일 수도 있지만, 그것을 제거하려는 감정이 우리 하나님 형상의 표현은 아닌 것이다. 그냥 조금 과열된 부분에 불과하다. 우리의 본질적인 핵심은 우리 부분들 하나하나를 향하여 열린 긍휼의 마음을 가지고 있다. 우리가 영성을 위장하는 자를 향하여 느끼는 모든 분노도 영성을 위장하는 것만큼 모든 면에 대해 목격하기와 짐 내려놓기가 필요하다.

짐을 내려놓은 부분들

우리가 활동에 참여하고 있다고 해서 모든 부분들이 극단적인 역할에 갇혀 있는 것은 아님을 기억한다. 우리에게는 짐을 짊어지지 않고 행동과 선택에 유연성을 가진 부분들이 상당히 있다. 이런 것들은 유익하고 도움이 된다. 왜냐하면 에덴과 천국 사이에 있는 지금 여기에서 항상 하나님 형상으로 돌아다니는 것은 불가능하기 때문이다.

짐을 짊어지지 않은 우리의 다양한 부분들이 등장하여 독특하고 아름다운 방식으로 우리가 세상을 헤쳐나갈 수 있도록 도와준다. 짐을 짊어지지 않은 이러한 부분들이 소위 우리의 인격체를 구성하고, 그들이 독특한 우리의 모습을 만든다.

예를 들어, 우리 아들은 자동차 부분을 가지고 있다. 이 아이는 자동차를 아주 좋아한다는 의미다. 그는 지금까지 만들어진 모든 차에 대한 모든 것을 알고 있으며, 내가 읽는 속도보다 빠르게 모델 넘버를 줄줄 꿴다. 그는 쳐다보지도 않은 채 어떤 종류의 최고급 스포츠카가 우리 곁을 지나가고 있는지 이야기해 줄 수 있다. 엔진 소리를 듣는 것만으로도 구별할 수 있기 때문이다.

이것이 재미있어하고 즐거워하는 그의 자동차 부분이다. 그것은 독특한 그의 모습에 지나지 않는다. 그 부분은 짐을 짊어지지 않았고, 추방자를 보호하고 있지도 않으며, 차량 운송에 대해 이야기를 해줄 수 있는 굉장히 재미있는 사람으로 만드는 것 말고는 어떤 역할도 맡고 있지 않다. 그리고 그는 자동차란 단지 A 지점에서 B 지점까지 데려다주며, 가능하다면 최고의 안전과 연비를 가진 장치일 뿐이라고 생각하는 나를 도저히 이해할 수 없는 사람이라고 여긴다.

그 재미있어하는 자동차 부분은 꽤 분명하다. 그러나 때로는 짐을 짊어진 부분들과 그렇지 않은 부분들이 겉보기에는 정말로 비슷해 보인다. 어떻게 구별할 수 있는가?

쉽다. 바로 밑을 보면 된다. 무엇이 그런 행동을 하게 만들고 있는가? 추방자? 두려움? 욕구? 짐을 짊어진 부분들은 고통으로부터 우리를 보호하고자 애를 쓰고 있다. 짐을 짊어지지 않은 부분들은 그렇지 않다.

> 짐을 짊어진 부분들은 고통으로부터 우리를 보호하고자 애를 쓰고 있다. 짐을 짊어지지 않은 부분들은 그렇지 않다.

예를 들어, 만약 우리에게 완벽주의자 전략에 대처하는 짐을 짊어진 관리자가 있다면, 그 부분은 '제대로 해야' 한다. 그렇지 않으면 추방자는 수치심과 자책에 휩싸이게 된다. 그 부분은 일을 완벽하게 하는 역할에 고착되어 있다.

그것은 잘하는 부분과는 매우 다르다. 후자는 짐을 짊어지고 있지 않으며, 즉 극단적인 행동에 고착되어 있지 않으며, 일을 잘하는 것을 좋아한다. 왜냐하면 일을 존중하며 좋아한다는 것을 보여주기 때문이다. 추방자를 보호하고 있지 않으므로 일을 잘하는 것이 이 부분에게는 죽느냐 사느냐의 문제는 아닌 것이다.

짐을 짊어지지 않고 일 잘하는 부분은 실수를 하고, 어깨를 으쓱하며, 실수를 통해 배우고, 약간 주의력이 산만한 모습으로 투덜거릴 수도 있다. 짐을 짊어진 완벽주의자의 행동과 짐을 짊어지지 않고 일 잘하는 부분의 행동이 겉보기에는 비슷해 보인다. 그 둘은 일을 잘하려고 애를 쓴다. 그러나 내면적으로 서로 다른 기능을 수행하고 있다. 하나는 추방자를 숨기고 있고, 다른 하나는 그렇지 않다. 추방자를 숨기고 있는 부분들이 우리가 짐을 내려놓아 주어야 할 부분들이다.

안나의 비판자를 내세우기

일반적인 관리자 전략에 좀 더 익숙해졌으므로 아마도 당신 자신의 전략 몇 가지를 만나보고 싶을 것이다. 하지만 내가 당신의 관리자를 경험하도록 돕는 연습을 진행하기 전에, 아마도 누군가 다른 사람이 자신의 관리자를 만나는 것을 엿듣는 것이 도움이 될 것이다. 결국, 이것은 우리 자신을 이해하는 다른 방법이 되기 때문이다. 그것이 어떤 모습인지를 알아내는 데는 어느 정도 시간이 걸린다.

안나는 가상의 내담자로서, 상담의 전형적인 '부분' 회기에 참여하고 있다. 부분들을 만날 때 '6F' 원리를 사용하는 것이 도움이 된다는 것에 주목한다. 잠시 후에 (1) 부분을 찾기, (2) 부분에 초점을 맞추기, (3) 부분에 살을 붙이기, (4) 부분을 향하여 어떤 느낌인지 알아보기, (5) 부분과 친해지기, (6) 부분의 두려움을 다루기에 대해 자세히 설명한다. 지금으로서는, 치료사가 이 회기에서 6F를 어떻게 사용하는지에만 주목한다. 그리고 나서 6F 연습을 안내할 때, 당신이 직접 시도해 보도록 한다.

6F : 부분을 알아가기 위한 IFS 기법. (1) 부분을 찾기(Find), (2) 부분에 초점을 맞추기(Focus), (3) 부분에 살을 붙이기(Flesh out), (4) 부분을 향하여 어떤 느낌인지 알아보기(Feel), (5) 부분과 친해지기(BeFriend) 및 (6) 부분의 두려움을 다루기(Fear).

안나는 45세의 전문직 여성이며, 성공적인 아내이면서 엄마, 그리고 사

업가라고 하자. 그러나 세련된 외모 저변에서 그녀는 낮은 자긍심과 자기 회의와 싸우고 있다. 그녀는 날마다 쏟아지는 내면비판으로부터 자유를 경험하고 싶어 한다. 기도와 긍정적인 자기 대화 노력은 그녀가 원하는 만큼 도움을 주지 못하였다. 그래서 그녀는 IFS 치료사와 상담 약속을 한다. 그들의 만남은 이런 식으로 진행될 가능성이 있다.

치료사 : 안나 씨, 이렇게 오셔서 반갑습니다. 오늘은 어떤 것에 대해 작업하고 싶으신가요?

안나 : 저도 여기 오게 되어 반가워요. 저의 비판적인 부분과 작업하고 싶어요. 저는 그 부분으로부터 도저히 벗어날 수가 없어요. 제가 하는 어떤 것도 뭔가 부족한 것 같고, 제가 기준에 도달할 것 같은 느낌이 전혀 들지 않아요.

[1. 부분을 찾기]

치료사 : 제가 그 문제를 기꺼이 도와드리고 싶어요. 그 부분을 찾을 수 있는지 알아보는 것부터 시작하지요. 당신이 이 내면비판에 주목할 때, 그 부분이 당신 몸 어느 부위에서 느껴지나요? 당신은 이 비판적인 부분을 어떻게 경험하시나요?

안나 : 이마에서요. 제 이마가 찡그려지는 것이 감지돼요. 그리고 어깨도 긴장돼요.

[2. 부분에 초점을 맞추기]

치료사 : 이마와 어깨에서 그 부분을 감지하시는군요. 잠깐 그것들에 초점을 맞춰주시겠어요? 이마의 찡그려짐과 어깨의 긴장에 주목하시고, 그 부분을 경험하면서 그 부분에 주의를 기울이도록 하세요.

안나 : 네, 그러지요.

[3. 부분에 살을 붙이기]

치료사 : 그 부분에 대해 또 다른 어떤 것이 감지되나요?

안나 : 모르겠어요. 조금 이상하지만, 방금 확성기를 들고 있는 화난 노인의 모습이 보였어요.

치료사 : 좋습니다. 이 부분에게 자신을 보여주어서 고맙다고 해주세요. 그 부분이 당신이 곁에 있다는 것을 인식하고 있는지 알아보세요.

안나 : 네. 그 노인이 인식하고 있는 것 같아요. 확성기를 약간 아래로 떨어뜨리고는 나를 향해 고개를 돌렸어요.

[4. 부분을 향하여 어떤 느낌인지 알아보기]

치료사 : 이 화난 노인을 향하여 어떤 느낌이 드시나요?

안나 : 그 사람이 싫어요. 그가 제게 소리 지르는 것을 그만두고 떠나갔으면 좋겠어요.

치료사 : 당신에게 그를 싫어하고 그가 고함을 멈추길 바라는 염려하는 부분이 있나요?

안나 : 네, 그런 것 같아요.

치료사 : 이해가 되네요. 만약 당신이 그 화난 노인을 알아갈 수 있다면, 그가 소리 지를 필요가 없도록 도울 수 있을 것 같다고 이야기해 주세요. 당신이 그 화난 노인을 알아갈 수 있도록 염려하는 부분이 한 걸음 뒤로 물러설 의향이 있는지 알아보세요.

안나 : 음, 그러지요… 네, 그 부분이 기꺼이 한 걸음 뒤로 물러서서 제가 그 노인 곁에 있도록 해주겠다네요.

[5. 부분과 친해지기]

치료사 : 좋아요. 이제 그 노인에 대해 어떤 것이 감지되고 있나요? 그가 당신을 인식하고 있나요?

안나 : 약간 의아한 모습으로 저를 바라보고 있어요. 마치 저를 처음 보는

것처럼요. 정말 피곤해 보이는데, 제가 여기 있는 것을 알고 나니 좀 편안 해하는 것 같아요.

치료사 : 좋아요. 이제 그 화난 노인을 향해 당신이 어떤 느낌이 드는지 체 크해 보세요.

안나 : 왜 그 노인이 저에게 그토록 소리 지르고 있는지 궁금해져요.

치료사 : 음. 그가 왜 소리 지르는지가 궁금하다고 이야기해 주세요. 그리 고 왜 그런 행동을 하는지 말해줄 수 있는지 알아보세요.

안나 : 그러지요. 모르겠어요. 이상하긴 한데 그가 저를 보호하려고 애쓰 고 있는 것 같은 인상을 받았어요.

[6. 부분의 두려움을 다루기]

치료사 : 그가 어떤 상황으로부터 당신을 보호하고 있는지, 당신에게 항상 소리를 지르지 않으면 어떤 일이 일어날까 봐 두려워하는지 물어보세요.

안나 : 제가 정답을 모를 때 반 아이들 앞에서 제게 소리를 질렀던 3학년 담임 선생님의 기억이 방금 떠올랐어요. 저는 너무 수치스러웠어요. 제가 다시는 수치를 당하지 않도록 도와주려고 그가 애쓰고 있다는 느낌이 들 어요. 그는 제가 모든 것을 제대로 하고 모든 대답을 제대로 할 수 있도록 항상 제게 소리를 지르는 것 같아요.

치료사 : 그가 그렇게 하는 이유가 이해가 되시나요? 네? 당신을 수치심으 로부터 보호해 주려고 애쓰고 있는 것을 고마워하고 있다고 이야기해 주 세요.

안나 : 네. 그러지요. 방금 어린 소녀인 제가 웅크리고 울고 있는 모습이 떠올랐어요. 선생님이 제게 소리 지른 후인 것 같아요.

치료사 : 그럼 그가 그 어린 소녀를 보호하려고 애쓰고 있군요, 맞나요? 그 에게 고마움을 표하시겠어요? 감사하다는 말에 그는 어떤 태도를 취하고 있나요?

안나 : 네. 그냥 확성기를 내려놓고 바닥에 주저앉았어요. 정말 피곤해 보

여요. 그리고 제가 그에게 주목하고 그의 노고를 충분히 이해하고 있음을 고마워하고 있어요.

치료사 : 그 자신이 당신을 위해 하고 있는 일에 대해 어떻게 느끼는지 알아보세요. 차라리 달리 하고 싶어 하는 일이 있나요?

안나 : 이 일을 싫어한다는 인상을 받았어요. 항상 소리 지르는 것이 싫대요. 하지만 정말로 제가 다시 수치당하는 것을 원하지는 않는대요. 그는 차라리 응원단장이 되는 것이 좋겠다는 생각이 든대요. 제게 용기를 불어 넣어 주고 싶대요.

치료사 : 잘됐네요. 그가 얼마나 소리 지르는 것을 싫어하고 피곤해하는지 당신이 이해하고 있다는 사실을 이야기해 주세요. 당신이 수치당하지 않게 하는 다른 방법이 있는지 그에게 물어보세요. 그가 그것에 관심을 가질까요?

안나 : 확실히 관심이 있대요.

치료사 : 만약 당신이 그 어린 소녀에게 다가가서 그녀의 고통을 목격하고 치유해 준다면, 그는 더 이상 소리 지를 필요가 없을 것이고, 해방되어 응원단장이나 자신이 하고 싶은 다른 일을 할 수 있을 거라고 이야기해 주세요. 그가 좋아할까요?

안나 : 아, 네. 그러지요. 하지만 그것이 가능할 거라고 생각지는 않는대요.

치료사 : 알겠어요. 그가 마음을 열고 당신이 그 어린 소녀를 알아가도록 허락하고 일이 어떻게 진행되는지 지켜볼지를 알아보세요. 안 되겠다 싶으면 언제라도 다시 뛰어들어 올 수 있다고 하세요. 그의 마음이 열려있나요?

안나 : 음. 정말로 너무 좋대요.

이런 식으로 우리는 우리의 부분들을 만나고, 그들의 긍정적인 의도를 알아가며, 그들이 우리와 분리될 수 있도록 돕는다. 이 치료사는 6F 접근법을 사용하여 내담자가 자신의 비판자를 더 효과적으로 이해하도록 돕고 있다.

그리고 분리하기 작업을 보았으므로, 동일한 접근법을 당신 자신에게 적용하도록 한다.

더 깊이 들어가기 : 6F를 사용하여 관리자를 알아가기

잠시 시간을 내어 조용하고 평화로운 공간에 자리를 잡고 앉는다. 천천히 심호흡을 여러 번 하고 주의를 점차 몸으로 가져간다. 눈을 감거나 마룻바닥을 부드럽게 응시하는 것이 편하면 그렇게 하도록 한다. 당신이 경험하고 있는 것에 주목한다. 어떤 감정, 생각, 신체 감각에도 주의를 기울인다.

알아가고 싶은 관리자를 생각한다.

이제 6F 연습을 통해 당신의 이 놀라운 부분을 알아간다. 잠시 멈춰 각 단계를 되돌아보며, 명료하게 이해할 수 있도록 충분한 시간을 갖도록 한다.

1. 부분을 찾기 :

당신은 어떤 느낌이 드는가?

당신 몸 어디에서 그것을 느끼는가? 이 부분이 있을 때 어떤 신체 감각이 감지되는가?

2. 부분에 초점을 맞추기 :

어떻게 몸에서 그 부분을 경험하는지 주의를 집중한다. 그 부분에 초점을 맞춘다.

그 부분에 대해 어떤 것이 감지되는가?

3. 부분에 살을 붙이기 :

그 부분에 대해 다른 어떤 것이 감지되는가?

어떻게 그 부분이 경험되는가?

이 부분을 나타내는 이미지가 있는가?

이 부분을 인식하는 또 다른 방법이 있겠는가?

4. 부분을 향하여 어떤 느낌인지 알아보기 :

당신은 그 부분을 향하여 어떤 느낌이 드는가? (이것은 영적 MRI이다. 만약 내가 그 부분을 향하여 8C가 아닌 다른 느낌이 든다면, 내게 하나님 형상과 섞여있는 또 다른 부분이 있는 것이다. 그 부분이 분리되도록 초대하여 내 하나님 형상의 입장에서 나의 첫 번째 부분을 이해할 수 있도록 한다. 목표는 나의 하나님 형상 입장에서 나의 모든 부분들을 이해하는 것이다.)

5. 부분과 친해지기 :

당신이 그 부분의 긍정적인 의도뿐만 아니라 어떻게 그 부분이 당신을 돕고자 애쓰는지 충분히 이해한다고 그 부분에게 이야기해 준다. 그 부분이 당신의 감사를 받아들이며 긍정적으로 반응하는지 알아본다. 그 부분이 당신의 하나님 형상과 함께 있을 때 어떻게 행동하는지 알아본다.

그 부분이 당신에게 자기 자신에 대한 무언가를 보여주고 싶어 하는지 물어본다.

- 그 부분은 이런 식으로 당신을 돕는 것을 어디서 배웠는가?

- 그 부분은 당신의 어떤 부분들을 보호하고 있는가?

- 당신의 내면시스템에서 그 부분의 역할은 무엇인가?

- 그 부분은 자신의 역할에 대해 어떤 느낌을 가지고 있는가?

- 그 부분은 차라리 다른 일을 하고 싶어 하는가?

6. 부분의 두려움은 무엇인가?

그 부분이 등장하여 이런 식으로 당신을 돕지 않으면 어떤 일이 일어날까 봐 두려워하는지 물어본다. 그 부분은 어떤 결과가 초래되지 못하도록 막고 있는가?[44]

이 부분을 알아가는 데 원하는 만큼 충분한 시간을 갖는다. 완전히 끝났다고 느껴질 때, 부드럽게 당신의 의식을 내적 경험에서 떠나 주위의 방으로 가져온다. 숨을 깊게 쉬거나, 발밑의 바닥에 주목하거나, 들리는 어떤 소리에 귀를 기울이며 집중하는 것이 도움이 될 수도 있다.

이 연습은 당신에게 어땠는가?

어떤 것을 배웠는가?

당신을 놀라게 한 것이 있었는가?

당신의 경험이 어떤 식으로든 변화되었는가?

부분들은 종종 시각적으로 자기 자신을 보여주기 때문에 관리자를 여기에 간단히 스케치하는 것이 도움이 될 수 있다.

기억하고 싶은 것이 있다면 여기에 일기 형식으로 기록한다.

사전 예방적 관리자 중 하나 이상에 대해 알아갈 기회를 가졌으므로, 우리는 사후 반응적 소방관을 발견하는 작업으로 나아갈 수 있게 되었다. 이것들은 다음 장에서 다루도록 한다.

논의를 위한 질문

- 당신은 내면비판자의 가혹한 이야기로 힘들어한 적이 있는가? 당신은 과거에 그것을 어떻게 다루고자 애썼는가? 그 결과는 어땠는가? 비판자가 실제로 당신을 돕고자 애를 쓰고 있는 것이라고 생각하면 어떤가?
- 당신은 하나님의 형상 안에서, 즉 진정한 영성 안에서 누군가와 깊이

연결되었던 때가 생각나는가? 다른 누군가로부터 영성을 위장하는 자가 하는 이야기를 듣는 것 같은 느낌을 가졌던 경험이 있는가? 그 두 가지 경험은 당신에게 어땠는가?

- 비판자/판사 관리자에 대한 안나와의 대화에서 어떤 부분이 당신에게 가장 큰 공명을 불러일으키는가?

- 나쁜 부분은 없고 단지 나쁜 역할만 있다는 생각은 당신이 이전에 믿었던 것과 어떻게 비교가 되는가?

- 6F 연습에서 당신은 어떤 부분을 알게 되었는가? 이 부분에 대한 어떤 것이 당신을 놀라게 하였는가? 그 부분은 어떻게 당신을 돕고자 애쓰고 있는가?

07

우리 소방관들 만나기

고통을 중단시키기 위해 열심히 일하는 부분들

이 부분들 이야기는 섬기기와 비위 맞추기 등 사회적으로 용인되는 일을 하고 있는 부분들을 가지고 있는 사람들이 다 좋게 여긴다. 히지만 우리의 부분들이 우리가 끔찍하게 부끄럽게 여기는 일을 하고 있고, 그것을 멈출 수 없을 때는 대화의 톤이 변한다. 우리는 창피해 몸 둘 바를 모르고, 주위를 둘러보며 누군가가 듣고 있는 것은 아닌지 좀 더 확인한다.

이 장에서는 소방관이라고 불리는 열심히 일하는 사후 반응적인 보호자들을 다정하고 분별력 있는 눈으로 살펴본다. 몇 가지는 당신에게 친숙하게 보일 수도 있다. IFS에서는 소방관을 추방자의 고통을 무감각하게 하거나, 고통으로부터 시스템의 주의를 분산시키기 위해 활동을 개시하는 보호자 부분으로 설명한다. 하지만 지금쯤이면 당신은 더 짧은 버전을 알고 있다. 소방관은 당신을 고통의 불꽃으로부터 구하고자 애쓰고 있는 부분이다.

소방관 : 추방자가 활성화된 후 그의 고통의 불을 사후 반응적으로 끄고자 시도하는, 짐을 짊어진 보호자 부분을 말한다. 일반적인 소방관 전략으로는 중독, 불규칙한 식사, 자해, 폭력, 해리, 강박, 충동, 환상, 격분이 있다.

솔직히 다 터놓고 이야기하자면, 소방관들과 얽히는 것은 어렵고 무서운 작업일 수 있다. 어둠 속에서 괴물들과 씨름하는 것 같은 느낌이 들 수도 있고 때로는 그 괴물이 우리이기도 하다.

하지만 조금만 참도록 한다. 당신은 몇 가지 놀라운 일들과 아주 큰 안도감을 경험하게 될 것이다.

소방관은 아주 인기 있는 우리의 부분들은 아니다. 그들은 우리 갤러리에 있는 악당들이며, 우리의 '과잉의 달인들(Masters of Excess)'이다. 그들은 정말로 좋은 의도를 갖고 있다. 하지만 그들은 달려들어 일을 엉망으로 만드는 경향이 있으며, 그 과정에서 주변의 모든 사람들, 때로는 소방관 자신을 부분으로 갖고 있는 사람조차도 공포로 몰아넣는다.

소방관 부분들은 보통 안전하지도 않고 사회적으로도 용납되지 않는 행동, 즉 과음, 성적인 행동, 자상, 해리, 격분, 자살이나 살인의 시도로 대처하기 때문이다. 이러한 '해법' 하나하나는 도움을 주려는 의도이지만, 결국 우리의 삶과 우리 주변 사람들의 삶에 고통을 만들어 내게 된다.

유감이다. 왜냐하면 소방관들은 사실 우리의 멋진 부분들이기 때문이다. 그렇다. 정말이다.

그들은 진짜 소방관들처럼 (고통스러운 감정의) '불'을 보고는 문을 부수고 거실의 값비싼 유화에 온통 물을 뿌린다. 왜냐하면 그들은 오로지 불을 끄려는 자신들의 목표에만 매달리기 때문이다. 그들은 그 값비싼 예술 작품에 주목하거나 신경 쓰는 여유를 부릴 시간이 없다. 왜냐하면 불이 났기 때문이다!

알코올 중독, 성 중독, 자살 시도 부분들, 그들은 멋지다. 나는 진심으로 그렇게 믿는다. 나는 하루 종일 소방관들과 함께 일하며, 짐을 짊어진 소방관들이 분주하게 저지르는 엉망이 무엇이든지 간에 글자 그대로, 모든 사람에게서 아름다움을 본다. 소방관들이 그 그림이나 자신들의 아내 혹은 아이들을 해칠 의도가 없다는 걸 나는 너무나 잘 알고 있다. 그리고 소방관들은 정말로 도와주고자 애쓰고 있기 때문에, 나는 그들이 불을 끌 수 있는 더 나은 방법을 찾도록 도와줄 수 있다. 이것은 그들에게, 그리고 다른 모든 사람들에게 큰 안도감을 가져다준다.

그럼 도대체 소방관들이 갖고 있는 속셈이 무엇인가? 우리가 그것을 이해할 수 있는지 보기 위해, 우리의 이 무섭고 지저분하고 제멋대로인 부분들에 대해 이야기해 본다.

연기 자욱한 방의 영웅들

소방관들에 의해 지배당하는 사람들은 종종 술집, 나이트클럽, 라스베이거스, 스트립 클럽, 파티와 같은 '소방관 친화적인' 장소에 모인다. 하지만 소방관들은 은밀하게 활동할 수도 있다. 그들은 교회, 사업체 및 고액기부자 모임같이 관리자가 지배하는 지역사회 안에 조용히 존재하지만, 때때로 몰래 장악할 수도 있다. 그런 환경에서 소방관들은 한층 더 수치감을 느끼고, 표면 아래로 더욱더 깊이 숨는 경향이 있다.

소방관은 선한 부분들이지만, 나쁜 역할에 갇혀있을 뿐임을 기억한다. 그들은 관리자들과 같은 일, 즉 추방자들이 짊어지고 있는 고통을 없애려고 애쓰고 있다. 만약 그 고통이 전면에 나오게 되는 경우, 이를테면 우리가 데이트를 거절당하거나 파트너와 크게 싸우거나 중요한 프로젝트에서 실수를 하였을 때, 소방관들은 뛰어들어 고통을 없애고자 애쓴다. 솔직히 말해 격분하는 것, 술 마시는 것, 음란 문자 하는 것 및 그 밖의 소방관들이 잠시 동안 고통으로부터 주의를 분산시키는 데 도움을 주는 것은 확실하다. 그런 다음 그 해법들은 혼란을 더 키운다.

엎친 데 덮친 격으로 소방관들은 거의 모든 사람들에게 미움을 사고 있다. 그들은 관리자 부분들, 다른 소방관들, 우리 말고 대부분의 사람들, 즉 교회, 배우자, 선생님들, 법 집행관 및 때로는 심지어 치료사들로부터도 미움을 받는다. 소방관들은 온 세상과 싸우고 있는 것으로 보인다.

제1장에서 우리는 사도 야고보가 쓴 다음의 글을 통해 부분들의 본성을 어떻게 이해하고 있는지 주목하였다. "무엇 때문에 여러분 가운데 싸움이나 분쟁이 일어납니까? 여러분의 지체들 안에서 싸우고 있는 육신의 욕심에서 생기는 것이 아닙니까?"[45] 그렇다. 바로 그것이다. 우리 부분들은 싸우고 있다.

종종 소방관들을 심각하게 미워하는 우리 관리자 부분들을 본다. 우리 관리자들은, 소방관이 장악하였던 다음 날 아침에 다음과 같이 말한다. "내가 어떻게 그런 짓을 또 할 수 있었단 말인가? 내게 무엇이 잘못되었지?" 관리자들은 소방관들이 지하실에 영원히 갇히거나, 아니면 차라리 시스템 밖으로 완전히 쫓겨난 모습을 보고 싶어 한다. 문제는 우리가 그렇게 한다면, 소방관들이 우리 시스템에 가져올 수 있는 훌륭한 특성들을 잃게 된다는 것이다(잠시 후에 더 자세히 다룬다)—소방관들이 극단적인 행동의 짐을 짊어지고 있을 때는 우리가 그 특성들에 접근하지 못한다.

부분들을 시스템 밖으로 쫓아내려고 애쓰기보다는—그런데 우리의 어떤 부분도 없애는 것이 불가능하기 때문에 효과가 없다—소방관들이 얼마나 열심히 도와주려고 애쓰는지에 대한 감사와 사랑과 긍휼의 마음, 그리고 그들의 이야기를 듣고자 하는 호기심을 가지고 그들을 향해 나아갈 수 있다.

이 대화는 관련된 모든 사람들에 대한 고통, 죄책감, 그리고 수치심으로 가득 차 있기 때문에 분명히 이해할 수 있도록 다시 내 쿠키 이야기로 돌아간다.

적어도 어떤 상처받기 쉬운 순간에, 내게 오레오가 삶의 해답이라고 강력하게 믿는 소방관이 있다고 하자. 다시 말하지만, 난 가정하여 이야기하고 있을 뿐이다(내가 실제로 이 같은 부분을 가지고 있을 거라는 이야기는 아니다). 내가 불편하거나, 거부당하거나, 불안하거나, 뭔가 부족하다는 느낌이 들 경우에는 그 소방관 부분이 오레오 봉지를 들고 나타나 고통 가운데 있는 나를 위로하고자 애쓴다.

자 이것 먹어. 기분이 나아질 거야.

그리고 어쨌든 그 소방관 덕택에 1분 동안 그것이 효과가 있다. 왜냐하면 나는 당수치가 올라가고 먹는 즐거움으로 인해 기분이 좀 나아지기 때문이다. 물론 3분 뒤, 내가 방금 먹은 칼로리 때문에 속상해하는 관리자 부분이 등장하여 오레오를 먹는 소방관에게 소리 지른다.

너… 뭘 먹었지? 다시는 그런 짓을 하지 않을 거라고 했잖아. 이런 멍청이, 뚱보야!

야고보가 지혜롭게 묘사했듯이, 내 부분들이 서로 싸움을 벌이면서 모든 것이 꽤 역겹게 느껴지기 시작한다.

하지만 다른 방법이 있다면?

만약 내 관리자에 동조하고, 오레오 먹는 부분에게 수치감을 불어넣으며, 내면비판자가 나보고 뚱보라고 하게 하는 대신에 오레오를 먹는 부분에게 화를 내는 부분들보고 분리되어 달라거나, 잠시 한 걸음 뒤로 물러서 달라고 초대하였다면? 화를 내는 대신에, 내가 호기심을 가졌다면? 까다로운 부분들을 향하여 나아갔다면?

구체적으로, 그 부분이 나로 하여금 오레오를 먹지 못하도록 했을 경우, 오레오를 먹는 부분에게 어떤 일이 일어날까 봐 두려워하는지 물어보기만이라도 하였다면? 바로 앞 장에서 소개한 6F를 사용하여 나의 내적 싸움에 호기심과 긍휼의 마음을 가져올 수 있다.

어릴 적에 고통스러운 상황을 겪었고 주위에 있는 유일한 위안이 음식이었을 때 오레오를 먹는 소방관이 발달하였다는 것을 알아낼 가능성도 있다. 아마도, 내 문제 해결의 도움을 청할 곳이 아무 데도 없는 것같이 느껴졌으나, 먹는 것이 잠시 동안이나마 내 기분을 좋게 만들었을 수도 있다.

그러한 자각과 함께, 실제로 이 먹는 소방관 부분에 대한 감사와 긍휼의 마음을 경험할 수도 있다. 어쨌든 다른 위안이 없었을 경우, 그 부분은 어려움을 극복해 주는 요령이었으며 내 상황의 고통을 최소화하는 데 도움을 주고자 애썼다.

이 긍휼의 마음과 호기심이라는 새로운 마음가짐을 통해 나는 이제 먹는 부분에게 화가 나있는 부분을 향할 수 있게 되었다. 어릴 적 학교에서 내가 완벽해야 사랑받거나 친구를 사귈 수 있을 거라고 배웠을 경우, 화가 난 나의 관리자가 나를 보호하고자 발달하였을 가능성도 있다. 그 부분은 비판을 하면서 내가 '완벽하지 못한 것'(너무 많이 먹기 때문에)을 피할 수 있도록 도우려 애쓰고 있다. 그 부분은 내가 사랑받을 수 있도록 돕고자 애쓰고 있는 것이다.

와. 갑자기 내적 싸움에 대한 나의 혐오가 감사로 바뀌었다. 그 과정에서 나는 평온하고 맑은 생각을 가진 하나님 형상을 발견한다. 나는 또한 내가 고통 가운데 있을 때 오레오를 먹거나 나 자신에게 화를 내는 것과는 다른 선택을 할 수 있는 능력을 얻는다. 나는 이제 선택의 여지를 갖게 되었다.

> 내 부분들에 대해 긍휼의 마음을 품고 있을 때, 나는 그들이 나의 하나님 형상에 접근하도록 해준다는 희망을 갖는다. 이것이 그들의 고통을 치유하는 열쇠이다.

내 부분들에 대해 긍휼의 마음을 품고 있을 때, 나는 그들이 나의 하나님 형상에 접근하도록 해준다는 희망을 갖는다. 이것이 그들의 고통을 치유하는 열쇠이다. 일단 치유되면, 그들은 변화되고 해방되어 먹거나 화내는 것을 중단하고, 훨씬 더 도움이 되는 행동을 시작할 수 있다.

다음 장에서는 당신의 독특한 소방관들에 대해 직접 도움이 되는 방법을 배울 수 있게 될 것이다. 당분간, 이 열심히 일하지만 제대로 인정받지 못하는 소방관 몇 가지와 그들이 전형적으로 의존하고 있는 전략 몇 가지를 알아가 보도록 한다. 관리자들에게 적용되었던 원리가 여기서도 동일하게 적용된다. 소방관들은 관리자들이 사용하고 있는 전략들보다 훨씬 더 복잡하다. 하지만 좀 더 우리에게 친숙한 그들의 행동을 파악함으로써 우리는 더 도움이 되는 반응을 할 수 있게 된다.

내가 잘 아는 것으로 시작한다.

작아지기

이 소방관은 분명히 내가 가지고 있는 부분이다. 그리고 솔직히 키가 175센티미터인 여자가 작아지려고 애쓴다는 것이 우습다. 하지만 나의 소방관은 한 가지 이상의 방법으로 작아지는 법을 배웠다.

고등학교 때의 내 추방자를 기억하는가? 거절당하고, 부끄러워하고, 어리석고, 모자라고, 끼지 못한 것? 그렇다. 오래된, 친숙한 나의 부분들이 여전히 가끔 나의 성인 삶에서 활성화된다. 그리고 그들이 활성화되면, 나는 폐쇄를 시작한다. 나의 눈길은 마룻바닥으로 향한다. 팔과 다리가 엇갈린다. 나는 내 자신이 벽에 더 가까이 가 문을 찾으며, 상황을 빠져나갈 전략을 생각하는 것을 발견한다. 나는 휴대폰에 몰두해 있는 척하거나, 말을 하지 않으려고 최선을 다하거나, 어쩔 수 없이 해야 한다면 즉시 대화가 지속되지 못하도록 다른 사람에게 방향을 돌리는 질문을 한다.

당신은 위험에 대한 세 가지 일반적인 반응, 즉 싸우거나 도망가거나 얼어붙는 것에 익숙할 것이다. 아마 작아지기는 도망가는 것과 얼어붙는 것

사이에 있는 일종의 교차점이라고 할 수 있다. 몸이 탈출할 수 없을 때, 얼어붙는다. 그리고 내면의 사람은 '도망'하는 방편으로써, 가능한 한 눈에 띄지 않도록 하는 것이다. 존재감이 큰 사람들, 혹은 '싸우기'나 '커지기'가 불가능해 보이는 상황에 둘러싸인 사람들에게는 '작아지기'가 어려움을 극복하도록 해주는 요령인 것이다. 불행하게도, 이 전략은 일반적으로 그 사람에게서 말로 상황에 기여할 수 있거나, 적절한 파워를 사용하여 자기 보호 행동을 취할 수 있는 목소리와 능력을 빼앗는다.

해리

해리는 어려움을 극복하도록 해주는 매우 탁월한 소방관 전략으로서 대체로 건강한 것으로부터 그렇지 않은 것에 이르기까지 연속선상에서 작동한다. 많은 사람들은 매일 가볍게 해리를 경험한다. 공상에 잠기거나, 창밖으로 눈길을 돌리거나, 환상의 생각에 잠기거나, 그렇지 않으면 잠깐 나가 바람을 쐰다.

그러나 고통스러운 상황(혹은 고통스러운 상황을 상기시키는 것들)이 지속될 경우에는 해리가 소방관 역할에 고착될 가능성이 있다. 이때, 우리의 몸은 여기에 있지만…

우리는 멍하니 허공을 바라보며 우리 주위에서 어떤 일이 일어나고 있는지 알지 못하게 된다.

우리는 시간을 보낸다.

우리는 페이스북에 몰입한다. 그리고 3시간이 지났음을 깨닫는다.

우리는 운전을 시작하지만, 우리가 어떻게 해서 여기까지 왔는지 전혀 알지 못한다.

우리는 한 번에 몇 시간씩 넷플릭스를 몰아서 시청한다.

해리는 우리를 잠시 동안 우리의 삶에서 벗어나게 만들므로, 우리의 추방자들은 자신들이 느끼기를 두려워하는 것이 무엇이든 느낄 필요가 없게 된다. 해리는 특정한 방법으로써 우리가 몸의 느낌을 벗어나도록 만든다. 만약 우리 주변에서 일어나는 일들이 무섭거나 고통스럽거나 어떤 면에서 안전하지 않다면, 비록 우리의 몸이 그 상황을 벗어날 수 없더라도 이 부분은 실제로 우리를 어딘가 다른 곳으로 옮겨놓는다. 생각해 볼 때, 우리 부분들은 놀라운 방식으로 대처하는 것이다.

물론 해리되어 있을 때, 우리는 스스로를 보호하기 위한 행동을 취할 수 없으므로 결국 해리는 우리를 덜 취약하게 만드는 것이 아니라 더 취약하게 만든다. 하지만 그것은 우리를 힘든 상황에서 벗어나게 해주려는 의도를 갖고 있는 강하고 믿음직스러운 구조자인 것이다.

격분/공격성

특히 당신의 삶이, 격분하거나 공격적이거나 언어적 혹은 육체적으로 폭력적인 사람에 의해 영향을 받았다면, 당신의 고통은 중요하다는 것을 알아야 한다. 격분의 원인이나 의도를 이해한다고 해서 그 행동을 합리화시켜 주는 것은 아니다. 그리고 당신의 추방자들은 아마 그 부분을 꽤 무서워하고 있을 것이다.

소방관 전략으로서의 격분은 종종 무기력하거나 무시당하고 있다고 느끼며 무서워하는 작은 추방자 부분들을 보호하기 위해 과도하게 일한다. 그 추방자들의 고통이 현재 상황에 의해 활성화되는 경우, 격분이 뛰어들어 힘과 영향력을 가지고 있다는 착각을 만들어 낸다. 격분은 종종 위협적이라고 느끼는 사람이나 상황을 겁주어 쫓아버리고자 애씀으로써, 자신이 보호하는 추방자들이 안전감을 느낄 수 있도록 한다. 싸울 것이냐, 도망할 것이냐, 얼어붙느냐 하는 것 중에서 싸우는 반응인 것이다.

모든 소방관들처럼, 격분은 추방자들을 돕고자 애쓰고 있다―비록 그렇게 하는 것이 궁극적으로는 그들에게 더욱 통제 불능의 느낌, 덜 존중받고 자신의 말을 덜 들어주는 느낌이 들도록 만들지만. 추방자들을 위로해 줄 수도 있는 사람들을 쫓아냄으로써, 그 부분은 자신도 모르게 자신이 가장 두려워하는 상황을 만들어 내고 있는 것이다.

격분은 많은 얼굴을 갖고 있다. 가장 분명한 것은 물리적인 것이다. 물건을 던지고, 사람을 때리고, 다른 사람들을 위협하고, 소리를 지른다. 격분은 우리가 우리의 건강과 복지에 가해지는 위협을 인식할 때, 우리가 '크게' 될 수 있도록 돕기 위해 애쓴다. 그리하여 그 위협은 뒤로 물러나 떠나게 된다. 그것은 무기력한 상황에 직면해서 힘을 불어넣기 위한 노력인 것이다. 불행하게도 격분은 궁극적으로 우리로 하여금 통제력을 잃게 만들고, 우리 주위의 사람들에게 겁을 주어 꼼짝 못 하게 한다.

슬프게도 격분 소방관 전략으로 대처하는 부모들은 때때로 겁에 질린 자녀들 내면에 동일한 소방관을 만들어 낸다.

그런데 빈정거림, 비꼬는 유머, 날카로운 대꾸같이 간접적으로 표출되는 격분이 있다. 당신은 이 소방관을 알 것이다. 그 부분이 불쾌한 말을 할 가능성이 있기 때문에 결혼식에서는 다른 사람들이 그를 다독여 자리에 앉히려고 한다. 이러한 유형의 격분은 주위 모든 사람들에게 경계하는 것이 좋겠다고 알려준다. 언제고 그들이 언어 파편에 맞을 수 있기 때문이다.

격분은 매우 성공적으로 친밀감을 파괴한다. 어쨌든 친밀감은 "만약 당신이 나를 정말 안다면 나를 사랑하지 않을 거야."라는 취약성을 촉발시키므로 격분은 뻐딱하게 다음과 같이 생각한다. "먼저 당신에게 상처를 주는 것이 낫겠다. 그래야 당신이 나에게 상처를 주지 못하겠지."

거칠다. 그런데 슬프다. 이 겁에 질린 소방관이 그토록 거칠게 보이려고 애쓰는 것이 나의 가슴을 아프게 한다.

하지만 짐을 짊어지게 된 격분 소방관과 강한 분노를 건강하게 표현하는 것 간의 차이에 주목하는 것이 중요하다. 전자는 사람들을 멀어지게 하고자 애쓰는 것이며, 후자는 진짜 관계로 나아가기 위해 진정으로 의사소통하려고 애쓰는 것이다. 그 구별이 혼란스럽게 느껴질 수도 있다. 분노를 잘 다스리는 것에 대한 본보기가 많지는 않은 편이다.

> 격분 소방관은 사람들을 멀어지게 하고자 애쓰는 것이며, 건강한 분노는 진짜 관계로 나아가기 위해 진정으로 의사소통하려고 애쓰는 것이다.

차이점은 다음과 같다. 건강한 하나님 형상은, 상당한 상처나 해를 입었던 어떤 부분을 대신하여 차분하고 정중한 어조로 다음과 같이 말할 수도 있다. "데이브, 오늘 사무실 직원들 앞에서 당신이 나에 대해 한 이야기에 내가 화가 많이 났다는 것을 이야기해야겠어. 내게 모욕을 주고자 하는 의도인 것처럼 내가 저지른 실수를 다른 사람들 앞에서 공표하였을 때, 나는 큰 상처를 받았어. 당신이 왜 그런 말을 했는지 내가 이해할 수 있도록 도와주든지, 아니면 그 사람들 앞에서 사과하든지 할 의향이 있어?"

나는, 진정한 참자아 상태에서 여전히 강한 분노를 느낄 수 있음과 또한 내 경계가 침범당했다고 이야기해 주는 그 부분에게 귀를 기울일 수 있음에 주목한다. 이것은 내가 어떻게 느끼는지 이야기하고, 내가 필요한 것을 요구할 수 있도록 동기를 부여해 준다.

그것이 활동하는 하나님 형상이다. 짐을 짊어지고 격분하는 소방관과는 아주 다르다.

전자는 향하여 나아간다. 후자는 반대 방향으로 간다. 엄청난 차이가 있다.

먹기

·········

자, 나왔다. 이 부분은 내가 좋아하는 소방관 중의 하나다. 이 부분은 오레오를 많이 먹기 때문이다. 전혀 먹지 않거나 먹고 구토하기도 한다. 모두 기분이 나아지기 위해 음식을 사용하는 방법들이고 나름대로의 이상한 방식으로 달콤함을 가져다준다. 왜냐하면, 세상의 모든 할머니들처럼 이것을 큰일로 만들 음모를 꾸미기 때문이다.

"너, 오늘 뭘 좀 먹었니?"

"으깬 감자 더 줄까?"

"너, 뼈만 남았구나. 살 좀 붙어야 할 텐데."

먹는 것은 삶의 필수적인 부분이라는 점에서 돈 쓰는 것, 그리고 섹스와 매우 유사하다. 단순히 우리의 영양적 욕구를 충족시키고 다양한 음식의 맛과 질감을 즐기기 위해 먹는 경우, 아마도 이 먹는 부분은 짐을 짊어지지 않은 상태에 있을 것이다. 즉 좋은 역할을 하는 좋은 부분인 것이다.

하지만 우리가 기분이 더 나아지기 위해, 고통을 무감각하게 하기 위해, 낮은 자아상을 잠시 잊기 위해, 혹은 우리 삶에서 다른 사람으로부터 통제권을 빼앗기 위해 먹거나, 제한하거나, 다이어트를 하거나, 폭식하고 있다면, 먹는 것이 소방관 전략이 되었을 가능성이 있다.

글자 그대로, 모든 것이 당신의 외모에 달려있는 듯한 문화 속에서 이 소방관이 발달할 수 있는 기회는 넘쳐 난다.

먹는 소방관들은 대단히 복잡하며, 그들이 보호하고 있는 고통에 따라 다양한 기능과 역할을 할 수 있다. 먹는 소방관들 뒤에 있는 추방자들은 일반적으로 '뭔가 부족함', '추함', '무가치함', '통제 불능', '선택을 받지 못함', '무력함' 같은 신념을 품고 있다.

이 소방관은 당수치를 올리거나, 흥분 상태를 통해 위안을 제공하려 시도할 수도 있고, 낮은 자긍심의 고통을 감출 수도 있으며("만약 내가 이런 모습이라면, 있어 보일 거야."), 아무도 통제하지 못하는 것을 제한함으로써 통제력 회복을 시도할 수도 있다. 이 소방관은 자신이 제대로 인정받지 못하고 있다고 느낄 때는 영리하고 능숙하게 변화에 저항한다.

먹는 소방관들은 정신 건강 세계에서 우리가 직면하는 가장 치명적인 것에 속한다. 나는 그들의 파워를 진심으로 존중한다. 그들은 달콤하거나 도움이 되는 듯 보이나, 실상은 그렇지 않다. 그들은 일반적으로 전혀 그렇지 못하다. 하지만 그들은 문제를 해결하기 위해 열심히 노력하고 고집이 세며 끈질기다. 그들은 우리의 돌봄과 긍휼의 마음, 그리고 우리 하나님 형상에 의해 마땅히 치유받아야 한다. 그들이 극단적인 형태로 존재하는 경우, 섭식장애 전문가, 영양사 및 건강 컨설턴트로 구성된 팀의 지원과 돌봄이 필요하다.

음주

모든 알코올 섭취가 짐을 짊어진 소방관의 전략은 아니다. 당신은 여성들과 와인을 마실 수 있고, 게임에서 맥주를 마실 수 있으며, 이 손상을 주는 소방관의 극심한 고통 가운데 갇히지 않을 수 있다.

또한 우리가 스트레스나 불안감을 해소하기 위해 술을 꼭 마셔야 할 경우, 술이 우리를 통제하기 시작할 경우, 한잔하지 않고는 밖에 나가거나 귀가하거나 일어서지 못할 경우, 술에 기대어 고통의 문제에 도움받고자 할 경우, 우리는 지금까지 위험을 무릅쓰고 소방관 영역으로 들어간 것이 사실이다. 지금은 그 부분이 우리의 고통이 사라지도록 하기 위해 열심히 노력하지만 분명히 상황을 더 악화시키고 있는, 도움이 되지 않는 역할에 고착되어 있는 것이다.

술 마시는 소방관은 일반적으로 뭔가 부족하거나, 선택받지 못했거나 무가치하다고 느끼는 추방자들을 갖고 있는 사람을 위로하기 위해 발달한다. 그러한 신념에 동반되는 끔찍한 감정들을 글자 그대로 잠재우는 것이다.

불행하게도, 그 소방관이 있음으로 해서 더 많은 고통, 즉 음주운전, 논쟁, 의식불명, 잘못된 선택, 탕진, 사고, 숙취 등이 생겨난다. 이로 인해 관계가 깨지고 온갖 어려움이 생겨 자신이 보호하고자 애쓰는 추방자들에게 더 많은 고통을 안겨준다. 그리고 그것은 더 많은 음주를 부채질한다. 악순환이 계속된다.

우리 문화에서는 이 소방관에 사로잡히기 쉽다. 너무 만연해 있기 때문이다. 게임, 디너 파티, 동호인 파티, 비즈니스 디너, 결혼식, 졸업식, 주말 보트 여행, 그리고 모든 미디어에서, 상상할 수 있는 모든 방식으로 술이 제공된다. 해변이나 슈퍼볼 파티에 가서 술을 마시지 않은 적이 있었는가?

만약 우리가 마실 수도 있고 그러지 않을 수도 있다면, 우리가 마음이 불편할 경우 그것에 의지하지 말고, 그렇지 않을 경우 아쉬워하지 않도록 한다. 그러면 알코올이 우리에게 소방관이 되지 않을 수 있다. 하지만 스트레스를 받을 때 긴장을 늦추기 위해, 슬플 때 우리를 달래기 위해, 불안할 때 우리를 진정시키기 위해, 혹은 승리하였을 때 축하하기 위해 한잔이 필요하다면, 우리는 술을 사용하여 현실로부터 우리를 무감각하게 만드는 소방관 활동의 전형적인 특징을 갖게 된다.

마약 복용

술과 마찬가지로 마약은 현실에 대한 우리의 인식과 경험을 바꾸어 놓는다. 현실이 고통스럽거나 어렵다면, 마약은 꽤 간단한 대처 전략을 제공한다. 마약하는 소방관은 오로지 탈출이라는 한 가지 주문만을 외우고 있다.

고통의 맛이 어떻든 그 고통을 잠시 동안 가라앉힌다.

고통에 대한 소위 해법이라는 것은 물론 거창한 속임수이며, 일단 어떤 사람이 이 소방관의 마법에 걸리면, 종종 중독이 마약보다 더 큰 문제가 된다. 그 해법이 이제는 문제가 되어, 그 뒤에 있는 추방자들에게 점점 커지는 고통을 남겨놓는다.

성적인 행동

글자 그대로, 상상할 수 있는 모든 형태의 성적 행동에 가상적으로, 즉각적으로, 그리고 익명으로 접근할 수 있는 우리 문화 속에서 짐을 짊어지고 있는 소방관에게 섹스는 완벽한 전략이 되었다.

우리의 눈을 깜빡이는 속도보다 더 빠르게 성적 행농 양식에 변화가 일어나고 있는데, 우리가 다루어야 할 소방관이 우리에게 있는지 어떻게 아는가? 그것은 성적 행동의 한 유형인가? 아니면 빈도인가?

사실 그 어느 것도 아니다. 우리는 그 부분이 하려고 애쓰는 것과 그 부분이 우리에게 미치는 영향으로 소방관이란 걸 안다.

만약 우리의 성적 표현이 친밀한 연결에서 비롯되어 우리에게 소중히 여김과 연결감 그리고 친밀감과 유대감을 느끼게 해준다면, 그것은 우리의 성적 표현이 하나님께서 의도하신 대로 설계하신 아름다운 표현일 가능성이 있다. 만약 우리의 성적 표현(결혼 생활 안에서조차)이 우리의 외롭거나 무가치한 느낌을 정기적으로 보상해 주고 있고, 이용당하고, 조종당하며, 압박받고, 대상화되어 있으며, 부끄럽고, 외로운 느낌을 우리에게 혹은 우리의 파트너에게 남겨놓는다면, 우리의 성생활은 소방관으로 바뀌었을 가능성이 있다.

만약 우리가 기분을 나아지게 하기 위해, 고통에 대처하기 위해, 혹은 우리의 상처를 무감각하게 하기 위해 애쓰는 방편으로 섹스를 한다면, 비록 그것이 결혼 생활 안에서 일어나고 있다고 하더라도 우리는 소방관을 갖고 있는 것이다.

포르노, 음란 문자, 외도, 스트립 클럽, 매춘을 통해서든지, 그 밖의 다른 행동을 통해서든지 성적인 행위는 중독성이 강하다. 섹스는 뇌에 강력한 보상 화학물질을 방출하여 즉각적으로 기분 좋은 반응을 일으킨다. 소방관 모드에 갇혔을 경우, 성적인 부분은 외롭거나 망가진 느낌, 혹은 아무도 자신을 찾지 않는다는 느낌을 갖고 있는 추방자들을 달래고 보호하고자 열심히 노력하게 된다. 그 부분은 관계를 파괴하므로, 결국 자기실현적 예언을 만들어 낸다. 차라리 그 부분이 건강한 방식으로 표출할 수 있도록 해준다면 추방자들의 감정을 경감시킬 수도 있다.

여기서 우리는 소방관의 또 다른 특징적인 지표를 보게 된다. 즉 소방관은 단기적으로는 기분을 좋게 만들지만, 장기적으로는 기분을 언짢게 만든다.

> 소방관은 단기적으로는 기분을 좋게 만들지만, 장기적으로는 기분을 언짢게 만든다.

성적인 행동을 하는 소방관이 정기적으로 내 상담실을 찾는데, 이 부분은 장기적으로 볼 때 정말로 기분을 언짢게 만든다.

이 소방관을 갖고 있는 사람들로 인해 상처 입은 파트너들은 공통적으로 묻는다. "어떻게 당신이 내게 이런 짓[외도를 하거나, 강박적으로 포르노를 보거나, 매춘을 하는 짓]을 할 수 있나요? 어떻게 당신은 아이들에게 이런 짓을 할 수 있나요? 당신은 우리를 사랑하지 않나요?"

그것은 타당한 질문이기는 하지만 소방관의 본질을 이해하지 못하는 것이다. 성적인 행동을 하는 소방관은 파트너, 아이들, 가족, 명성, 교회 출석, 또는 그 사람이 영위하는 삶의 어떤 다른 측면도 의식하지 못한다. 성적인 행동은 오직 한 가지만을 추구한다. 비록 잠깐일지라도, 외로움이나 무가치함을 느끼는 고통이 나아지도록 만드는 것이다. 이것을 알면 우리가 그 부분을 치유할 수 있는 방법을 더 잘 이해할 수 있게 된다. 그러나 모든 소방관들이 그렇듯이, 성적인 행동을 하는 소방관이 추방자의 고통에 끌려가고 있다는 이유만으로 그 행동이 정당화될 수는 없다.

돈 쓰기

여기 분별하기 까다로운 것이 하나 더 있는데, 돈 쓰는 것은 우리 일상에서 자연스럽고 중요한 부분이기 때문이다. 우리는 생존하기 위해, 식료품부터 의류, 학용품까지 모든 종류의 물건을 사야 한다.

그러나 가격표와 상관없이 기분 전환을 위해 지출할 때는 돈 쓰는 것이 소방관이 되었다고 의심을 할 수 있다. 만약 나를 예쁘거나 섹시하다고 느끼게 해주기 때문에 5달러짜리 팔찌를 산다면, 그것은 소방관일 수 있다. 만약 내 자신의 이미지를 위해서가 아니라 내 작업 환경에 중요하기 때문에 150달러짜리 신발을 산다면, 아마도 그것은 소방관이 아닐 것이다.

쇼핑은 우리 문화에서 특히 까다로운 소방관 전략이다. 우리 문화에서는, 개인의 가치가 종종 풍요로움(혹은 풍요롭게 보임)으로 계량화되고, 돈 쓰는 것이 기분 좋은 상태를 만들어 내어 고통을 경감시킨다. 이 소방관은 '나는 뭔가 부족해' 또는 '나는 가치가 없어'라고 믿는 추방자들을 감출 수 있다.

돈 쓰는 것은 또한 우리 생활에서 반드시 추가적인 문제를 일으키지 않을 수도 있기 때문에, 돈 쓰는 것이 스텔스 소방관이 될 수 있다. 만약 씀씀이가 돈 쓰는 사람의 예산 범위 안에 있다면, 파산, 부채, 그리고 청구서 지불 불능과 같은 재정적 결과를 초래하지 않을 수도 있다. 하지만 사랑하는 사람과 갈등을 겪게 될 때, 기분이 좋아지기 위해 쇼핑하러 간다면 당신은 소방관을 갖고 있을 가능성이 있다. 심지어 당신에게 100달러짜리 블라우스를 살 만한 돈이 있어도 그렇다. 당신에게 그만한 돈이 없다면 더 말할 나위도 없다.

상품을 구매할 수 있을 뿐만 아니라, 스트레스를 받거나 거부당하거나 뭔가 부족하거나 망가진 느낌을 중단시켜 주기 때문에 아마존 프라임에 가입하고 소비자 상품을 둘러보며 몇 시간을 보낸다면, 나는 쇼핑 환경을 소방관으로 이용하고 있는 것이다. 비록 내가 아무것도 사지 않거나, 샀던 물건을 모두 반환한다고 하더라도 말이다.

어휴!

심각한 쇼핑 소방관을 갖고 있는 사람은 본질적으로 같은 것을 2개 이상 살 수도 있다. 같은 신발 두 켤레, 세 가지 다른 색으로 된 같은 블라우스를 살 수도 있고, 집에 새로 산 상품의 박스가 뜯기지 않은 채 쌓여있을 수도 있다. 아니면 가격표가 여전히 붙어있는 옷들이 옷장에 걸려있을 수도 있다. 이는 돈 씀씀이가, 구매하는 품목이 실제 필요하기 때문에 그것을 충족시키기 위한 것이 아니라, 도파민 분비―소방관이 추구하는 기분을 좋게 하는 효과―를 촉진시켜 주기 때문이다.

사재기는 안전감을 얻기 위해 소유물을 획득하거나 그것에 매달리는, 이 영역에서 아주 심각한 소방관이라고 말할 수 있다. 사재기에 대해 긍휼의 마음을 가지고 어수선한 잡동사니 너머를 보며, 그 행동 이면의 이유에 접근하고, 충분히 소유하고 있지 않거나 안전하지 못한 것을 두려워하는 추방자를 위로해야 할 이유가 거기에 있다.

대부분의 보호자들과 마찬가지로 이 보호자도 서너 세대까지 대물림이 된다. 나는 우리 가족에서 이것을 경험하였다. 내 남편은 식료품점에 가는 것과 요리하는 것을 좋아하는데, 나는 그렇지 않기 때문에 횡재한 기분이었다. 반면에 난 청소하는 것을 좋아한다. 그래서 결혼한 지 10년쯤 지나서 우리는 음식 준비 역할을 바꾸기로 하여 남편은 장보기와 요리를 시작했고, 나는 식단 짜기와 청소를 시작하였다. 그 합의는 솔직히 지금까지 제일 잘한 일이었다.

남편이 지방 출장을 가면 내가 당신을 초대할 수 없다는 것을 제외하고는 말이다. 피자 같은 것을 주문할 수밖에 없기 때문이다.

우리는 한 번도 충분히 먹지 못한 적이 없었다–우리가 처음 결혼했을 때를 빼고는. 내가 대학원에 다닐 때는 형편이 넉넉하지 않았다. 우리는 몇 년 동안 파스타만 꽤 많이 먹었다. 그러나 그때 우리는 20대였고 그것도 훌륭하다고 생각하였다.

그럼에도 불구하고, 우리의 식품수납장에는 항상 음식이 있었다.

우리 남편은 1+1 세일을 좋아한다. 그는 썩지 않는 다양한 물건들을 대량으로 사서 우리 선반에 가득 채워놓는 것으로 악명 높다. 사실 우리는 약 10년 치의 대용량 올리브유 병을 식품수납장에 쌓아놓고 있다. 그중의 얼마는 내가 세상을 떠날 때 유언장에 기록해 놓을 수도 있을 것 같다. 따라서 당신이 기름으로 볶은 마늘을 먹고 싶다면, 우리가 만들어 줄 수 있다. 우리에겐 올리브유가 있고, 파스타 소스도 병으로 있으며, 시리얼도 박스로 있기 때문이다.

어느 날 남편은 식품수납장 안을 들여다보고는 파스타 소스를 재어놓는 것이 자신에게는 싸게 사는 것보다 더 큰 의미가 있음을 깨달았다. 그것들은 충분히 의미가 있었다. 만약 필요했다면 충분히 확보했겠지만, 우리는 먹을 것을 필요로 한 적이 전혀 없었다. 그러나 남편의 아버지는 그랬었다.

나의 시아버지는 홀로코스트에서 살아남으셨다. 시아버지의 아버지와 형은 나치 캠프로 끌려갔고, 그는 남아 나치 점령으로 테러당한 작은 네덜란드 마을에서 어머니와 남은 열 명의 동생들을 돌보았다. 그들은 종종 먹을 음식이 충분하지 않았고, 먹여야 할 입이 많아 먹거리를 충분히 확보하는 것이 정말 걱정거리였다. 그 가족은 기회가 되자 미국으로 도망 나왔다.

그래서 남편은 항상 충분한 우리 집의 식품수납장을 들여다보면서 자신과는 다른 (아버지) 세대로부터, 그리고 자신이 그동안 알지 못했던 경험으로부터, 충분하지 못할 수도 있다는 걱정을 물려받았다는 것을 깨달았다.

그 파스타 소스에는 값싸게 샀다는 것보다 훨씬 더 큰 의미가 있었다. 그것은 나치로부터의 보호였다. 그것이 세대 간에 전달되는 소방관이다.

자상/자해

그렇다. 이 보호자들은 질기다. 만약 당신이나 당신이 사랑하는 누군가의 삶이 이 소방관의 영향을 받고 있다면, 당신은 이 섹션에 대해 상당한 두려움을 느끼거나 피하고자 하는 마음이 들 수 있다. 이해가 된다. 당신은 이 섹션뿐만 아니라 자극을 유발하는 그 어떤 섹션도 바로 건너뛰고 다른 부분을 읽어나갈 수도 있다. 이 주제와 관련하여 고통을 짊어진 당신의 부분들과 얼마간의 시간을 가지며, 그들에게 긍휼의 마음과 돌봄을 제공한다. 이 보호자들은 다루기 쉽지 않기에 당신이 겪고 있는 고통에 대해 정말로 안타깝게 생각한다.

자상과 자해는 다양한 방식으로 작동하는 복잡한 소방관이다. 그들은 신체적으로 해를 입히거나 고통을 가함으로써 정서적 고통을 낮게 만들려고 애쓰고 있는 것이다. 겉으로는 이해가 되지 않을 수도 있지만, 일단 저변에서 무슨 일이 일어나고 있는지 이해한다면, 수긍이 간다.

이것들은 짐을 짊어진 보호자 전략들이 자신들이 피하고자 가장 애쓰고 있는 바로 그 고통을 실제로 만들어 내고 있는 것을 보여주는 또 하나의 사례이다.

다양한 이유로 자상, 분신 또는 그 밖의 자해가 장악할 수 있다. 때때로 그 부분들은 느끼지 못하게 하는 해리 부분과 양극화된다. 내면에서 완전히 공허함이나 무감각함을 느끼는 것보다 고통을 느끼는 것이 낫다고 합리화하면서, 고통을 만들기 위해 자해가 개입한다.

양극화되다 : 시스템 내의 두 부분이 서로 반대 방향으로 작동하고 있는 경우를 말한다. 관리자들과 소방관들은 종종 양극화되어 있다. 각 부분은 상대 부분의 행동에 대응하기 위해 노력한다.

자상 소방관은 어떤 의미에서 살아있다는 것을 상기시켜 주고 있다. 적어도 그들이 자신에게 자상을 입힐 때는 무언가라도 느낄 수 있기 때문에 대안(죽음)보다 낫다고 여기는 것이다.

혹은 '나는 나쁘다'는 추방자의 신념을 관리하기 위해 자상을 입히기도 한다. 이것은 추방자에 대한 자기혐오를 반영하는 것이다. 이것은 내면의 고통을 외적으로 드러내, 자신이 너무 '나쁘다'거나 '무가치하다'고 처벌하는 것이다.

그것은 종종 자상을 입히는 자신에게 더 많은 수치심과 굴욕감을 가져다준다. 이제 그 사람은 흉터를 감추기 위해 32도 날씨에도 긴소매의 옷을 입어야 한다. 이것은 다시 다른 사람들과의 관계를 어렵게 만들어 추방자들의 원래 고통을 강화하게 된다.

자살 시도

자해 소방관은 많은 면에서 자살 시도 소방관과 비슷해 보이지만, 그들은 종종 서로 다른 수단을 가지고 서로 다른 목적을 향해 작동하고 있다.

자살 시도 소방관들은 공포를 자아내는 부분이다. 잠깐 그것에 경의를 표한다. 이 소방관 전략은 오직 "고통을 멈추게 해!"라고 하는 추방자의 부르짖음에만 초점을 맞춘다. 그 결과, 극도로 좁은 시야를 갖게 된다. 그래서 그 부분은 자신이 보호하고 있는 추방자들의 극심한 고통을 끝낼 수 있는 단 한 가지 방법만을 볼 수 있는데, 그것은 삶을 중단시키는 것이다.

이 소방관은 사랑하는 사람, 부모, 목사, 치료사 등 자신 주변의 모든 사람들을 겁먹게 한다. 하지만 다른 모든 소방관들과 마찬가지로, 그 부분 또한 통제 불능이 된 고통에 대한 해법을 마련하기 위해 최선을 다하며 열심히 일하는 부분이다. 그 부분이 보호하고자 애쓰고 있는 추방자들은 엄청나게 압도적인 고통 가운데 있는 것이다.

때때로 자살 시도 소방관은 다른 사람들 눈에 띄지 않거나 다른 사람들이 보지 못하고 지나친다고 느끼는 추방자를 보호하고 있다. 이 역할을 통해 그 부분은 갈망하고 있지만 다른 방법으로는 받지 못하고 있는 관심과 돌봄을 얻고자 애쓰고 있는 것이다. 아니면 그 부분이 추방자들의 고통으로 눈이 멀어, 고통을 멈추게 할 다른 방법을 볼 수 없는 것이다. 그 부분이 진정으로 죽기를 원하는 것은 아니다. 그저 필사적으로 고통을 끝내고 싶을 뿐이다. 어떤 이유에서든 죽음만이 유일한 선택지인 것처럼 보인다.

어느 쪽이든 이 소방관은 공포를 자아내고 있으므로, 짐을 짊어진 여느 부분과 마찬가지로 매우 진지하게 다루어야 한다. 자살 시도 부분들은 숙련된 치료사뿐만 아니라 슬기로우며, 내용을 잘 알고 있는 사랑하는 사람들의 돌봄과 지원을 필요로 한다. 자살 시도 부분들도 고통을 벗어나기 위한 다른 방법을 경험할 필요가 있는데, 고통을 유발하는 추방자들을 치유하는 것이 궁극적인 최선의 방법이다.

우리는 항상 자살 시도 소방관들에게 귀를 기울이고 그들을 믿고 가능한 한 빨리 그들에게 도움을 주고 싶어 한다. 소방관들이 대처하고자 애쓰고 있는 고통의 짐을 내려놓게 되면 해방될 수는 있지만, 그를 위해서는 보통 강력한 전문적 지원과 사랑하는 사람들의 돌봄 네트워크가 필요하다.

살인

나는 이에 대해 생각만 해도 오싹해진다. 아마 당신도 그럴 것이다. 이 소방관 전략은 아마도 그 어떤 것들보다 큰 두려움의 대상일 것이다. 왜냐하면 그 소방관이 고려하거나 관여하는 행동이 매우 파괴적이기 때문이다. 모든 TV 쇼는 살인 소방관을 가지고 있는 인물을 중심으로 대본이 쓰여있다. 대중들이 살인자들의 머릿속이 어떻게 작동하는지에 매료되기(그리고 섬뜩해지기) 때문이다.

살인 소방관들은 때로는 격분하는 부분들과 협력하여 일한다. 후자가 가지고 있는 분노의 짐이 극단적으로 커서 누군가를 죽이는 것이 문제를 끝낼 수 있는 좋은 방법인 것처럼 보인다 – 가정 폭력의 극단적인 케이스가 그 예이다. 살인이 점점 악화되는 관계 갈등을 해결하기 위한 한 부분의 '해법'이 되는 것이다.

비슷한 상황에서, 살인 소방관들은 한 부분이 갖고 있는 참을 수 없는 내면의 격분, 자기혐오, 그리고 절망의 표현 방식일 수도 있다. 살인이 때로는 적이나 괴롭히는 자로 인식된 사람을 향한 응징이 될 수도 있고, 또는 아픔을 주는 사회를 향하여 무력함의 분노를 표출하는 매개체가 될 수도 있다. 이러한 맥락에서 살인은 격분과 고통을 표현하기 위한, 혹은 무력함을 느끼는 환경에 대해 통제력을 얻기 위한 짐을 짊어지고 있는 전략이라 할 수 있다.

다른 맥락에서 보면, 살인 소방관들은 때로는 부모와 자녀의 동반 자살 사건에서처럼, 자비를 베풀고자 하는 것일 수도 있다. 부모의 1차 소방관은 자살(자신의 삶을 끝냄으로써 고통을 끝낼 수 있도록 돕고자 함)이지만, 부모의 자살이라는 고통과 버려짐에서 자녀들을 벗어나게 하기 위해 자녀들의 삶을 끝내는 2차 살인 소방관이 발달한다. 이런 맥락에서 살인 소방관은 짐을 짊어진 긍휼의 마음에 의해 동기를 부여받는다고 할 수 있다.

반사회적 태도가 존재하는 희귀한 경우에는(하나님의 형상이 너무 깊이 가려져 있어서, 파괴를 가한 것에 대해 후회의 감정이나 공감을 느끼는 부분들에게 접근하지 못하는 경우), 살인 부분이 파워, 영광 또는 명성을 찾는 일을 하고 있을 수도 있다. 이 경우, 그 부분이 엄청난 무력감과 하찮은 존재라는 느낌을 갖는 추방자들을 보호하고 있을 가능성이 있다.

모든 상황에서 소방관의 의도는 긍정적임에 주목한다. 갈등 해소하기, 목소리 내기, 대리인/대행자 만들기, 의미 정립하기(명성을 통해), 정서 안전 확보하기가 그것이다. 하지만 짐을 짊어진 모든 보호자가 그렇듯이, 그 행동의 결과가 고통을 더 악화시킨다. 살인 소방관들은 분명히 심각하고 매우 위험하다. 그들의 행동의 결과는 엄격한 보호 조치와 확고한 법적 경계를 필요로 하지만, 이것은 여느 보호자와 마찬가지로 여전히 짐을 짊어진 부분이며, 그 뒤에는 치유와 짐 내려놓기가 절실히 필요한 상처받은 추방자들이 있다. 다시 말하지만, 이를 위해서는 전문가 네트워크의 긴밀한 개입과 매우 명확하고 심각한 경계 설정이 필요하다. 하지만 심지어 이 소방관도 이해가 될 수 있다는 것을 알게 되니 참으로 위안이 된다. 살인 부분은 내면의 하나님 형상을 심각하게 가로막지만 파괴하지는 않는다. 그들의 전략은 공포를 자아내지만 그들의 바람은, 모든 보호자들과 마찬가지로, 돕는 것이다. 고통을 해결하고자 돕는 것이다. 하지만 다른 모든 보호자들과 마찬가지로 그들은 슬프게도 그 고통을 악화시킬 뿐이다.

우리의 '괴물들'에 대한 긍휼의 마음

우리는 우리의 근면한 소방관들을 어둠 가운데서 씨름하는 괴물들에 비유하는 것으로 이 장을 시작하였다. 우리의 소방관들은 종종 우리뿐만 아니라 다른 사람들을 쫓아버리고 그 자리에 상처와 파괴, 죄책감과 수치심을 남겨놓는다. 그러나 시간이 지나면서, 그리고 그들을 길들이고자 여러 차례 시도하였으나 실패한 후, 우리는 흔히 '괴물 같은 것'이 바로 우리의 모습이라고 믿게 된다.

하지만 이제 그게 진실이 아님을 당신은 알고 있다.

당신의 소방관들은 나쁜 역할에 갇혀있지만 선한 의도를 가진 부분들이다. 우리가 소방관들이 성취하고자 애쓰고 있는 목표를 생각하고, 그들이 얼마나 오랫동안 그리고 얼마나 열심히 돕고자 애써 왔는지—비록 성공하지 못하였지만—를 공감해 줄 때, 소방관들에게 훨씬 더 효과적으로 도움을 줄 수 있다. 우리 소방관들은 확고한 경계가 필요하지만, 종종 그들은 자신들이 하고 있는 것과 정반대의 것을 자유로이 할 수 있기를 바라고 있다. 그들은 단지 방법을 알지 못하고 있을 뿐이다.

다음 장에서는 개인의 변화를 위해 우리가 취할 수 있는 실제적인 단계에 대해 살펴본다.

논의를 위한 질문

- 당신은 이 장에 열거된 소방관 중 어떤 것과 동일시할 수 있는가?
- 어떤 것이 당신을 가장 속상하게 하는가?
- 소방관들이 선한 의도를 가지고 있다는 것을 알게 됨으로써 당신 삶에서 소방관들의 행동 표출 방식을 향한 당신의 태도에 어떤 영향을 주

는가?

- 소방관들이 우리의 고통 문제를 돕고자 애쓰고 있지만, 그것이 그들의 행동을 정당화시키는 것은 아니라는 사실을 생각해 본다. 당신은 그것을 어떻게 이해하는가?
- 왜 소방관들은 관리자들과 싸워 이기는 경향이 있는가?

미쳐 날뛰는 소방관들

소방관 혼돈 상태에 대한 세 가지 해법

당신은 우리 소방관들이 갖고 있는 공통적이고 가슴 아픈 주제를 알게 되었다. 즉 그들은 자신들이 아는 최선의 방법으로 고통을 관리하고자 애쓰고 있지만 종종 자신들의 행동이 초래하는 피해를 주며 무섭고 위험한 결과를 보지 못한다. 그들의 행동을 몰아가는 것은 추방자들의 고통이며, 그들은 무슨 수를 써서라도 그 고통을 없애려고 한다.

그렇다면 이것은 우리에게 실제적으로 어떤 의미가 있는가? 우리는 이 부분들에게 미안한 마음을 갖고, 그들이 술을 마시고 마약을 하며 격분하여 사람을 죽이도록 허용해야 하는가? 그들이 선한 의도를 가지고 있기 때문에, 우리는 '애써 참으며' 그들이 가하는 고통과 엄청난 파괴를 무시해야 한다는 말인가?

아니다. 전혀 그렇지 않다. 이전 섹션의 관리자들과 마찬가지로, 자신의 골치 아픈 부분들을 알고 보듬는 것이 어떤 행동도 허용한다는 의미는 아니다.

소방관들의 의도를 알게 되면 우리가 그들의 행동을 이해할 수 있게 되고, 이것은 다시 우리가 보다 효과적으로 그들에게 대응하도록 해주는데,

그들의 행동을 용납하거나 봐주는 것이 아니라 우리가 현명하게 대응하고 실제로 그들에게 가장 큰 변화의 가능성을 제공하는 것이다.

화재 예방 사례 연구

간단히 말하면, 우리가 전형적으로 소방관들과 마주하는 세 가지 상황이 있는데, 각각 서로 다른 반응을 불러일으킨다. 우리는 그 상황들을 다음과 같이 묘사할 수 있다.

1. 제한된 관계(특정한 상황 가운데서만 이루어지는 관계)
2. 의미 있는 관계
3. 이런, 내 안에도 그런 놈들이 있네

상황 1 : 제한된 관계

내가 누군가와 제한된 관계 속에 있으나 그의 소방관이 내게 큰 영향을 끼치지 않을 때, 이를테면 고속도로에서 폭주하는 운전자가 내 앞에 끼어들 때, 또는 어떤 공격적인 여성이 500개의 품목을 사면서 소량 계산대(10개 이하의 품목만 계산할 수 있음)에 줄을 서있을 때, 어떻게 해야 하는가?

큰 그림 : 그 사람에게서 어떤 일이 일어나고 있고, 내 안에서 어떤 것이 올라오고 있는지에 대해 존중하는 마음으로 단순히 알아차리는 것이 도움이 된다. 하나님 형상 가운데 머물며 내 자신의 보호자가 무너지는 것을 피한다. 그것은 다른 사람들을 통제할 수 없는 경우, 나로 하여금 침착하고 지혜롭게 대응할 수 있게 해준다. 그것은 또한 나를 나 자신의 더 깊은 치유로 이끈다.

하지만 좀 더 자세히 살펴보자.

예를 들어, 그 여성은 소량 계산대에 카트를 세우고, 화를 내며 카트 가득한 식료품을 당당히 내려놓기 시작한다―10개 이하의 품목이라고 분명히 쓰여있다. 분명히 당신은 나보다 훨씬 더 많은 긍휼의 마음을 가졌을 것이다. 그러나 그 상황에서는 보통 짜증을 내는/판단하는/통제하는 나의 부분들이 등장하여 내게 이 여성과 그녀의 사악한 마음에 대해 험한 말을 하기 시작한다. 나의 짜증 내는 부분은 헛기침을 하고, 다른 10개 품목을 들고 있는 고객과 불만스러운 눈짓을 교환하며, 그녀가 내 쪽으로 눈길을 줄 때 10개 품목이라고 적힌 팻말을 뚫어지게 보기 시작할 수도 있다. 내 판단하는 부분은 그녀가 지구상에서 최악의 인간이고 다른 사람들의 욕구는 의식하지 못하는 사악한 삶을 살고 있다고 확신한다.

나는 알고 있다―그것은 추악하다.

만약 내 통제하는 부분이 충분히 강하다면―나의 통세 부분은 비위 맞추는 부분과 지나치게 양극화되어 있어 이런 일을 하지 못한다―나는 심지어 불만스러운 톤으로 그녀가 잘못하고 있다고 그녀에게 이야기할 수도 있다. 그러는 내내 나는 더 화가 나고, 더 짜증 나고, 더 조급해지고, 더 독선적이고, 비난하게 된다. 내가 계산대에 도착할 즈음 나는 거의 폭발 직전이 된다. 왜냐하면 나의 보호자 부분들이 장악하여 그들이 잘 알고 있는 방식으로 나의 불편을 다루기 때문이다. 나는 나의 하나님 형상에 전혀 접근하지 못하였고, 불쾌의 소용돌이 가운데서 이런 맞닥뜨림을 경험한 이후에 꽤 많은 시간을 낭비할 가능성도 있다.

우리 모두에게는 아마도 그런 경험이 있을 것이다.

자, 이번에는 내가 부분들에 대한 인식을 가지고 있다는 것 말고는 똑같은 상황이라고 가정한다. 그 여성이 500개의 품목을 가지고 화가 나서 계산대에 들어서고, 짜증을 내는/판단하는/통제하는 나의 부분들이 활성화되기 시작한다. 8C가 아닌 것이 느껴지고 있어서, 나는 부분들이 등장한 것을 알아챈다. 나는 부드럽게 나의 주의를 내면으로 돌려 어떤 부분들이 뛰어들었는지 알아내고는, 그들이 분리되거나 한 걸음 뒤로 조금만 물러나서 그들이 나를 압도하지 않도록 할 의향이 있는지 물어본다. 내가 하나님 형상 가운데 머물며 그들에게 어떤 일이 일어나고 있는지 듣기 위함이다.

그들이 한 걸음 뒤로 물러서자, 나는 저절로 차분하고 호기심 많고 명료한 사고의 관점을 되찾고 그들 곁에 앉아 그들의 두려움을 들을 수 있게 된다.

아마도 나의 짜증 내는 부분은 내가 회의에 늦을까 봐 걱정하며, 내가 무책임해 보이면 어떡하나 하는 고통으로부터 나를 보호하려고 애쓰고 있다. 아마도 내 통제하는 부분은 다른 사람들을 제치고 내 의제를 충족시키며 나의 안전을 확보하려고 애쓰고 있다―내 삶에서 나는 종종 내 욕구가 다른 사람의 욕구만큼 중요하지 않다고 느껴 왔기 때문에 이번에는 그러지 말아야지 하는 마음에서. 아니면, 나의 판단하는 부분이 규칙을 어기는 그 여성의 잘못을 지적해 줌으로써 내가 흐뭇하게 느끼도록 도우려 애쓰고 있을 수도 있다. 내가 과거에 규칙을 어기는 짓을 했었기 때문이다. 그리고 그 판단하는 부분이 '적어도 나는 이 여성만큼 나쁘지는 않다'는 이유로 내가 흐뭇하게 느끼기를 원할 수도 있다.

이 상황에서 내가 어떻게 내 내면에서 등장하고 있는 모든 걱정과 짜증에 대해 평온과 긍휼의 마음을 유지할 수 있을까 주목한다. 하지만 나는 여전히 명료한 생각을 갖고 실제로 도움이 되는 결정을 내릴 수 있다.

이제 나는 선택지를 가지고 있다. 나는 다른 계산대로 가거나, 식료품을 놓아두고 나중에 다시 쇼핑하러 오거나, 그 자리에 눌러있으면서 회의에 맞추어 갈 수 있는 시간은 충분하다고 스스로를 안심시키거나, 그 밖에 어떤 것이든지 도움이 될 만한 것들을 선택할 수 있다. 적어도 나는 나를 비이성적이고 충동적이며 심지어 마음 아프게 만드는 불안정한 생각과 감정들에 휩싸이지는 않게 된다.

내 부분들이 장악하는 경우, 나를 피해자로 생각하기 때문에 피해자 입장에서 불쾌감을 느껴 상처 주는 행동이나 말을 하는 것이 정당하다고 느끼는 경향이 있다. 이것은 결국 다른 사람들과 내게 상처를 주게 된다.

내가 내 부분들의 이야기를 듣기는 하지만 그들에게 장악당하지 않을 때, 나는 나의 참자아와 자제력과 온전함을 유지하면서 내 자신을 돌볼 수 있는 건강한 선택을 할 수 있다.

이렇게 부분을 인식하는 상황에서, 나를 자극하여 활성화시키는 부분을 갖도록 만드는 사람들은 실제로 내 삶에서 까다로운 선물이 된다. 슈워츠의 표현에 의하면, 그들은 나의 '토멘토(고통을 주는 멘토)'가 된다. 그들은 치유가 절실하게 필요한 나의 부분들이 드러나도록 함으로써, 나의 개인적이며 영적인 성장을 위한 멘토 역할을 하는 것이다.

토멘토(tor-mentor) : 활성화시키는 상황 또는 사람을 가리키는 IFS 용어이다. 토멘토에 반응하여 어떤 부분들이 자기 내면에 활성화되는지를 감지함으로써 개인은 치유가 필요한, 짐을 짊어진 자신의 부분들을 파악할 수 있게 된다. 따라서 '고통을 주는' 사람들과 상황은 한 개인의 성장과 치유에 훌륭한 선물이라 할 수 있다.

이 경우, 내 안에서 떠오르고 있는 것에 나의 주의를 돌림으로써 자신의 욕구를 존중받아 본 적이 없었던 내 추방자에게 보다 심층적인 치유가 필요하다는 것을 알게 된다. 이제 나는 긍휼의 마음으로 나의 이 부분을 돌보며, 낯선 사람에게 무의미한 분노를 퍼붓는 것 같은 곁길로 빠지지 않을 수 있다.

이러한 관점은 또한 나로 하여금 다른 사람의 내면에서 일어날 수 있는 일을 존중하게 만들어 준다. 나는 소량 계산대에 카트를 세운 이 여성이 보이는 화내며 당당한 부분은 그녀의 진정한 모습, 즉 그녀의 하나님 형상이 아니라 단지 이 순간 장악한 그녀의 부분이라는 사실을 인정할 수 있다. 아마도 그녀는 집에 병든 아이가 있는 싱글맘이라 빨리 계산을 끝내야만 했는데 이 계산대가 대기줄이 가장 짧은 것이었을 수도 있다. 아마도 영어가 그녀의 모국어가 아니어서 10개 품목 팻말을 보지 못하거나 읽지 못하였을 수도 있다. 아마도 그녀는 학대받은 이력이 있어, 자신의 욕구를 충족시키고자 애쓰는 과정에서 밀어붙이는 부분이 발달했을 수도 있다.

그게 무엇인지는 전혀 알 수 없지만, 나는 하나님 형상 가운데서 생각해 볼 수 있는 긍휼의 마음을 가진 많은 선택지들을 갖고 있다. 나는 작은 방법으로나마 그녀에게 친절을 베풀 가능성도 있다.

예수님은 극적으로 이 부분들에 대한 긍휼의 마음을 삶으로 보여주셨다. 요한복음 8장은 그분의 삶 가운데 있었던 수많은 이야기 중의 한 가지를 이야기하고 있다. 어느 날 예수님이 성전에서 거닐 때, 음행하다 붙잡힌 여인을 세웠던 한 무리의 바리새인들이 그녀를 돌로 쳐 죽이기 위해 예수님 앞으로 끌고 나왔다. 그들의 영성을 위장하는 자 관리자들은 그녀의 성적인 소방관으로 말미암아 활성화되어 그녀를 죽이고자 하였다.

잠시 멈추고, 누군가를 글자 그대로 돌로 쳐 죽이는 것이 얼마나 사악하고 소름 끼치는지 상상해 본다. 우리는 이 글에 익숙하기 때문에 대충 훑어보고 지나가는 경향이 있지만, 여기서 막 일어나려던 사건은 아주 끔찍한 것이다. 내게는 이 이야기가 가장 의롭고 영적이라고 생각되는 부분들도 때로는 가장 왜곡되고 사악한 행동에 관여할 수 있음을 일깨워 주는 역할을 한다.

이 바리새인들은 자신들의 영성을 위장하는 자 부분들을 달래고 그들의 요구를 들어주기 위해 살인을 저지르고자 하였다. 그들이 놀란 이유는 예수님에게는 짐을 짊어진 부분들이 없어 활성화될 것이 없었기 때문이었다.

그분은 그의 하나님 형상(평온함, 긍휼의 마음, 명료한 생각, 용기 있는 모습)을 유지하며 부드럽고 다정하게 그녀를 향하여 나아갔다−그녀는 자신이 필요로 하는 바로 그곳에서 치유케 하는 애정을 만난 것이다.

이제, 예수님께서는 어떻게 그녀가 살인 의도를 가진 자들의 활성화된 부분들에게 토멘토가 될 수 있도록 (다시 말해서, 그들의 활성화된 부분들의 정곡을 찌를 수 있도록) 이끌었는지 주목한다. 그는 침착하게 초대했다. "너희 가운데서 죄가 없는 사람이 먼저 이 여자에게 돌을 던져라."**46**

번역 : "신사 여러분, 이 여성에 의해 그토록 활성화된 당신의 부분들을 바라보십시오. 그러면 여러분은 여러분 내면의 어떤 부분에 치유가 필요한지 보실 수 있을 겁니다."

우리가 하나님 형상 가운데 있을 때, 치유는 우리에게 그리고 다른 사람들에게 넘쳐흐른다−심지어 겉보기에 대수롭지 않은 만남 가운데에서도.

더 깊이 들어가기 : 제한된 관계로부터 소방관을 알아가기

제한된 관계에서 소방관과 마주한 최근 상황을 생각해 본다. 당신은 어디에 있었으며 어떤 일이 일어나고 있었는가?

당신 생각에는 어떤 소방관이 이 사람을 장악하였는가?

어떤 식으로든 소방관들의 행동을 정당화시키지는 못하나, 당신은 이 소방관의 행동이 이해되도록 만드는 그들 내면의 추방자를 머릿속에 그려볼 수 있는가?

그들 내면에 이 소방관이 나타났을 때 당신 내면에서는 어떤 부분이 활성화되었는가?

당신이 알고 있는 모든 추방자를 열거한다.

당신이 알고 있는 모든 관리자를 열거한다.

당신이 알고 있는 모든 소방관을 열거한다.

당신은 이 부분들의 입장에서 대응했는가? 달리 말하면, 그 부분들이 당신을 장악하여 당신이 마치 그 부분인 것처럼 행동하였는가? 그것은 어땠는가? 결과는 어땠는가?

이제, 활성화된 것으로 보이는 모든 부분을 따뜻하게 맞아들이는 모습을 머릿속에 그린다. 그리고 당신의 하나님 형상 입장에서 말하거나 행동하면서 그들의 감정과 동기를 존중한다. 어떤가?

만약 당신이 이런 식으로 접근했다면 이 상황에서 당신의 반응은 어떻게 달랐겠는가?

그러면 어떤 결과가 나왔겠는가?

당신이 이 연습에서 얻을 수 있었던 생각, 느낌 또는 관찰 내용을 기록한다.

상황 2 : 의미 있는 관계

우리가 소방관을 갖고 있는 누군가와 의미 있는 관계를 맺고 있을 때는 상황이 다르다는 것을 우리 모두 알고 있다. 우리는 소량 계산대에 있는 그 여성 곁을 떠나버리면 그만이다. 하지만 만약 우리가 매일 집에 있는 소방관에게로 가야 한다면, 그때는 어떨까?

이 부분은 종종 신앙적 가르침에서 의견이 갈리는 영역이기 때문에 특히 혼란스럽다. "왼뺨도 돌려 대라."[47] "일흔 번씩 일곱 번이라도 용서하라."[48] 와 같이 흔히 적용되는 성경 구절로 말미암아, 지속적으로 해를 입히는 소방관들에 의해 때때로 우리는 현명치 못하게 피해를 입게 된다.

사랑하며 진정한 용서를 베푸는 것은(무엇이 용서되고 있는지 알고 그 상실을 충분히 슬퍼하는 것을 포함한다) 위험하거나 뉘우치지 않는 누군가와 관계를 계속 유지하는 것, 혹은 일어난 일이 중요하지 않다고 말하는 것과 동일하지 않다. 용서와 화해는 동일하지 않다. 용서는 우리가 계속해서 다른 사람들이 우리를 학대하거나 배신하도록 내버려 둔다는 것을 의미하지 않는다.

우리가 우리에게 깊은 영향을 미치는 소방관을 갖고 있는 누군가와 의미

있는 관계를 맺고 있을 때에는, 예를 들어 배우자가 학대하는 알코올 중독자이거나 상사가 만성적으로 격분해 있는 경우, 부분 인식은 우리가 하나님 형상 입장에서 대응하는 데 필요한 관점을 갖도록 해준다. 우리는 슬퍼하고, 현명하게 인식하며, 건강한 경계를 설정하고 끝까지 따를 수 있다.

분명하고 즉각적인 위험을 주는 소방관에 대해서도 동일한 원리가 적용된다―비록 소방관이 우연히 아는 사람의 것이거나, 친숙한 관계에서 때때로 등장하는 정도라 하더라도. 이 소방관들에게는 좀 더 경계가 설정된 대응이 필요하다.

성적인 행동을 하는 소방관 전략을 생각해 본다. 부분 인식을 갖는 것이 그 상황에서 어떤 도움이 되는가?

예컨대, 제인은 남편 존이 중학교 때부터 포르노에 중독되어 있다는 사실을 최근에 알게 되었다. 존의 성적인 소방관은 그의 가족과 7학년 여자아이들이 자신을 택하거나 원하지 않는다는 느낌을 갖고 있는 추방자를 위로하기 위해 발달하였다. 세월이 지나면서 그 보호자 행동은 매춘 업소 방문, 출장 중의 스트립 클럽 출입, 그리고 최근에는 사무실에서 한 여성과의 외도로까지 확대되었다. 사실 그 행동은 이제 완전히 중독이 되어 그가 수치심은 엄청나게 느끼지만 통제는 거의 할 수 없는 상태가 되었다.

제인은 이런 배신이 일어나고 있었는지 전혀 알지 못하였다. 지금 그녀는 충격과 고통, 수치심의 철퇴를 맞은 느낌이다. 부분 인식은 도대체 어떻게 도움을 줄 수 있는가?

부분 인식이 존재하지 않는 경우, 제인은 수치심과 자기혐오(추방자들)의 소용돌이에 빠질 수 있다. 그녀는 자신이 충분히 아름답거나, 성적 매력을 갖고 있거나, 좋은 배우자가 아니라고 자신에게 말할 수도 있다(내면 비판, 자기비난). 그의 관심을 되돌리기 위해 체중 감량, 란제리 구매, 성적 매력 증대와 같이 기진맥진하게 만드는 다양한 자기계발 전략에 참여할 수도 있고, 휴대폰 기록과 신용카드 청구서 등을 뒤지는 탐정 놀이를 하거나 내연녀에게 전화를 걸어 자신의 고통을 증폭시킬 수도 있다(통제).

그녀는 반대로, 격분하며 그를 맹렬히 비난하거나 물건을 던지거나 즉시 이혼하거나 아이들에게 네 아버지는 쓸모없고, 소심하며, 교활한 뱀의 자식이라고 온갖 끔찍한 말을 할 수도 있다(격분, 회피, 피해자 입장에서의 불쾌함).

세 번째 선택지는 무턱대고 부정하는 것이다. 그녀는 자신이 확보하고 있는 포르노 사용 및 외도의 증거를 무시할 수 있다. 그녀는 다음과 같은 그의 말을 믿을 수도 있다. "단 한 번 있었던 일이야." 또는 "기분이 정말 안 좋아, 다시는 그러지 않을 거야." 또는, 계속 바쁘게 지내며 고통을 느낄 틈을 주지 않아 상실감에 대처할 필요가 없도록 할 수도 있다(부정, 분주함, 폐쇄).

제인의 부분들이 상상할 수 없는 고통과 상실감에 대처하기 위해 애쓰는 모든 것이 이해가 되는 방법이다. 그들은 선한 의도를 갖고 있다. 단지 도움이 되지 않을 뿐이다. 그리고 그들은 상황을 명료하게 보지 않거나, 그녀가 현명한 선택을 하도록 도와주지 않는다. 그녀의 부분들이 장악하여 끌어가고 있지만, 그들은 본의 아니게 그녀의 고통을 악화시키고 있는 것이다.

만약 제인이 부분 인식을 가지고 있다면 그녀는 분명히 자신의 고통을 느낄 것이고, 그것은 의미가 있을 것이다. 그녀는 이미 존재하는 자신의 추방자들의 고통이 아마도 존의 배신에 의해 활성화되었다는 것을 깨닫게 될 것이다. 하지만 (앞에서 설명한) 그녀의 여러 부분들이 장악하고자 할 때, 그들에게 분리되거나 한 걸음 뒤로 물러나 달라고 부드럽게 요청함으로써 그녀는 자신의 하나님 형상과 연결을 유지할 수 있게 되고, 건강하고 치유를 가져오는 방식으로 대응할 수 있게 된다. 물론, 상처와 혼란은 여전히 실재한다. 하지만 대단히 놀랍게도, 그녀는 치유를 가져오는 긍휼의 마음을 가지고 자신의 고통을 향해 나아가 명료하게 상황을 보며 현명한 선택을 할 수 있게 된다. 그녀는 그의 행동이 그가 가진 고통에 대한 것이지 자신에 대한 것이 아님을 깨닫게 된다. 이러한 반응들은 그녀의 시간과 에너지를 비효율적인 대처에 빼앗기지 않게 해주고, 그녀를 해방시켜 자신의 상실감을 건강한 방법으로 슬퍼할 수 있도록 해준다.

부정하는 부분 혹은 우울해하는 부분들은 제인을 바쁘게 만들거나, 쇼핑을 하게 하거나, 침대에서 나오지 못할 정도로 우울하게 만듦으로써 그녀를 고통의 충격으로부터 보호하기 위해 애쓰고 있다. 따라서 제인은 그 부분들에 대해 긍휼의 마음을 품을 수도 있다. 그러나 그녀는 또한 소방관 부분들로 하여금 분리되어 달라고 초대함으로써, 도움을 주지 못하는 소방관들의 전략에 끌려가지 않으면서 그들의 노력을 충분히 이해할 수도 있다.

제인은 부분 인식을 유지함으로써 존의 고통스러운 행동이 그녀에게도 토멘토가 될 수 있도록 하였다. 토멘토는 가장 치유가 필요한 그녀의 부분들을 활성화시켰다. 물론 배신으로 인한 그녀의 고통과 트라우마는 일차적인 치유가 필요하다. 하지만 그녀는 어릴 적부터 추방자가 있었기 때문에 삶에서 고통을 느낄 때마다 특정한 보호자(아마도 부정, 쇼핑, 통제, 격분)가 종종 장악하여 돕고자 애쓰고 있음을 발견할 수도 있다. 이것은 배신의 치유뿐만 아니라 더 깊은 치유로의 초대일 수 있다.

부분 인식을 통해 그녀는 존의 행동이 트라우마를 유발하였고 변명의 여지가 없었으며 결코 그녀의 잘못이 아니지만, 그의 행동이 존은 아니라는 사실을 깨달을 수 있다. 그들은 그의 모습 전부를 반영하지 않는다. 그들은 단순히 그의 한 부분일 뿐이다.

그는 그녀를 매우 사랑할 수 있었다. 배신이 반드시 결혼 생활 전체가 거짓이었다는 것을 의미하지는 않는다. 확실히 그랬을 가능성도 있지만, 이런 트라우마를 유발하는 사건에서조차 부분 인식은 존에게 성적으로 행동하는 소방관보다 결혼 생활이 중요하다는 것을 깨닫게 하면서 고통을 어느 정도 약화시켜 준다. 만약 그가 치유 작업을 통해 이 소방관을 치유하게 된다면, 그녀가 원할 경우 거기에 무언가를 다시 세울(재결합할) 여지가 있을 수도 있다.

제인이 하나님 형상 가운데 있을 때, 그녀는 명료한 생각과 용기를 유지하면서 자신의 모든 부분들과 그들의 감정을 존중할 수 있다. 이러한 관점에서 그녀는 아마도 상담을 시작하거나 치료를 위한 가정 내 임시별거를 요청하며 그가 시간이 지남에 따라 치유를 수용하는지, 따로 은행 계좌를 개설하는지, 법적 별거를 시작하는지를 관찰하는 현명한 선택을 할 수 있다. 이 모든 것들이 그녀의 하나님 형상으로부터 나올 때, 그녀를 잘 지켜줄 수 있는 건강한 경계를 확립시켜 준다.

부분 상태에서 제인은 경계라는 단어를 '내가 바라는 대로, 존이 하도록 조종하는'(그것은 위협이지 경계가 아니다) 뜻으로 사용할 수도 있다. 하지만 하나님 형상 가운데서 그녀는 자신에게 필요한 것은 오직 자신의 상실감을 인정하고 그것을 비통해하며 자신과 자녀들을 위해 정서적, 영적, 신체적 안전을 만들어 내는 건강한 경계를 세우는 것임을 분명히 인식한다.

이제 당신은 깨닫고 있으리라 생각한다―어떻게 부분 인식이 우리로 하여금 실제 경험에 완전히 주의를 기울이게 하는지, 어떻게 부분 인식이 우리로 하여금 고통과 건강한 관계를 맺도록 이끄는지, 어떻게 부분 인식이 우리가 (보호자 부분들이 진정으로 도움을 주지 않기에 낭비하는) 시간을 절약하도록 하는지, 그리고 부분 인식이 얼마나 능력을 불어넣는지를.

오직 우리는 하나님 형상의 입장에서, 누군가의 중요한 소방관과 우리의 관계에 대한 진실을 지혜롭게 관찰하고, 우리를 안전하게 지켜주는 건강하고 명확한 경계를 세울 수 있다.

어렵지만, 필요하다. 건강을 위해서는 더 말할 나위가 없다.

만약 지금까지 우리가 부분들이 주도하는 삶을 살아왔다면 그러한 부분 인식은 거의 상상할 수 없다. 하지만 가능하다.

더 깊이 들어가기 : 의미 있는 관계로부터 소방관을 알아가기

당신의 일상생활에서 소방관과 상호작용을 한다면 어떤 모습일지 잠시 탐구해 본다. 이것은 어느 누구도 탐구하기 어려운 영역일 수 있다. 자신에게 부드럽게 대하도록 한다. 만약 경험하는 어떤 것이 당신이 현재 갖고 있는 지원 수준으로는 너무 불편하다는 느낌이 들면, 중단하고 이러한 취약한 부분들을 조심스럽게 돌보며 이러한 내면 여정을 안내해 줄 수 있는 IFS 전문가를 찾도록 한다.

먼저, 당신과 가까운 사람을 장악한 소방관을 파악하고 이름을 붙인다.

소방관이 끄고자 애쓰고 있는 고통이 그의 행동을 절대로 정당화하지 못하지만, 이 사람의 삶에서 소방관이 보호하려고 애쓰는 추방자에 대한 감이 오는가? 그것에 대해 기록한다.

이제 이 소방관이 있을 때 등장하는 당신의 부분들(추방자, 관리자, 소방관)을 파악한다.

당신의 추방자들을 열거한다.

삶의 경험 어디에서 이 추방자들이 유래하였는지 감이 오는가? 그것은 이 관계가 있기 전인가? 당신의 생각을 적는다.

당신의 관리자들을 열거한다.

이 관리자들이 보호하려고 애쓰고 있는 추방자가 어떤 것인지 감이 잡히는가? 단기적으로 그 부분은 보통 어떻게 작동하는가? 장기적으로는? 당신의 답을 기록한다.

당신의 소방관들을 열거한다.

이 소방관들이 보호하려고 애쓰고 있는 추방자가 어떤 것인지 감이 잡히는가? 단기적으로 그 부분은 보통 어떻게 작동하는가? 장기적으로는? 당신의 답을 기록한다.

이제 당신이 파악한 모든 부분들을 따뜻이 맞이한다. 그들이 느끼고 있는 것이나 그들이 당신을 도우려 애쓰고 있는 방법을 존중한다. 그들이 한 걸음 뒤로 물러서서 당신이 내면에 있는 평온하고 명료한 생각을 가진 용기 있는 하나님 형상과 연결될 수 있도록 하는지 알아본다. 당신이 알게 된 것을 기록한다.

우리가 내면의 하나님 형상에 순복할 때 얼마나 많은 명료함, 용기, 긍휼의 마음과 힘에 연결될 수 있는지 본다. 그것이 당신을 장악하고 싶어 하는, 짐을 짊어진 부분 입장에서 행동하는 것과 얼마나 다를 수 있는지 주목한다. 커다란 변화다!

그것은 우리에게 다음과 같은 질문을 갖게 만든다. 소방관이 내 안에 있으면 어떡하지? 그러면 나는 어떻게 해야 하지?

상황 3 : 이런, 내 안에도 그런 놈들이 있네

우리에게 소방관이 있을 때 우리는 상처 주는 행동에 관여할 가능성이 높고 종종 부끄러움을 느낀다. 이곳은 우리 본연의 모습을 찾기 힘든 지점이다. 하지만 해답은 있다.

우선 우리는 '선한 크리스천'이라면 소방관을 가질 수 없거나 갖지 않을 것이라는 오해를 없애야 한다. 이런 신념에 따르면, '진짜 크리스천'은 알코올 중독, 포르노 중독, 격분, 자살 생각이나 거식증과 싸울 수 없다. 우리는 교회에서 이 모든 것들을 남이 듣지 못하도록 속삭인다. 그것들이 너무 수치스러워서 소리 내어 말할 수 없기 때문이다.

하지만 진실은 크리스천도 소방관을, 그것도 많이 가지고 있다는 점이다. 우리와 세상 사람들 간의 한 가지 차이는 우리가 항상 그 문제들에 대해 진실을 말하고 싶어 하지 않는다는 점일 것이다. 어쨌든 우리에게 소방관들이 있다… 그리고 우리는 그것들에 대해 거짓말을 한다.

이것은 우리가 투쟁 가운데 외롭게 따로 떨어져 있는 느낌을 갖도록 만든다.

> 당신은 소방관이 아니다. 당신의 소방관은 치유가 필요한 당신의 한 부분일 뿐이다.

아주 조심스럽게 말하건대, 당신은 소방관이 아니다. 그것이 당신의 영혼 깊은 곳에 닿도록 한다. 당신의 소방관은, 도움이 되지 않는 방법으로 당신을 돕고자 애쓰고

있는 당신의 한 부분이다. 하지만 그 부분은 당신이 아니다. 당신은 당신을
사랑하는 하나님의 형상으로 만들어졌다. 당신의 소방관은 치유가 필요한
당신의 한 부분일 뿐이다.

소방관을 위해 도움받기

우리에게 소방관이 있을 때, 우리는 지지자들을 필요로 한다. 왜냐하면 대
부분의 소방관들은 우리에게 없는 전문성을 필요로 하기 때문이다. 그것은
전혀 잘못된 것이 아니다. 단지 소방관들이 견고하게 둘러싸여 있음을 의
미한다. 그리고 그들은 중요하다. 도와주려고 힘들게 애쓰고 있는 중에, 소
방관들이 십중팔구 당신의 삶을 위험하게 엉망으로 만들고 있기 때문이다.
우리는 당신의 고통이 엄청나게 더 심해지기 전에 그들이 도움이 되는 더
나은 방법을 어서 빨리 찾을 수 있도록 해주고 싶다.

당신의 소방관이 무엇이든 간에, 치료사, 영양사, 의료 시설 또는 전문성
을 가진 12단계 그룹을 찾도록 한다. 이것이 타당할 것이다.

만약 내가 심장에 문제가 있다면, 아무리 치과의사를 좋아할지라도, 그
가 크리스천일지라도, 심장 수술을 받으러 치과의사에게 가지는 않는다.
나는 심혈관 외과의사에게 간다. 그는 심장 수술을 훈련받았고, 숙련되어
있기 때문이다.

동일한 원리가 소방관들에게도 적용된다. 알코올 중독 소방관들은 중독
전문가를 필요로 한다. 음식 소방관들은 섭식장애 전문가를 필요로 한다.
성적으로 행동하는 소방관들은 성 중독 전문가를 필요로 한다.

이것은 지극히 타당하다.

우리의 소방관들은 우리가 도움을 구하는 것에 대항하여 온 힘을 다해
격렬하게 싸우게 된다. 그들이 종종 고통과 나락으로 떨어지는 선물을 받
고 난 다음에야 비로소 우리 관리자 부분들은 마침내 겁을 먹고 도움을 구

한다. 도움을 청하기는 어렵다. 하지만 아마도 당신이 우연히 이 책을 읽은 것은 아닐 것이므로, 떨어지고 싶지 않은 나락으로 소방관들이 당신을 데리고 가기 전에 그 소방관들을 위한 도움을 얻을 수 있을 것이다.

당신이 정말로 그 점을 고려해 보기를 권한다. 소방관을 전문으로 다루는 우리는 아주 좋은 사람들이다. 당신은 우리를 좋아할 것이다. 와서 한번 경험해 보라.

그렇다면, 소방관을 위해 도움을 받는 것은 어떤 모습인가?

조가 풍족하지 않은 가정에서 자랐다고 하자. 추방자는 여러 가지 매우 다른 방식으로 발달하였을 가능성이 있다.

어쩌면 그에게는 자기에게 소리를 지르거나 폭력을 쓰거나 성적 학대라는 파괴를 자행하였던 학대 부모가 있었을 수도 있다.

어쩌면 어머니가 알코올 중독자여서, 저녁 시간을 자기 대신 술과 보냈을 수도 있다. 아니면 그가 어릴 때 부모가 이혼하고 아버지가 아주 집을 나갔을 수도 있다.

어쩌면, 어머니와 아버지는 사랑하는 크리스천 부부였지만, 조가 결코 충족시킬 수 없는 불가능한 기준을 가지고 있어 학교 성적표에 A가 5개, B가 1개여도 수치스럽게 여겼을 수 있다.

어쩌면 조에게는 어머니와 아버지의 관심을 독차지하는 초능력자 형이 있어 자신은 눈에 띄지도 않고 소중하게 여겨지지도 않는 느낌이 들었을 수도 있다.

어떤 식으로 발달하였든 조는 고통을 품고 있는 진짜 추방자를 갖고 있으며, 그 부분은 그가 어려서 대처 능력을 많이 갖추지 못하였을 때 시작되었다. 중학교 시절, 조와 친구들은 어느 날 밤 나가서 친구 부모가 숨겨둔 맥주를 손에 넣었고, 조는 자신의 문제에 대한 '해답'을 발견했다. 한 잔을 마시니 자신의 수치심이 무감각해졌다. 그는 천하를 얻은 듯, 자신감을 갖고 모임에 활기를 불어넣었다.

시간이 지나면서 한 잔이 두 잔, 다시 세 잔으로 이어졌다. 동일한 효과를 얻기 위해 더 많은 양이 필요했기 때문이다. 조는 고등학교 시절에도 계속해서 때때로 술을 마셨고, 대학 시절에는 사교 클럽에서 연일 술을 퍼마셨다. 구토, 숙취, 필름 끊김이 그의 단짝 친구가 되었다.

고통을 낫게 해주던 술이 이제는 상태를 악화시키고 있었다. 하지만 그는 중단할 수 없었다.

졸업과 취업이 한동안 도움이 되었다. 그는 결혼해서 아이를 가졌고, 술을 줄이겠다고 맹세했다. 그는 주말에만 술을 마시고, 술을 한 잔 한 다음에는 물을 한 잔 마시며, 집에는 술을 두지 않고, 보드카에서 맥주로 바꾸며, 세 잔 넘게는 마시지 않으려 애썼다. 그 어느 것도 효과가 없었다. 때로는 그가 술을 마시지 않고 1~2주를 지낼 수도 있었지만 무슨 일이 생기면 바로 다시 술로 돌아갔다. 그는 그 첫 잔을 통제하지 못하였다. 그리고 일단 첫 잔을 집어 들면, 나머지는 항상 뒤따라왔다.

조는 총명한 사람이다. 그는 훌륭한 직장을 가지고 있다. 아내는 그를 매우 좋아했고, 그는 지역사회에서 그리고 심지어 교회에서도 기둥과 같은 존재다. 그는 강하고 기량이 뛰어나며 심지어 몸에 많은 독성의 영향을 받고 있을지라도 꺾이지 않는다. 하지만 시간이 지나면서 그의 인생은 서서히 흐트러지기 시작한다.

소방관은 지성이나 지위, 교육, 그 어느 것도 존중하지 않는다.

사업상 만찬에서의 술은 그가 후회하는 행동으로 이어졌다. 아내는 멀어지고 비판적이 되었다. 그의 직장 일은 힘들어지기 시작했다. 그러자 첫 번째 음주운전 사고가 발생하였다.

조의 행동에 크게 겁먹은 부분들이 있다. 영성을 위장하는 자 부분, 그리고 제대로 하라는 부분이 그것이다. 이 부분들은 알코올 소방관에게 불같이 화를 내고, 규칙적으로 소리를 지른다. 이 부분들은 조의 삶이 무너져 가고 있고 음주의 결과가 악화되고 있다는 것을 알고 있다. 보통 이 관리자 부분들은 술을 퍼마신 다음 날 아침을 장악한다. "술을 끊어야지. 오늘은 술을 마시지 않을 거야. 이건 미친 짓이야. 내가 왜 이 짓을 계속하고 있지? 난 정말 바보야!"

하지만 소방관들은 은밀하고 교활하며 당황스럽게 만든다. 그들은 엉큼한 속셈을 가지고 있다. 소방관은 하루가 조금 지나도록 한동안 기다렸다가 조에게 말을 걸기 시작한다. "나는 아무 문제가 없어. 내 음주는 다른 사람보다 그리 나쁘지 않아. 오늘 밤은 다를 거야. 나는 저녁 식사 때 한두 잔만 할 거야. 기분이 좀 풀릴 정도로 조금만 마실 거야. 모두들 무슨 일로 그리 흥분하는지 모르겠네. 그들은 너무 긴장하고 있어. 난 괜찮아."

조의 부분들이 전면전으로 들어간다.

당신과 나, 그리고 조의 한 부분조차도 알코올 중독 부분이 완전히 통제력을 쥐게 되면 그가 모든 걸 잃을 수 있음을 안다. 우리 소방관들이 일반적으로 관리자들보다 훨씬 강하기 때문이다. 그들이 자신을 치료하는 데 도움을 줄 수 있는 외부 지원을 갖고 있지 않으면, 시간이 지날수록 점점 더 완전히 장악하는 경향이 있다.

조는 매우 심각한 소방관을 다루고 있다. 해답은 무엇인가? 당신은 이 책에서 이만큼 왔기 때문에 아마 알 것이다. 조나 치료사나 목사나 가족들에게 해당되는 해답은 알코올 중독 부분을 공격하거나 수치감을 불어넣거나 통제하는 그의 관리자 부분에 맞추지 않도록 하는 것이다. (그것은 종종 비효과적이며 보통 음주를 강화한다.) 당신은 아마도, 이 열심히 일하지만 탈진되어 있고 오해와 미움을 받고 있는 소방관 부분의 의도를 존중하는 것이 목표라고 알고 있을 것이다. 물론 경계를 가지고 행해져야 한다. 하지만 수치심은 그렇지 않다.

해답은 소방관 부분과 그 뒤에 있는 추방자를 위로하고 치유하는 것이다. 그리하여 소방관 부분이 술을 끊고 자유로워져서 그의 시스템에 아름다운 것을 가져다줄 수 있게 된다. 조에게는 두말할 필요 없이 절대적으로, 숙련된 중독 전문가를 비롯하여 AA 그룹 및 회복 계획의 지원이 필요하다.

그에게는 또한 소방관에 대한 증오가 아닌 긍휼의 마음을 가지고 치료와 집단 프로그램에 접근하는 지혜가 필요하다. '이 소방관을 시스템에서 쫓아내자'는 식의 접근이 아니다. 이것은 소방관이 없애고자 애쓰고 있는 고통을 고려하지 않는 것이다. 그렇게 접근하면 그는 술잔을 내려놓을 수도 있지만 대신에 담배를 피우거나 음식을 먹거나 다른 소방관을 선택할 것이다. 왜냐하면 고통의 문제가 다루어지지 않았기 때문이다.

그는 술 마시는 부분에 대해, 그리고 술 마시는 부분이 지금의 습관을 어떻게 배웠는지, 그 부분이 해결하고자 애쓰는 문제가 무엇인지에 대해 마음을 열고, 호기심을 가지고, 긍휼의 마음을 유지하며 향하여 나아가는 접근법이 필요하다. 일단 그 부분이 누군가 들어주며 존중해 주고 있다는 느낌을 받게 되면 자신이 얼마나 지쳐있는지, 얼마나 열심히 일해 오고 있었는지, 그리고 얼마나 열린 마음을 갖고 고통을 해결할 더 나은 방법이 있다는 것을 배우고자 하는지를 드러낼 수도 있다. AA 그룹의 친구들에게 전화하는 것이 술 한잔 기울이는 것보다 낫다. 자신의 몸부림치는 싸움을 나누는 것이 고립시키는 것보다 낫다.

이러한 접근법은 그 부분이 분리되고 누군가에 의해 목격되며 그의 하나님 형상에 의해 사랑받고 짐을 내려놓도록 해준다. 해방되어 술을 마시는 것보다 더 도움이 되는 일을 할 수 있게 된다.

더 깊이 들어가기 : 나 자신의 소방관을 알아가기

당신 자신의 삶 가운데 있는 어떤 소방관이 생각나는가? 만약 그렇다면, 그들은 아마 당신이 그들의 이름을 적지 못하도록 필사적으로 싸우고 있을 것이다. 물론 그들은 싸우고 있다. 그들은 쫓겨나고 싶어 하지 않는다. 우리도 역시 그들이 쫓겨나기를 바라지 않는다.

잠시 시간을 갖고 당신이 알아가고 싶은 소방관을 파악할 수 있는지 알아본다. 당신이 그 부분에게 상처를 입히거나 쫓아내고 싶어 하는 것이 아니며(그것을 원하는 부분들이 있다면, 그들을 한 걸음 뒤로 물러나도록 초대할 필요가 있다), 당신은 단지 그 부분을 알아가고 싶어 할 뿐이라는 것을 확신시킨다. 잠시 동안 그 부분에 당신의 인식을 가져오도록 한다. 그 부분에 대해 어떤 것이 감지되는가?

그 부분에 대한 이미지를 얻었는가? 아니면 당신 몸 어딘가에서 감각으로 그 부분을 감지하였는가? 당신이 감지한 것을 기록한다.

그 부분이 당신을 돕고자 애쓰고 있는 방법을 이해하며 이런 식으로 당신을 돕고자 애쓰는 법을 어디서 배웠는지, 당신에게 보여줄 의향이 있는지 알고 싶다고 그 부분에게 이야기해 준다. 떠오르는 것이 어떤 것이든 기록한다.

만약 열린 마음이 느껴지면, 그 부분이 당신을 위해 이 일을 하지 않으면 어떤 일이 일어날까 봐 두려워하는지 물어본다. 당신이 감지한 것이 어떤 것이든 기록한다.

만약 이 부분이 어떤 식으로든 당신이 상처를 입거나 수치를 당하거나 거절당할 것을 두려워한다는 느낌을 받았다면, 당신이 그러한 고통의 가능성을 피할 수 있도록 도와 주고자 애쓰는 그 부분에게 감사를 표한다. 그 부분의 태도가 바뀌는지 혹은 어떤 변화 가 관찰되는지 주목한다.

이제 당신은 소방관이 갖고 있는 동기에 대해 잠시 호기심을 갖는 기회를 가졌다. 다시 말하건대, 동기가 그 부분의 행동을 정당화시키는 것은 아니지만 그 부분은 당신에게 진짜 지속적인 변화가 일어날 수 있도록 돕기 위해 필요한 통찰과 긍휼의 마음을 제공할 수 있다.

소방관의 대응이 느릴 때

좋다. 아주 훌륭한 것 같다. 하지만 그 부분이 반응하지 않는다면? 그리 간단하지 않다면 어떡할 것인가?

정말 좋은 질문이다. 많은 소방관들이 반응하지 않을 것이다 — 적어도 처음에는. 사실, 짐 내려놓기의 모든 과정이 간단하지는 않다. 치료에서 우리가 처음 내면으로 들어가서 부분들에게 한 걸음 뒤로 물러서 달라고 초대할 때, 그들은 거부할 뿐만 아니라 여러 보호자 부분들이 비난을 퍼붓는 경우가 흔하다.

당신은, 핵심이 돕는 것인데 그들이 그것을 모르는가 의아해할 수도 있다.

아니다. 솔직히 그들은 모른다. 만약 알았다면, 그들은 지금처럼 자신들의 역할에 갇혀있지 않았을 것이다.

진실은, 성령의 이끎을 받는 삶을 처음 접하는 우리 대부분에게는 우리 부분들이 우리의 하나님 형상에 전혀 익숙하지 못하다는 것이다. 그들은 정말로 전에 하나님 형상을 만나본 적도 없고, 아마도 하나님 형상의 의도나 능력을 신뢰하지 못할 것이다. 비록 우리가 크리스천일지라도 이것은 전혀 다른 방식으로 하나님과 관계를 맺는 것이기 때문이다.

하나님 형상이 여러 가지 부분들과 함께하는 경험을 서서히 얻고, 그들의 저항을 존중하고 그들의 허락을 구하며, 그들의 사연을 들음으로써 신뢰를 쌓는 과정을 밟아야 한다. 어떤 부분들은 이러한 공손한 관심에 빠르게 반응하고 빨리 치유가 이루어진다. 보다 고착되어 있는 다른 부분들은 종종 반응하는 데 훨씬 더 오래 걸린다.

물론 거식증, 격분, 자살/살인 생각과 중독 같은 위험한 소방관들을 다룰 때는 치료사, 영양사, 아마 경찰관같이 부분 작업에 대해 제대로 훈련을 받은 전문가와 함께 진행할 필요가 있다. 활동성을 가진 위험한 부분들은 접근 금지 명령과 격리 같은 수단을 통해 외부로부터 제약을 가할 필요가 있을 수 있다. 항상 안전이 최우선이며 일차적인 목표가 되어야 한다.

하지만 어떤 부분이라도 우리가 그 부분이 자신에게 도움이 되지 않거나 위험한 행동을 중단하도록 돕는 가장 효과적인 방법은, 궁극적으로 그 부분에 대항하는 것이 아니라 그 부분이 지금 하고 있는 행동을 하는 이유와 중단하면 어떤 일이 일어날까 봐 두려워하는지를 이해하기 위해서 그 부분을 향해 나아가는 것이다. 그것은 하나님 형상이 가까이 다가가 그의 고통을 목격하고, 짐을 내려놓으며, 그 행동에서 해방시키며, 그 부분이 아름다운 것으로 변화할 수 있도록 문을 열어준다.

'아름다운 것'이 지금 당장은 당신에게 과장되게 들릴 수도 있다. 하지만 나는 그것이 어떤 모습일 수 있는지 수없이 보아 왔다. 알코올 중독 부분은 짐을 내려놓았을 때 편안함을 가져올 수 있고, 격분하는 부분은 현명한 리더십을 가져올 수 있으며, 자해 부분은 매일의 삶에 감사를 가져올 수 있고, 음식을 먹는 부분은 복잡하고 다양한 맛과 냄새 가운데 즐거움을 가져올 수 있다.

우리 부분들 각각은 소방관이 짊어지고 있는 짐 아래에 이러한 귀중한 특성들을 지니고 있다. 우리가 긍휼의 마음을 가지고 그들을 향해 나아가 그들의 고통을 치유해 줄 때, 그들은 해방되어 선물로 우리에게 꽤 아름다운 것을 가져다줄 수 있다.

그들은 하나님께서 의도하신 모습대로 짐을 내려놓고, 해방되어 치유받아 온전해진다.

모든 부분들을 환영한다

소방관들을 환영한다고? 정말인가? 당신 목소리에서 의심의 소리가 들린다. 당신은 분명히 지금 누군가의 소방관들이 당신의 삶 전체에 쏟아놓은 손상이나, 당신이 죄 없는 다른 사람들에게 퍼부은 손상에 대해 생각하고 있을 것이다.

그래서 우리 소방관들을 환영해야 하는 것이 맞는가?

깊은 생각과 자기 돌봄 가운데 얻은 내 대답은 '그렇다'이다.

첫째로, 내가 여기서 이야기하는 환영은 어떤 것이라도 수용한다거나, 피해자가 진실이나 정의를 향해 손을 뻗지 않은 채 은혜나 용서를 베풀어야 한다는 것을 말하는 것이 아니다. 그보다는, 그 부분이 하고 있는 행동이 해로울 수 있지만 그 부분 자체는 선의를 가지고 있으며 돕기 위해 최선을 다하고 있다는 자유로운 인식을 말한다.

둘째로, 우리가 그 놀라운 진실을 인식하고 긍휼의 마음을 가지고 우리의 아파하는 부분을 향해 나아갈 수 있을 때, 우리는 훨씬 더 성공적으로 소방관들이 짐을 내려놓고 그들의 해로운 행동을 도움 되는 행동으로 바꾸도록 해줄 수 있게 된다. 그 부분들과 대항하거나 그들을 멀리하는 것은 그들의 수치심과 고통만 증가시킬 뿐이고, 일반적으로 나쁜 행동을 어떤 식으로든 바꾸지 않는다. 부분들이 나쁜 짓을 하고 있을 때 우리가 바라고 마땅히 해야 할 행동 변화를 초대하는 방법이 훨씬 더 성공적인 방법이다.

그리고 보너스는, 그것이 그리스도의 본질이라는 사실이다.

잠시 당신이 하거나 느끼는 것으로서 가장 부끄러워하는 것, 가장 죄책 감을 느끼는 것, 당신이 중단하겠다고 맹세했을지라도 계속 행하고 있거나 느끼는 것에 대해 생각해 본다. 아마 당신 말고는 온 세상에 아무도 그것에 대해 모를 수도 있다.

그렇다. 바로 그것이다. 비록 당신이 그것을 인정하고 싶지 않았을지라 도 즉시 눈치챘을 것이다. 특히 당신이 그것을 인정하고 싶지 않다면 더 말할 나위가 없다.

만약 당신의 그 부분을 단순히 용인하거나 참고 견디는 것이 아니라, 그 부분을 깊이 알고 계시며 그 부분이 관여하고 있는 행동 이면에 있는 긍정적인 의도를 보시는 거룩하신 하나님이 실제로 환영하신다면?

만약 그게 정말 사실이라면?

잠깐 그 문제를 생각해 본다.

왜냐하면 그 부분은 아마도 당신 자신을 포함해서 어느 누구도 여태껏 자신을 환영하는 것을 경험해 본 적이 없을 것이기 때문이다.

나는 하나님께서 말씀하시는 것을 들을 수 있다. "이런 도움이 되지 않는 방식으로 대처하고 있는 불쌍한 부분아, 이리 오라. 네가 이같이 장악하는 행위를 중단하면 어떤 일이 일어날까 봐 두려워하는지 내게 말해다오. 너 는 어떤 문제를 해결하고자 애쓰고 있느냐? 네 사연을 내가 듣고 너를 위로 해 주마. 그리고 네가 추구하고 있는 그 선한 목표에 도달할 수 있는 더 나 은 길을 우리가 찾을 수 있는지 보도록 하자. 내가 너를 해방시켜 주마."

당신도 역시 이 말씀을 들을 수 있기를 바란다.

논의를 위한 질문

- 부분들에 대한 예수님의 긍휼의 마음 관련 성경 구절에서 당신이 가장 좋아하는 예는 어떤 것인가?

- 왜 사람들은 크리스천들에게 소방관들이 있어서는 안 된다고 믿는 경향이 있는가? 그런 사고방식에 어떤 결함이 있는가?

- 소방관들의 도움 되지 않는 행동과 고통의 문제를 돕고자 하는 그들의 긍정적인 의도를 구분하는 것은 일반적으로 매우 어렵다. 왜 그런가? 당신은 그 아이디어의 어느 부분을 가장 힘들어하는가?

- 고통을 중단시키고자 하는 소방관의 목표를 인정하고 소방관이 그 목표를 달성할 수 있는 더 나은 방법을 찾을 수 있도록 돕는 것이, 소방관을 미워하거나 수치감을 불어넣는 것보다 행동을 변화시키는 데 효과적인 방법이라는 것이 이해가 되는가? 만약 그렇다면, 왜 그런가? 만약 그렇지 않다면, 왜 그것이 도전적인 개념인가?

짐을 내려놓은 믿음

자가 영성을 떠나 실전으로 나아가기

영성은 중요하다. 정말로 중요하다.

우리 속사람 가운데 있는 하나님에 대한 경험과 이해는 우리의 관계, 결혼 생활, 자녀 양육, 직업, 재정, 성생활 및 심지어 우리의 정신 및 신체 건강에까지 깊은 영향을 미친다. 우리가 고통받을 때, 본능적으로 "하나님이시여, 도와주소서!" 혹은 "어떻게 하나님께서 이런 일이 일어나게 하십니까?"라고 외치는 것이 인간이다. 왜 그런지 모르겠지만, 다른 모든 것이 벗겨지더라도 영의 문제는 남아있다는 것을 우리 마음속 깊은 곳에서는 알고 있다.

그럼에도 불구하고 믿음이 가장 치열한 교전 지역으로 그토록 자주 바뀌는 건 이상하다. 대학원 과정의 미국 종교사 교과서는 그 분량이 수백 페이지나 되었다. 그리고 미국 개신교만 하더라도 정말로 수백 개 분파에 대한 하나의 엄청난 이야기라는 것을 깨닫자, 나는 울고 싶었다.

사랑의 창조주께서 우리를 위해 품고 계신 생각이 이것이란 말인가?

당신은 이 책을 읽고 있으므로 영적인 질문에 깊이 관여해 왔을 가능성이 높다. 당신은 교회에서 평생을 보내 온 사람으로서, 특정 교단이나 종교적 관습과 강하게 동일시할 가능성도 있다. 당신의 영적인 삶이 활기차고 충만하여 당신의 매일의 삶에 활력과 의미를 가져다줄 수도 있다. 당신은 교회에 다니긴 하였지만, 명확한 답이 없는 질문을 갖기 시작하여 어린 시절의 믿음에서 서서히 표류한 사람일 가능성도 있다.

어쩌면 당신은 당신의 경험에 상처를 주었던 교리 때문에, 혹은 매우 불안하게 만드는 판단의 경험 때문에 신앙 공동체에서 상처를 받은 사람일 수도 있다. 당신은 '믿음의 사람들'의 행동을 바라보며, 그 안에서 사랑의 하나님을 반영하는 그 아무것도 보지 못하는 불가지론자이거나 무신론자일 수도 있다. 당신은 호기심 많은 구도자이며, 진정한 믿음의 여정을 간절히 원하지만 그것을 찾을 수 있는 옳은 장소에 대해 확신이 없을 수도 있다. 아니면 당신이 한때 절박하고 아팠으나, 당신의 삶에서 신이 새 생명으로 새롭게 하심을 경험했던 사람일 수도 있다.

당신의 독특한 믿음의 경험이 무엇이든 간에, 당신은 판단받거나 수치심을 느끼지 않고 마땅히 그것을 탐색하며 공개적으로 논의할 자격이 있다. 당신의 경험은 나와는 다른 모습일 것이다. 좋다. 당신의 믿음의 여정은 당신만이 가진 독특한 것이고, 나의 믿음의 여정은 나만이 가진 독특한 것이다. 그리고 우리 모두의 여정은 중요하다. 그렇기 때문에 우리 내면 경험에 대한 책에서는, 신성한 공간에 대한 챕터 하나(역자 주 : 하나님이 일하실 수 있는 우리 내면의 공간)를 따로 떼어놓는 것이 중요하다. 내면 가장 깊은 곳의 삶 가운데서 목적의식을 갖고 신의 역할을 탐구할 수 있게 해주기 때문이다. 비록 존경과 경의의 자세를 가지고 하나님과 대화하는 것이 처음부터 힘들었을지라도, 여기서는 당신의 모든 것과 나의 모든 것이 환영받는다.

나를 IFS로 이끈 것들 중 하나는 슈워츠의 인간 본성에 대한 이해가 일반적으로는 영적 차원에 대한 여지를 남겨놓았고, 구체적으로는 많은 유대교 및 기독교 믿음과 맥을 같이한다는 것이었다. 그리고 그것은 내가 아는 어느 누구도 이야기해 주지 않았던 엄청나게 도움이 되는 해결책을 제시해 주었다.

부분 인식을 통해, 영적 교전 지역이 존재하는 이유가 순식간에 이해가 되었다. 아마 당신은 이미 머릿속에 떠올렸을 수도 있다. 우리는 전쟁하고 싸우고 분파를 만들며 분열한다. 왜냐하면 우리의 보호자들은 믿음, 신앙, 성경이 말씀하는 것, 혹은 하나님께서 당신을 위해 원하시는 것 같은 말을 들을 때 비난을 퍼붓기 때문이다. 어떤 사람은 영성을 위장한 부분이나 비판적인 부분으로 시작하지만, 또 어떤 사람은 공격적인 부분으로 방어한다. 세 번째 사람은 생각하는 부분/논쟁하는 부분으로 한마디 거들거나 맞장구치지만, 네 번째 사람은 돌보미 부분으로 평화를 유지하고자 애쓸 수도 있다. 우리는 다투거나 마음 문을 닫아버리고는 판단받고 거부당한 느낌, 서로 더 멀어진 느낌을 갖는다. 우리는 화를 내며 통제하려고 애쓰나 결국에는 포기하고 좌절감을 가진 채 자리를 뜬다.

당신은 이 같은 경험을 해본 적이 있는가?

그와는 달리, 우리 모두는 매우 안전하고 개방되어 있으며 존중받을 수 있고 따뜻한 공간 가운데서 두려움이나 판단, 수치심이나 비난받는 느낌을 갖지 않으면서 가장 중요한 문제들에 주의를 기울일 수 있기를 간절히 원한다. 우리가 우리의 진실을 말하고 솔직한 질문을 던질 수 있는 곳, 우리의 진솔한 경험과 감정을 가지고 우리의 모습 그대로 환영받는 곳을 원한다. 이것이 우리 중심이 하나님 형상 가운데 있을 때의 우리의 경험이며, 우리가 영적인 여정에 발을 들여놓을 때 우리 모두가 추구하는 아름다움과 안전인 것이다. 본질상, 진정한 영성의 자리인 이 내면의 중심으로부터 우리는 하나님의 광채를 경험하고 또한 발하게 된다. 우리는 다른 누군가의 내면에 있는 하나님의 형상을 경험할 때 그것을 알게 된다. 우리는 끌려 들어가 누군가 나를 바라보며 내 이야기를 듣고, 나를 돌봐주는 느낌을 갖는다. 우리는 소망의 축복을 받으며 자리를 뜬다.

이 이마고 데이, 즉 우리의 중심 하나님 형상은 매우 강력하며 변화를 가져오는 능력을 가지고 있으므로, 우리에게 우리 노력으로 하나님의 형상을 다시 창조하려고 시도하는 선한 의도를 가진 부분이 있을 수 있다는 것이 충분히 이해된다. 특히 우리가 하나님께 '뭔가 부족하다'는 느낌을 갖고, 그분을 기쁘게 하고 '제대로 하고자' 간절히 원하는 경우에 그렇다. 제대로 종교와 신앙을 '행하고자' 애쓰는 이 부분은 나에게 친숙한 친구이며, 내 자신의 신앙 여정에 한 역할을 해 왔고, 내가 알고 사랑하는 많은 사람들의 신앙 여정의 한 부분이었다. 제6장에서 언급하였듯이, 나는 이 부분을 '영성을 위장하는 자'로 이름 지었다. 영성을 위장하는 자는 우리의 다른 모든 부분들처럼 멋진 부분이다. 그 부분이 몇 가지 도움이 되지 않는 행동 방식에 갇혀있었을 수는 있다. 하지만 그 부분은 비록 나쁜 역할 가운데 갇혀있을지라도 선한 부분이다. 이 어려운 대화에서 그 중요한 진실을 잊지 않도록 한다. 영성을 위장하는 자는 짐을 짊어진 모든 여타의 보호자들과 똑같다. 그 부분이 신의 영역에 손을 대기 때문에 더 많은 반응을 불러일으키는 경향이 있을 뿐이다. 그래서 우리는 함께 이 멋지고 도전적이되 열심히 일하며 진지한 우리의 부분을 부드럽고 정중하게 알아가도록 한다. 아마 이 부분은 우리 모두가 알고 있고, 심지어 사랑하고 있을 수도 있다.

그 이름이 내포하고 있듯이 우리에게 있는 영성을 위장하는 자는 높은 실행력을 갖고 있으면서 완벽한 종교 행위를 하기 위해 진지하게 애쓰고 있는 짐을 짊어진 부분이다. 그 부분은 진정한 영성을 복제하거나 강요하고자 애쓰는 부분이지만, 또한 대단히 많은 우리의 영적 혼란이 시작되는 곳이기도 하다.

그 부분을 알아가는 것이 어려울 수 있다. 왜냐하면 우리는 때때로 영성을 위장하는 자 부분과 너무도 강하게 동일시하므로, 그 부분이 우리의 중심 하나님 형상과 구별이 되지 않는 느낌이 들기 때문이다. 이것은 우리로 하여금 더 큰 진실을 깨닫지 못하게 만든다. 즉, 선한 의도를 가지고 있는 영성을 위장하는 자는 짐을 짊어진 여타의 보호자들처럼 행동한다. 그 부분은 자기도 모르게 자신이 바라는 것과 정반대되는 결과를 만들어 낸다. 사랑을 가져오고자 하면서 증오를 전달한다. 하나 됨을 가져오려고 몸부림치면서 분열을 불러일으킨다. 은혜의 말씀을 선포하면서 비난의 영을 전달한다. 그 부분은 가족을 산산조각 내었고, 싸움을 일으켰다. 오늘날 미국 전역에서 그 부분은 아름다운 신앙 공동체를 둘로 분열시키고 있다. 그리고 우리가 그 부분을 알아볼 수 없을 때는, 우리의 진정한 하나님 형상이 우리의 마음을 이끌어 어떻게 그것을 치유할지 알 수 없을 것이다.

나는 IFS가 우리에게 강력한 첫 단서, 즉 영성을 위장하는 자를 우리 중심의 하나님 형상과 구별할 수 있도록 해준 것에 감사한다. 그 인식만으로도 우리의 영적인 삶이 바뀔 것이다.

우리 대부분은, 진정한 영성 없이는 우리 자신이나 타인, 하나님과의 화해, 그리고 진정한 번영이 불가능함을 직감적으로 인식한다. 회복 그룹에 있는 사람들이 말하듯이 영적 문제에는 영적 해법이 필요하다.

그것이 내가 다음에 탐구하고 싶은 것이다.

양에게 꼬리 붙이기

우리 중 많은 이들에게 삶의 가장 중요한 영역에서 발생하는 사건이 있다면 그것은 어릴 적에 신앙을 건네받고는 정말로 그 이상으로 성장하지 못하는 것이다. 아마도 노스포인트커뮤니티교회의 앤디 스탠리 목사가 이야기한 것으로 기억하는데, 공작 시간에 성경 이야기에 나오는 양에 솜뭉치로 된 꼬리를 붙이는 작업을 하면서 이 아동기 신앙을 알게 되었다. 나중에 만약 우리가 어려운 질문을 하였다면, 우리가 이해할 수 없는 초보적인 답이 주어졌을 가능성이 있다. 또는 삶이 힘들어질 때까지 우리는 결코 더 나은 답을 찾지 않았을 수도 있다. 만약 이 과정에서 선한 의도를 가진 영성을 위장하는 자가 자신도 모르게 발달되어, 우리가 그것을 진정한 믿음으로 착각하였다면, 나는 어떻게 이런 일이 일어났는지 우리가 이해할 수 있도록 돕고 싶다.

짐을 짊어진 영성을 위장하는 자 부분들이 갖고 있는 특성 중의 하나는 일단 형성되면 그들은 영적 성장과 대안적 관점이 들어오지 못하도록 방어상태를 유지한다는 것이다. 그들은 도전받기를 원치 않으며, 사고가 개방적이지도 않다. 그들은 '우리 대 그들'과 같이 대립적 사고를 해야 한다. 그런 식으로, 그들은 누가 '제대로 하고 있는지' 구별한다. 그들은 연결보다는 차이를 찾으며 다른 사람들, 사물 및 사고방식에 위협을 느낀다.

> 영성을 위장하는 자는 완벽하게 종교를 '행하고자' 끊임없이 노력함으로써, 하나님이나 다른 사람들에게 받아들여지지 않고 있다는 느낌을 갖는 추방자를 보호하는 것이다.

영성을 위장하는 자 부분이 갖고 있는 오직 유일한 사명은 이것이다. 즉, 영성을 위장하는 자는 완벽하게 종교를 '행하고자' 끊임없이 노력함으로써, 하나님이나 다른 사람들에게 받아들여지지 않고 있다는 느낌을 갖는 추방자를 보호하는 것이다. 이러한 이유로, 그 부분은 흑백(옳으냐 그르냐) 사고를 따라 점수 기록에 몰두하며, 우리가 (따라서 다른 사람들이) 어느 쪽에 속하는지 명료하게 합산한다.

만약 우리가 영성을 위장하는 자 부분들과 완전히 동일시하는 경우 우리의 선택지는 제한된다. 열린 대화 및 불확실성과의 진솔한 씨름은, 열심히 일하는 영성을 위장하는 자와 잘 어울리지 않는다. 우리는 우리와 똑같은 신념을 공유하는 사람들과만 어울릴 수 있으며, 질문하거나 다투는 부분들은 억눌러야 한다고 생각한다. 그렇지 않으면 우리는 수치당하고 판단받을 위험을 무릅쓰든지, 성숙한 영적 문제들에 대해 혼자 씨름하든지 해야 한다. 만약 우리가 신앙 공동체의 신념에 도전하는 질문을 한다면 그 자리에 어울리지 않는 위화감을 느끼게 된다. 만약 우리가 영성을 위장하는 자 부분들에 대해 진짜 질문을 할 경우, 우리는 우리의 신앙을 잃어버린 것이 아닌가 하는 유혹을 느낄 가능성도 있다. 왜냐하면 영성을 위장하는 자는 진정한 질문들을 위협으로 느껴서 그 질문들에 대해 방어할 것이기 때문이다.

생각해 보면, 이것은 비극이다. 학교에서는 우리가 동의하거나 심지어 이해할 수도 있고 그렇지 않을 수도 있는 모든 형태의 새롭고 도전적인 주제들을 비판적으로 생각하고, 읽고, 토의하도록 배운다. 직장에서는 성장하고 사고를 확장하며 정체됨을 피할 수 있도록 수료 과성, 연장 교육, 훈련을 계속 받는다.

하지만 우리에게 영성을 위장하는 자 부분이 있으면, 우리는 삶의 가장 중요한 영역에서 비판적인 사고에 반하는 강한 편견을 갖게 된다.

어떤 집단에서는 영성에 대해 이야기하는 것조차 금기시되고 있다.

설상가상으로 영성 문제에 대한 대부분의 공개 담론은 양극단의 대화를 특징으로 하고 있어 반대 관점에 대한 우리의 편향된 인식이 강화된다.

"저 미친 자유주의자들은 자신들의 무신론으로 세상을 끝장내려고 하네."

"저 웃기는 보수 복음주의자들은 모든 사람을 증오할 뿐이야."

이것 역시 사람들이 이성적이거나 사려 깊게 생각하고자 하는 의욕을 꺾는 일련의 편협한 사고를 만들어 낸다. 성장이나 변화의 의욕도 꺾는다. 모든 신앙 공동체와 전통은 양에 솜뭉치 꼬리 붙이기 같은 수준의 영성에 고착될 수 있다.

다행히 ─ 그리고 고통스럽게도 ─ 삶은 우리들 대부분이 영적으로 고착 상태에 머물도록 만들지 않는다. 나는 우리의 신앙 여정에서 위기 상황으로 가게 되는 두 가지 중요한 길이 있음을 알게 되었다. 즉, 우리가 질문을 하고 있을 때와 고통당하고 있을 때가 그것이다. 우리 위기의 결과는 우리가 진정한 신앙—하나님 형상—을 만나는지 아니면 영성을 위장하는 자를 만나는지에 따라 크게 좌우된다.

위기 상황 1 : 질문

살아가면서 우리 대부분은 우리가 어떤 일을 하더라도 하나님은 침묵하시는 것 같은 신앙의 건기를 만난다. 당신도 공감이 가는가? 아마 당신의 기도가 천장에서 반사되는 것 같은 느낌이 들고, 진짜인 것같이 느껴지던 하나님은 완전히 어디로 가버린 것만 같았을 것이다. 당신은 하나님과 믿음과 영원에 대해 어려운 질문을 하기 시작하였다. 왜냐하면 하나님은 당신이 기대한 대로 나타나지 않고 있었고, 그로 인해 당신의 세상이 뒤흔들리고 있었기 때문이다.

그 순간 당신이 누군가의 하나님 형상을 마주하였기를 나는 진심으로 바란다. 그는 다툼과 질문 가운데 있는 당신과 함께 앉아 당신의 상황을 인정해 주며 부드러움과 긍휼의 마음으로 감싸줄 수 있는 사람, 임마누엘이다. 그는 수치심을 안겨주지도 않고 '고치지도' 않는다. 그냥 함께 있다. 우리가 이런 고통스러운 상황에서 다른 사람 안에 있는 진정한 신성을 만날 때, 우리의 신앙은 크게 자라고 하나님에 대한 우리의 비전은 확장되며 고통과 함께 평화롭게 지낼 수 있는 우리의 능력은 증대된다. 이같이 하나님이 함께하시는 경험은 생명을 불어넣어 주고 신앙을 향상시켜 줄 뿐만 아니라 안전하며 부드럽다.

만약 당신이 이 중요한 순간에 하나님 형상에 의해 이끌림을 받는 사람을 만났다면, 아마도 그들은 당신에게 '영혼의 어두운 밤'에 대해 이야기했을 것이다. 그들은 부드럽게 당신과 함께 십자가의 사도 요한처럼 고난당하는 성인들의 글을 나누었을 수도 있다. 사도 요한은 이 어두운 밤이 실제로 영적 성장의 중요한 단계, 즉 발달기라는 것을 우리가 이해할 수 있도록 도와준다. 마치 아이가 울다 지쳐 잠들도록 놓아두는 것과 비슷하다. 그때 부모는, 한밤중에 부모가 아이를 달래주는 단계를 통과할 수 없으면 그 아이는 성숙할 수 없다는 것을 알기에 문 뒤에 서서 그 울음소리에 가슴을 찢는 것이다.

당신이 영적으로 성장하고 있다면 영혼의 어두운 밤 통과를 기대해야 한다는 것, 그리고 그것이 영적으로 실패하고 있다는 것을 나타내는 것이 아니라 실제로 당신이 적절하게 성장하고 있다는 신호라는 것, 또한 이 영적인 이정표를 통과하지 않으면 당신의 신앙이 성숙할 수 없다는 것을 새롭게 알게 되어 큰 안도감을 느꼈을 수도 있다. 어쩌면 그 영적인 이정표를 한 번 이상 겪기도 한다. 그리고 만약 당신이 이같이 하나님 형상에 의해 이끌림을 받는 사람을 마주하였다면, 당신은 아마도 대화를 끝내면서 누군가가 당신의 내면을 깊이 바라보고 안전하게 알아주며 친근하게 용기를 불어넣어 주어 하나님과 가까워지는 느낌이었을 것이다.

이제, 영성을 위장하는 자도 당신의 어두운 밤에 대응할 때 '제대로 하고' 싶어 하지만 고침과 보여주는 행위에 초점이 맞추어져 있다. 만약 당신에게 자신이 겪고 있는 상황에 대해 영성을 위장하는 자와 솔직하게 나눌 용기가 있었다면, 당신이 어떤 것을 잘못하고 있다든지, 하나님께서 '등장하실 수 있도록 하기 위해서는' 어떤 부분을 달리 행동해야 한다든지에 대해 종교적으로 진부한 이야기와 조언을 들었을 수도 있다.

기도를 더 많이 해. 빨리.

성경의 이 부분을 읽어봐.

성경 공부나 해.

혹은 한층 더 가슴 아프게도, 하나님이 함께하시지 않는 것으로 당신을 '징벌하시고' 계신다는 설명과 함께 아마도 당신이 '죄 가운데 있다'는 비난을 받았을 수도 있다. 하나님께서 함께하시지 않음이 당신의 부족한 영적 행위에 대한 그분의 불쾌감 때문이라는 것이다. 영성을 위장하는 자는 우리가 '제대로 하도록' 하기 위한 의제를 갖고 판단, 비판, 원치 않는 조언, 비난을 한다. 왜인가? 영성을 위장하는 자의 임무는 무질서와 고통을 없애는 것이기 때문이다.

안타깝게도, 진지하게 영성을 위장하는 자로부터 입게 되는 부수적인 피해는 상당히 크다. 그 부분은 우리를 가장하고 숨기도록 만들며, 본의 아니게 당신에게도 상처를 주고 나에게도 상처를 준다. 그리고 그 부분은 우리를 보고 계신 하나님으로부터 멀어지도록 만든다. 왜냐하면 하나님께서 우리의 내면을 보실 때 그분이 보시게 될 바로 그것을 우리는 필사적으로 두려워하여 숨기기 때문이다.

솜뭉치 신앙은 시작하기에는 기분 좋은 곳이지만, 우리가 교회 학교를 졸업하고 난 후에는 성장하지 못한다. 솜뭉치 영성(역자 주 : 내포된 성경적 의미를 지나치게 단순화시키는 작업을 의미한다)은 다음의 공식을 따른다.

> 옳은 생각을 하기 + 옳은 것을 행하기
> = 하나님은 기분이 좋으시고, 정말 계신 느낌이 들며,
> 모든 것을 더 낫게 만드시는 모습으로 나타난다.

영성을 위장하는 자 부분들은 고정된, 주고받는 거래적 신학에 의존한다. 그러나 진정한 영성은 다른 원리로 성장한다. 신앙에 있어서 우리의 하나님 형상 경험은 하나님으로 하여금 그분 나름대로의 하나님이 되시도록

하는 훨씬 더 포괄적인 관점을 갖게 한다. 진정한 영성은 그분의 방식과 우리의 방식 사이의 차이점에 대해서 우리가 겪는 실제적이고 종종 고통스러운 감정들에 대해서는 아무런 판단도 하지 않는다.

우리 안에 있는 하나님 형상은, 정직하고 진실된 기도가 천장에서 반사되는 것처럼 보이도록 만드는 것이 마음 아프다는 것을 알고 받아들인다. 왜냐하면 그것이 인간적인 것이기 때문이며, 심지어 예수님조차도 그렇다.[49] 그리고 거기에는 수치심이 존재하지 않는다.

위기 상황 2 : 고난

고통에 관한 한, 우리는 나 혼자만 그런 것이 아니라는 것을 필사적으로 알고 싶어 한다. 그것이 어떤 종류의 고통인지는 중요하지 않다 — 암, 실직, 외도, 불임, 죽음을 가리지 않는다. 우리는 단지 우리의 실제 경험이 정상인지, 그리고 우리가 현재 느끼고 있는 것이 괜찮은 것인지 알고자 한다. 우리에게는 임마누엘, 우리와 함께하시는 하나님이 필요하다. 그 때문에 우리가 고통받을 때 우리는 하나님 형상에 의해 이끌림을 받는 사람들에게 끌리는 것이다. 특히 외로움을 느낄 때, 우리는 우리의 참된 모습 그대로 받아들여지기를 갈망한다. 그들 안의 하나님 형상은 의제를 갖고 고치거나 조언하려고 하지 않으며, 깊은 긍휼의 마음으로 다가와 고통 가운데 있는 우리와 함께한다. 우리가 고통 가운데 있을 때 우리에게 필요한 것은 우리와 교감할 수 있는 하나님께서 함께하심이다. 우리가 상처와 수치심에 싸여있을 때, 긍휼의 마음을 가진 다른 사람이 조용히 사랑하는 마음으로 곁에 있는 것만으로도 깊은 치유를 받는다. 끊임없이 몰아치는 절망의 어두움 가운데서 사랑의 하나님께 간절히 기도한다("Deep calls to deep", 시편 42:7). 이분이 예수님이셨다.

누군가 우리를 보고, 정말로 보고, 알아주며 품어줄 때 우리는 무엇이든 견딜 수 있다. 이것이 사랑과 긍휼의 마음으로 함께하는 존재인 하나님 형상, 즉 임마누엘의 은혜이다. 이것이 우리와 함께하는 하나님의 본질이다. 우리가 서로 함께하듯이 하나님께서도 우리와 함께하신다. 이것은 영성을 위장하는 것과는 정반대이다. 영성의 위장은 분리시키고, 고립시키며, 수치감을 불어넣는 만남이다. 영성을 위장하는 자로부터의 판단, 수치심, 또는 원치 않는 충고를 만나게 되는 것이 두려워 우리가 고난을 숨기고 "괜찮다."라고 말하며, 도움이나 위로, 공동체를 찾지 않을 때 우리의 고난은 엄청나게 깊어진다. 우리가 이 둘의 차이점을 이해하는 것은 중요하다. 둘 다 하나님 언어를 사용할 수는 있지만, 하나는 신을 반영하고 다른 하나는 파괴자를 반영하기 때문이다. 당신은 모르겠으나, 나는 신 편에 서고 싶다.

비통해하는 사람들과 함께 앉아 고인을 위해 7일을 애도하는 유대인들의 관행 시바(shiva)를 생각해 본다. 나는 그것이 하나님 형상의 이끌림을 받는 우리의 참자아 상태에서 '함께한다'는 것이 실제 상황에서 어떤 모습일 수 있는지를 보여주는 아름다운 그림이라고 생각한다.

히브리어 단어 시바는 말 그대로 7을 의미하며, 사랑하는 사람을 잃은 후 유대인 공동체가 지키는 공식적인 애도 단계 중 하나를 나타낸다. 오늘날의 시바는 사람들이 비통함으로 몸을 낮추는 것을 나타내기 위해 짧은 상자 위에 앉는다. 성경 시대에는 땅바닥에, 심지어 잿더미에 앉았다. 그 당시 사람들은 자신들의 비통함을 숨기지 않았다. 그들은 나쁜 일이 생겼을 때 두려움을 느끼고 자신들의 슬픔을 표현하였다. 그것을 겉으로는 보이고 속으로는 느꼈다. 그들은 자신들의 옷을 찢고 재를 뒤집어썼다—마치 "내 가슴은 재로 변했고, 다 타버린 느낌이다."라고 말하듯이. 그러고 나서 그들은 7일 동안 잿더미 속에 앉아서 스스로 비통함을 경험하였다. 비통함을 토해내고 고통을 솔직하게 털어놓는 것에 하루 24시간을 투자하였다. 우리의 전형적인 현대식 표현, "좋아요, 난 괜찮아요. 잘 지내고 있어요."와는 좀 다르다.

오늘날 미국에 사는 우리들은 그 정직이라는 행위만으로도 많은 것을 배울 수 있을 것이다. 하지만 놀랍게도, 한층 더 좋아진다.

가족과 친구들이 그들의 슬픔에 같이하고, 아파하는 사람과 함께 말없이 잿더미 가운데 앉아있는 모습을 보라. 아파하는 사람과 함께 있는 것만으로도 그들은 하나님 형상, 즉 고통과 고난의 과정에 대해 경건해하는 마음을 체현할 수 있을 것이다.

판단하지 않는다. 조언도 하지 않는다. 선의도 없다. 하지만 매우 고통스러워하는 영성을 위장하는 자는 이같이 말한다. "하나님은 당신보다 그녀를 더 필요로 하셨나 봐요." 또는 "하나님은 당신에게 감당치 못할 것은 주시지 않을 거예요. 그래서 이 고난은 정말로 하나님이 당신을 신뢰하는 징표임이 틀림없어요." 혹은 "당신은 하나님으로부터 떠나있었나요? 이런 일이 당신에게 일어난 것으로 보니."

돕고자 애를 쓰고 있으나 불편해하는 영성을 위장하는 자 부분들을 가지고 있으며 비통과 함께하는 법을 모르는 경우에는, 무심코 상처 주는 말을 전혀 하지 않는다.

시바에서 조문객, 오직 조문객만이 침묵을 깰 수 있다. 즉 그들만이 어떻게 해서든 불완전한 말로 신성한 침묵을 깨뜨리며, 먼저 말할 수 있다.

욥의 친구들을 기억하는가? 그들은 욥의 고난에 자신들의 하나님 형상을 가져와, 욥과 함께 애도하고 있었다. 욥의 깊은 고통과 비통함 속에서 친구들은 잿더미 가운데 말없이 앉아있었다. 하지만 그때 그들이 입을 열자 영성을 위장하는 자들이 이야기하기 시작하였다. 그리고 그 순간은 그들이 치유에서 상처로, 도움에서 아픔으로, 하나님 찬양에서 하나님 놀이로 나아가는 전환점이었다. 그리고 하나님은 기뻐하지 않으셨다.

성장에는 변화가 필요하다

일단 우리가 영성을 위장하는 자와 우리의 영적 중심 사이에는 엄청난 차이가 있다는 것을 인식하게 되면, 우리는 진정한 영적 성장의 개념을 이해할 방안을 찾아야 한다. 영적 성장이란 무엇인가? 어떻게 영적 성장이 일어나는가?

우선, 성장에는 변화가 필요하다는 것에 동의할 수 있는가? 그리고 또한 우리 대부분에게 변화는 쉽지 않다는 것에 동의할 수 있는가?

우리 아이들은 이것을 너무도 잘 알고 있다. 그들은 둘 다 사춘기에 꽤 심각한 성장통을 경험하였다. 이 이야기는 귀여운 소리로 들리지만, 당신의 아이가 다리 통증으로 한밤중에 깨어 진통제가 전혀 듣지 않는 상황에 맞닥뜨려 보라.

왜 이런 일이 생기는가? 그들의 뼈는 변하고 있다. 그들의 몸이 아이에서 어른으로 변하고 있는 것이다. 성장이 많이 이루어지고 있는 것이며, 성장은 아픈 것이다.

나는 예전에는 내 아이들을 품에 안을 수 있었지만, 지금은 아이들이 나보다 훨씬 크다. 사실, 키가 175센티미터인 나는 우리 가족 중에서 단연코 가장 작은 편이다. 아이들은 이미 몇 년 전에 내 키를 넘었다. 자녀를 양육하려고 애쓰면서 아이들을 올려다보고 있을 때는 좀 우습다.

영적 성장이 반드시 변화를 동반하는 것이 사실이라면, 왜 우리의 영성을 위장하는 자 부분들은 변화에 그토록 부정적으로 반응하는가?

나는 묻고 싶다. 영적인 문제에 대한 당신의 사고방식이 조금이라도 변한 적이 있는가? 무슨 뜻인가 하면, 어떤 영적인 주제에 대해 어느 한 관점으로 시작하였으나 새로운 사고나 새로운 인식에 기반한 재평가 과정을 통해 다른 관점에 도달한 적이 있었는가?

이것을 비판적 사고라고 부른다. 그것은 더 정교하고 개인 맞춤식 사고 프로세스와 더 성숙한 믿음 구조로 이어진다. 이를 통해 우리 모두는 우리의 영적, 정서적, 지적 잠재력에 도달할 수 있게 된다. 우리 부모의 믿음이 우리 자신의 믿음이 되는 것도 이런 식이다.

우리는 진정한 영적 자아 상태에서 이렇게 할 수 있다. 짐을 짊어지고 있는 영성을 위장하는 자 부분들 상태에서는 그러지 못한다.

성장이 일어나기 위해서는 우리가 현재 붙들고 있는 것 이외의 다른 대안을 고려할 수 있는 허가와 공간이 필요하다. 이것이 예수님께서 바리새인들에게 그들 바로 앞에 있는 신의 아름다움을 보라고 내미신 초대장이다—비록 그 아름다움이 그들의 영성을 위장한 자들이 세워놓은 규칙들과는 근본적으로 다를지라도.

호기심을 가지고 귀를 기울인다고 우리의 믿음을 버리는 것은 아니다. 그것은 우리가 매우 중요한 문제에 완전히 주의를 기울이며 우리가 전에 고려한 적이 없었던 진실을 혹시라도 담을 수 있도록 공간을 유지하는 것을 의미한다.

엠앤엠즈 증명

잠시 수학으로 되돌아가 본다. 나는 3＋3＝6이라고 가슴으로 믿고 있다. 초등학교 시절 누군가 내게 3＋3＝6이라고 가르쳐 주었기 때문에 나는 이것이 진리라고 알고 있다. 나는 3개의 엠앤엠즈 초콜릿을 세고는 3개를 더해서 총 6개의 엠앤엠즈를 손에 넣었다. 그중에 3개를 먹자, 나는 그 수학 공식을 역증명하였다. 왜냐하면 6개 빼기 3개는 실제로 3개가 되었기 때문이다. (3개를 더 빼면 실제로 제로가 되는데, 그것은 언급하지 않기로 한다.)

내 생애에 걸쳐서, 나는 이 진리가 참인 것을 수많은 다른 방식으로 경험하였다. 그리하여 내 영혼 속 깊은 곳에서 나는 단지 3＋3＝6이라는 것을 알고 있다. 그리고 만약 당신이 나를 달리 설득하려고 애쓴다 하더라도, 나의 믿음은 바뀌지 않을 것이다.

만약 당신이 2＋2＝6을 제안하면 내가 위협을 받아 방어적이 되는가? 아니다. 전혀 그렇지 않다.

> 진리는 변하지 않으므로 그것을 조사해 보는 것을 내가 두려워할 필요가 없다.

왜 3＋3에 대한 나의 믿음에 위협을 느끼지 않으면서 내가 계속 마음을 열고 그 대화를 할 수 있는가? 진리는 변하지 않으므로 그것을 조사해 보는 것을 내가 두려워할 필요가 없기 때문이다.

나는 2＋2에 대한 진심 어린 대화에 참여하는 것에 대해 조금도 걱정하지 않는다. 비록 내가 공개적으로 그 가능성을 탐구하며 2개의 엠앤엠즈에 2개를 더하여도 6에 도달하지는 않는다는 것을 알기 때문이다. 하지만 2＋2를 하여 6에 도달했다면, 나는 실제로 그에 대해 알고 싶어 할 것이다. 왜냐하면 그것은 3＋3에 대한 나의 현재 관점이 전체 그림이 아니거나, 내 추리 기술에 흠이 있다는 것을 의미하기 때문이다. 어느 쪽이든 그것을 사려 깊게 탐구하는 것이 더 나을 것이고, 나는 실제 진리에 더 가까워질 것이다.

우리는 믿음으로 이해하기 힘든 것 ─ 내가 진실을 두려워하지 않는 한, 열린 마음으로 제안을 받아들이는 것이 위협이 아니라는 것 ─을 초콜릿을 가지고 이해할 수 있다.

만약 진리가 진리라면, 우리는 열린 마음으로 진리를 탐구하면서 완전한 위안을 얻어야 한다. 왜냐하면 일어날 수 있는 것은 단지 두 가지, 즉 (1) 내가 붙잡고 있는 진리에 대한 나의 인식이 강화되거나, (2) 진리에 대한 나의 이해가 현재 내가 알고 있는 진리보다 더 완전한 것으로 확장될 것이기 때문이다.

이것은 물론 내가 현재 모든 것을 절대적으로 완벽하게 알지 못할 수도 있다는 것을 인정하는 것을 전제로 한다.

음.

그건 힘들 수 있다. 그리고 우리의 영성을 위장하는 자 부분들은 그것을 조금도 좋아하지 않는다. 그럼에도 불구하고, 나의 신앙 여정을 지나면서 몇 가지 영적인 주제에 대한 나의 관점은 바뀌었거나 확장되었다. 아마 당신의 관점도 그랬을 것이다.

홀리 요가[*]

나는 요가와 명상 같은 깃에 대해 화를 내곤 했다. 나는 그런 것들은 이단적이고, 내가 그러한 활동에 참여한다면 내 신앙은 심각한 위험에 처할 것이라는 가르침을 받아 왔다.

나는 요가나 명상에 대해 어떠한 이해도 갖고 있지 않았다. 그것들은 내가 가졌던 모든 경험과는 무관한 것이었다. 그리고 내 안의 영성을 위장하는 자는 그 무섭고 '이단적인' 것들에 가까이 가지 않기로 결심했다. 그러나 명상은 하나님께서 실제로 내가 실천하도록 초대하신 것임을 깨닫기 시작하였다.

"무엇이든지 참된 것과, 무엇이든지 경건한 것과, 무엇이든지 옳은 것과, 무엇이든지 순결한 것과… 이 모든 것을 생각하십시오."[50]

"이 율법책의 말씀을 늘 읽고 밤낮으로 그것을 공부하여."[51]

"복 있는 사람은… 오로지 주님의 율법을 즐거워하며, 밤낮으로 율법을

---

* 역자 주 : 크리스천 요가라고도 하며 요가와 크리스천 실천 사항을 결합한 운동으로서, 요가의 영적인 내용을 크리스천 세계관에 맞춘 것을 말한다(https://holyyoga.net 참조).

묵상하는 사람이다."[52]

명상 훈련은 내가 더 높은 가치를 지닌 것에 초점을 맞출 수 있도록 정말로 마음을 고요하게 해주는 것이다. 문제가 되지 않는다. 거기엔 전혀 위협적인 것이 없다.

내 신앙과 일치하지 않을 수도 있는 종교적 개념의 위협을 받지 않으면서, 요가의 유익한 신체적 측면에 참여할 수 있다는 것이 밝혀졌다. 나는 요가가 초대하는 마음챙김(mindfulness)을 경험함으로써 사랑하는 하나님의 마음과 완전히 하나가 되어 더 사랑스럽고 지금의 순간에 주의를 기울이는 사람이 되는 법을 배울 수 있다는 것을 알게 되었다.

요가 용어 '나마스테'가 '나는 당신 안에 있는 하나님의 형상에 경의를 표한다'는 의미인 것을 아는가? 이것은 다음과 같은 말을 달리 표현하는 것일 뿐이다. 즉, "당신의 부분들이 어떤 미친 짓을 하더라도, 나는 당신의 진짜 모습이 당신의 하나님 형상이라는 것을 보고 알고 있습니다. 그리고 나는 당신 내면 깊은 곳에 계신 하나님을 찬양합니다."

마음과 몸을 평온케 하며 그리하여 짐을 짊어진 부분들이 긴장을 늦출 수 있도록 돕는 마음챙김과 명상 작업은 실제로 내게 내 존재의 중심에 대단히 크게 접근할 수 있도록 해주고 있다. 다른 전통들은 그것을 몰입(flow) 또는 중심 잡힌 상태(centeredness)라고 부르지만, 나는 기도라고 부른다.

당신은 영적 실천 수준에 이르는 다른 경험들을 거론할 수도 있을 것이다. 달리거나, 자연이나 정원에서 시간을 보내거나, 음악에 몰입하거나, 지역 무료급식소에서 봉사하는 시간이 될 수도 있다. 만약 그렇다면, 내가 매우 구체적으로 요가와 명상은 나의 영성을 위장하는 자 부분들이 지금까지 할 수 있었던 것보다 더 진솔한 방식으로 나의 크리스천 신앙을 삶에서 실천하도록 도와주었다고 말할 때 당신은 내 말을 이해할 것이다.

동일한 성경, 새로운 통찰

오래된 문제들이 새로운 생각과 경험을 만나면, 신학의 구체적인 내용까지도 이해의 폭이 넓어질 수 있다. 우리의 진정한 영적 중심은 이 새롭게 확장되며 드러나는 하늘의 비밀에 호기심과 마음의 문을 연다. 하지만 우리의 영성을 위장하는 자 부분들은 그것들로 인해 위협을 받게 된다. 예를 들어, 나는 아담과 하와가 금단의 열매를 먹은 후 그들의 범죄에 대한 하늘의 벌로 에덴 동산에서 쫓겨났다고 가르치는 것을 항상 들어 왔다.

본질적으로, 나는 그것을 하나님이 다음과 같이 말씀하시는 것으로 읽었다. "이봐, 나는 너의 불순종 현장을 잡았어. 너는 그 대가를 치르게 될 거야." 그리고 나서 하나님은 그들의 불쌍한 자아들을 낙원에서 쫓아내어 그들이 자신들의 불순종으로 인해 고통을 받도록 하셨다(그들의 자녀들도, 그리고 세상의 모든 역사 가운데 수많은 다음 세대의 사람도 그 같은 고통을 받도록 하셨다. 하나님은 그처럼 엄청난 앙심을 품고 계시기 때문이다).

적어도 그것이 내가 배운 핵심 포인트였다. 그것이 나의 솜뭉치 설명이었다. 그리고 그것은 결국 성인으로서의 나의 신앙이 되었다. 그리고 대학원에 진학하여 정말 머리 좋은 교수들의 신학 수업을 들었다. 교수 중 한 분이 창세기 3장의 한 문장을 지적하였는데, 나는 전에 그것을 주목해 본 적이 없었다.

"주 하나님이 말씀하셨다. '보아라, 이 사람이 우리 가운데 하나처럼, 선과 악을 알게 되었다. 이제 그가 손을 내밀어서, 생명나무의 열매까지 따서 먹고, 끝없이 살게 하여서는 안 된다.'"[53]

이제 인류는 죄의 DNA를 가지고 있기 때문에 죽지도 못하고, 이 죄악과 고통과 고난의 세계에서 벗어날 수도 없는 것은 실제로 고문이었을 것이라고 그는 설명하였다. 달리 말하면 동산에서 쫓겨난 것이 실제로 보호이지,

벌이 아니었다는 것이다.

와. 완전히 새로운 시각이었다. 그리고 꽤 큰 신학적인 변화였다. 왜냐하면 그것은 하나님께서 우리의 죄 가운데 있는 우리를 어떻게 이해하는지에 대해 많은 것을 이야기해 주고 있기 때문이다. 이것은 어떤 면에서 내가 원래 이해했던 것보다 훨씬 더 많은 사랑을 느끼게 해준다.

아니면 십자가에서 고통받는 끔찍한 장면을 생각해 본다. 오후 세 시에 예수께서 큰소리로 부르짖으셨다. "엘로이, 엘로이, 레마 사박다니?(나의 하나님, 나의 하나님, 어찌하여 나를 버리셨습니까?)"[54]

이 역사상 중요한 사건에 대한 내 솜뭉치 버전은 대략 다음과 같다. "하나님은 순수하고 거룩하시니 악의 존재를 견디시지 못한다. 따라서 악이 예수님을 완전히 덮고 있었을 때, 하나님은 당신의 독생자로부터도 얼굴을 돌리셔야 했다."

당신이 정말로 그것에 대해 생각해 보기 전까지는 말이 되는 듯 보인다. 나는 욥기 1장의 한 장면을 되돌아본다. 사탄이 하나님의 보좌가 있는 방에서 다름 아닌 살아계신 하나님과 얼굴을 마주 보며 대화를 나누고 있다. 하나님께서는 사탄의 방문에 반대하지 않으셨기 때문에 '하나님께서는 악이 존재하는 데에 계실 수 없다'는 모든 논쟁을 일축해 버린다.

만약 하나님께서 십자가 위의 그리스도와 완전히 함께 계셨다면, 버림받음에 대한 예수님의 가슴 찢는 부르짖음의 의미는 무엇인가?

나는 이에 대해 많은 생각과 기도를 하였다. 어느 날 내게 죄의 한 가지 부작용은 그것이 우리로 하여금 혼자라는 느낌을 갖게 한다는 생각이 들었다. 마치 하나님께서 우리에게 등을 돌리신 것처럼.

죄는, 비록 그분이 그러지 않으셨어도, 하나님이 우리를 버렸다고 느끼도록 만든다.

임상적인 언어로, 우리는 그것을 애착 상흔이라고 부른다.

내가 정확히 이해한다면 하나님은 죄보다, 악보다, 사악함보다 훨씬 더 크시다. 그분은 악 앞에 서실 수 있을 뿐만 아니라 심지어 악을 물리치신다. 그분은 항상 계신다. 무소부재한 신적 특성이다−그러신 것 같지 않아 보일 때라도. 그리고 예수님은 완전한 하나님일 뿐만 아니라 완전한 인간이었기 때문에 버림받음의 실제 현실이 아니라 버림받음에 대해 느껴지는 경험을 표현하고 계셨다.

나는 한 사람의 신념이 어떻게 변화하고 깊이를 발전시킬 수 있는지를 보여주기 위해 이런 사고방식을 설명하고 있다. 자, 나는 한 사람의 신학자로서 내 생각을 제시하는 것도 아니고, TV에서 연기하는 것도 아니다. 따라서 내가 말하는 것을 복음의 진리인 양 받아들이지 않기를 바란다.

내 말은 현재 내가 품고 있는 것 이외에 어떤 생각, 느낌, 관점도 생각해 보기를 고집스럽게 거부한다면, 나의 사고와 영적 발전은 잘려 나가게 된다는 것이다. 내 영성을 위장하는 자는 행복할 수 있겠지만 난 솜뭉치 신앙에 갇혀있게 된다.

영성을 위장하는 부분들은 닫혀있다. 우리의 하나님 형상은 열려있고, 연결되어 있으며, 호기심이 많고, 명료한 생각을 갖고 있다. 여기서 성장이 일어난다.

> 영성을 위장하는 부분들은 닫혀있다. 우리의 하나님 형상은 열려있고, 연결되어 있으며, 호기심이 많고, 명료한 생각을 갖고 있다.

당신이 닫혀있고 비판적 사고를 독려하지 않는 신앙 환경에서 성장한 후 대학에 진학하여 처음으로 다른 관점을 들었을 경우, 자신의 신앙을 모두 내던지고 싶은 유혹을 받았었을 수도 있는 이유가 여기에 있다. 당신은 하나님 형상 기술을 발달시켜 새로운 의견을 받아들이고 현명하고 사려 깊게 생각할 수 있었던 적이 없었다. 내가 대학에 진학한 첫 주에 철학 개론 수업 교수님은 칠판에 하나님이 존재할 수 없다는 것을 명확하게 입증하는 3단 논증을 제시하였다. 한 시간짜리 수업에서 나는 지난 18년간의 영적 유산을 거의 잃을 뻔했다.

'정확히 우리의 믿음의 상자 안에 들어있는 것이 아니면, 그 어떤 것에 대해서도 이야기하지 말라'고 하는 그런 가르침이 나를 솜뭉치 수준의 신앙으로 만들었다. 성인의 사고하는 기술은 필요하지 않았다.

예수님은 경직된 믿음이 지금 이 순간 하나님을 볼 수 있는 능력을 어떻게 실제로 차단할 수 있는지에 대해 많이 말씀하셨다. 요한복음 5장 39~40절은 이렇게 말한다. "너희가 성경을 연구하는 것은, 영원한 생명이 그 안에 있다고 생각하기 때문이다. 성경은 나에 대하여 증언하고 있다. 그런데 너희는 생명을 얻으러 나에게 오려고 하지 않는다."

다시 말해서, "여러분, 규율에서 눈을 들어 위를 보십시오! 여러분이 붙들고 있는 가장 좋다는 생각에서 벗어나십시오! 여러분이 진리라고 붙들고 있는 생각이 진리의 전부가 아닙니다. 여러분은 중요한 유일한 진리를 놓치고 있습니다. 왜냐하면 여러분은 마음 문을 열고 다른 가능성들을 받아들이기를 거부하기 때문입니다. 여러분은 나를 놓치고 있습니다!"

그것이 바로 선한 의도를 가진 우리의 영성을 위장하는 자 관리자 부분들이 하는 일이다. 그들은 하나님이나 예수님, 혹은 종교나 영성에 대해 닫혀있는 생각이나 믿음을 붙들고 있다. 그들은 외부 관점의 위협을 받고 있다. 그들은 다른 사고방식을 가진 사람들을 이단이라 부르거나, 다른 믿음을 가지고 있는 사람들을 정죄하거나, 신앙처럼 들리지만―하나님의 사랑하는 가슴을 반영하지 않는―상처 주는 말들을 쏟아내면서 다른 사고방식에 반대한다.

이중 구속

진정한 영성과 영성을 위장하는 자 부분들을 분별하는 우리의 능력이 자람에 따라, 쉽게 벗어날 수 없는 이중 구속의 경험에 주목할 필요가 있다.

이중 구속은 이렇게 하든 저렇게 하든, 지는 상황을 말한다. 당신이 해도 욕을 먹고, 하지 않아도 욕을 먹는다.

우리의 하나님 형상, 신과의 진정한 연결에 있어서 이것은 전혀 문제가 되지 않는다. 우리의 '예'는 우리의 '예'이고 우리의 '아니요'는 우리의 '아니요'이다. 우리는 우리가 말하는 것을 의미하고, 의미하는 바를 말한다. 우리가 우리의 중심인 하나님 형상에 완전히 연결되어 있을 때, 당신은 우리의 말을 신뢰할 수 있다. 왜냐하면 그것들은 항상 정직할 것이기 때문이다.

불행하게도, 이중 구속은 영성을 위장하는 자 관리자의 특징이다. 당신도 이해하겠지만, 그 부분은 고의는 아니더라도 선한 의도에서 행한 행동의 자연스러운 결과이다. 영성을 위장하는 자들은 이런 말을 하고 저런 뜻이라고 한다. 그 결과는 깊은 혼란이다.

건강하지 못한 가정에서 겪을 수 있는 전형적인 사건을 예로 들어본다. 아버지는 알코올 중독자이며 퇴근 후에 술을 많이 즐긴다고 하자. 어린 수지가 밖에서 놀다가 들어와서 정신을 잃고 소파에 쓰러져 맥주 냄새를 풍기고 있는 아버지를 보고 말한다. "엄마, 아빠가 왜 이래?" 피할 수 없는 진실로부터 아이를 보호하고 싶은 어머니는 이렇게 말한다. "아무것도 아냐, 아빠는 편찮으셔." 혹은 "아빠는 주무셔."

여기에 이중 구속이 있다. 수지는 아버지가 편찮으시다거나 주무시지 않음을 알고 있거나, 알게 될 것이다. 아마도 아이는 전에도 여러 차례 아버지에게서 맥주 냄새를 맡았고, 아버지가 괜찮지 않다는 걸 알고 있다. 하지만 어머니는 모든 것이 괜찮지 않을 때에도 모든 것이 괜찮다고 말하고 있어 이제 수지는 이중 구속 상태에 있다. 그녀는 진실에 대한 자신의 내적 감각을 신뢰하여 어머니가 거짓말하고 있다고 믿든지, 아니면 (아버지가 알코올 중독자라는 것뿐만 아니라) 어머니가 거짓말쟁이가 아니라고 믿기 위해 자기가 알고 있는 사실을 무시해 버려야 한다. 이것이 이중 구속이다. 당신은 자신의 진실을 믿을 수 없거나, 부모의 진실을 믿을 수 없는 것이다.

이렇게 하든 저렇게 하든, 지는 것이다.

불행하게도, 짐을 짊어진 공동체도 짐을 짊어진 가족들과 똑같이 행동한다. 즉, 말과 행동이 따로 논다. 입으로는 은혜의 말씀을 선포하나 몸으로는 판단하는 삶을 산다. 우리는 "당신이 무언가를 함으로써 하나님이 당신을 더 사랑하거나 덜 사랑하도록 만들 수는 없다."라고 가르친다. 그러나 무언의 진실은, 다른 사람들(그리하여 하나님)에게 판단받고 수치당할까 봐 두려워 사람들은 자신의 가장 깊은 곳에 있는 몸부림이나 심지어 두려움, 수치심 혹은 자존심 같은 부정적인 감정을 공유하지 않으려 한다는 것이다.

그것이 이중 구속이다. 사람들은 내가 이것(은혜)을 믿거나 믿는다고 말하면서, 저것(직장 일/실적/판단/수치심)이 진실인 것처럼 살아갈 것을 기대한다. 마치 알코올 중독자 가정처럼 미치게 만드는 것이다.

흥미롭게도, 비록 우리의 영성을 위장하는 자 부분들이 이 이중 구속을 만들어 내고 있지만 또한 이중 구속으로부터 우리를 보호하고자 애쓰고 있기도 하다.

우리의 영성을 위장하는 자 부분들은 성경을 온전히 알고 있다. 그들은 성경이 은혜를 가르친다는 것을 알고 있다. 그들은 모든 옳은 것들을 말하고, 정말로 그것들을 믿고 싶어 한다. 다음의 성경 구절을 들어보자. "여러분은 믿음을 통하여 은혜로 구원을 얻었습니다. 이것은 여러분에게서 난 것이 아니요, 하나님의 선물입니다. 행위에서 난 것이 아닙니다. 그러므로 아무도 자랑할 수 없습니다."[55] 나와 자리를 함께 했었던 크리스천 회중 가운데 어느 누구도 그것에 대해 논쟁하지 않을 것이다. 우리는 모두 고개를 끄덕이며 이렇게 말한다. "네, 오직 은혜입니다. 하나님의 은총을 얻기 위해 내가 할 수 있는 일은 아무것도 없습니다."

우리의 하나님 형상은 이러한 진실을 직관적으로 알고 깊은 수준에서 경험한다. 우리가 어떻게 아는가?

아마도 경험적인 수준에서 당신에게 하나님의 근본적이고 애정 어린 수용―즉 하나님의 형상―과 깊이 연결되었던 순간이 있었을 것이다. 아마 청소년 수련회나 성경 공부 수련회나 크리스천 남성 혹은 여성 모임 같은 곳에서. 가슴이 뭉클하였다. 당신은 그것을 느꼈고, 울기도 하였다. 당신은 그것에 감동하였다. 그러고는 당신은 '실제 삶'으로 돌아와 같은 은혜의 말들을 하지만, 아마도 당신은 그 은혜와 무조건적인 수용이라는 말이 공동체에서 피부로 느껴지는 현실이 아니라는 경험으로 인해 충격을 받았을 것이다. 그래서 당신의 영성을 위장하는 자 부분은 판단과 수치심으로부터 당신을 보호하기 위해 무장하였다.

우리의 영성을 위장하는 자 부분들은 마땅히 은혜를 믿어야 하지만 또한 우리로 하여금 '제대로 하게' 만들어야 하는데, 그렇지 않으면 우리는 어찌어찌하여 하나님을 실망시키거나, 더 나쁘게는 백성에 대한 그분의 분노나 심판을 야기할 것이라는 이중 구속에 대한 두려움을 가지고 있다. 이를 위해 그들은 우리가 옳은 일이라고 느끼고 말하고 행하도록 만들기 위해 고군분투하고 연기하며 거짓말을 한다. 비록 그러한 것들이 우리의 실제 모습과 일치되지 않을지라도 말이다.

기억하자. 진정한 영성과 영성을 위장하는 자 부분 간의 핵심적인 차이는 그 부분이 짐을 짊어지고 도움이 되지 않는 역할에 갇혀있으며 무언가 부족하다고 느끼는, 즉 망가지거나 무가치하거나 바보 같은 느낌을 갖

> 진정한 영성은 완전히 짐을 내려놓아 자유로우며, 깊고 풍요로운 상태이다. 깊고 공명적인 차원에서 하나님과의 교제가 이루어지고 있다.

고 있는 추방자를 보호하고자 애쓰고 있다는 것이다. 진정한 영성은 완전히 짐을 내려놓아 자유로우며, 깊고 풍요로운 상태이다. 깊고 공명적인 차원에서 하나님과의 교제가 이루어지고 있다. 그것은 노력이 아니라, 자의로 버리고 떠나는 것이다.

죄의 위계 : 거룩한 줄자

진정한 영성과 영성을 위장하는 자를 구별하는 또 다른 핵심 지표는 거룩한 줄자이다. 영성을 위장하는 자는 갖고 있으나, 하나님의 형상은 갖고 있지 않다. 영성을 위장하는 자에게 줄자는 필수적이다. 왜냐하면 '나쁨'을 수치화하기 위해서는 무언가를 잴 수 있는 자가 필요하기 때문이다. 영성을 위장하는 자는 우리가 영적 거인의 기준을 충족시킬 수 있도록 우리를 '더 착하게' 만들기 위해서 우리가 얼마나 '나쁜지' 알아야 한다.

그래서 영성을 위장하는 자는 죄의 위계를 구축한다. 그리 나쁘지 않음, 더 나쁨, 아주 나쁨. 그래야 그 부분은 우리 옆에 있는 사람과 비교하여 우리가 얼마나 나쁜지 말해줄 수 있게 된다. 그리고 영성을 위장하는 자는 우리(및 다른 사람들)가 하나님께 충분히 '더 착하게' 되기를 진지하게 원하기 때문에 '저 아주 나쁜 죄'로 몸부림치는 '저 사람들'에게 심한 독설을 퍼붓게 된다. 아니면 우리가 '저 사람들' 중의 하나가 될 경우, 그 부분은 엄청난 양의 영적 자기혐오를 퍼부을 수도 있다. 그리고 우리가 삶에서 아주 나쁜 죄를 짓는다면 그 부분은 우리가 하나님께 받아들여지지 않을까 봐 두려워한다.

영성을 위장하는 자가 장악하고 있을 때 내가 마침 비난받는 특정한 죄

악과 싸우고 있지 않다면 나는 그 영역에서 싸움이 없다는 것에 대해 '나는 의롭다, 도덕적으로 옳다'고 생각하며 그런 싸움을 하는 이들을 정죄하거나 그들에 대해 우월감을 느끼는 경향을 보이게 된다. 하지만 나 역시 '내가 싸우고 있는 죄가 절대 알려지지 않는 것이 낫다. 그렇지 않으면 동일한 수준의 비난이 나에게 쏟아질 것이다'라는 분명한 경험을 한다. 영성을 위장하는 자는 내 취약성이 노출되는 순간 잔인하게 급소가 찔릴 것이라는 두려움을 만들어 낸다. 나는 안전하지 않으며, 슬프게도 우리는 하나님과 함께 있어도 역시 안전하지 않다고 믿게 된다.

그것은 우리의 진정한 영성과는 정반대되는 경험이다. 우리의 하나님 형상은 우리 모두에게 짐을 짊어진 부분들이 있다는 것을 알고 있고, 그 부분들 모두가 우리 및 다른 사람들 안에 있는 신성으로부터 우리를 분리시키고 있다는 것을 이해하며, 그리한 현실에 대한 깊은 긍휼의 마음과 슬픔을 품고 있다. 하나님의 형상에는 먼저 우리의 부분들이 짐을 짊어지도록 만든 심적 고통에 대한 사랑과 애정이 넘쳐 난다. 그 사랑과 애정은 연민이나 동정의 입장(나는 이 위, 당신은 저 아래)에서가 아니라, 그 부분들 각자가 어떤 일을 하고 있는가와는 무관하게 짐을 짊어진 나의 부분들이 당신의 부분들만큼 고통스럽다는 것을 아는 진정한 공감으로부터 나오고 있다. 하나님의 형상은 성경에서 죄의 구분이 공정하게 이루어지고 있음을 진솔하게 보여주고 있다. "육체의 행실은 환히 드러난 것들입니다. 곧 음행과 더러움과 방탕, 우상숭배와 마술, 원수 맺음과 다툼과 시기와 화냄과 이기적인 분쟁과 분열과 파벌과 질투, 술 취함과 흥청망청 먹고 마시는 놀음과 같은 것들입니다."[56]

이기적인 분쟁과 시기는 흥청망청 먹고 마시는 놀음 및 마술과 동일한 목록에 들어가 있다. 똑같은 죄의 본성이나 서로 다른 맛인 것이다. 단지 짐을 짊어진 부분들의 예측 가능한 행동이 우리를 하나님, 즉 내면의 하나님 형상과 분리시키고 있다.

간음하다 잡힌 여인을 죽이고자 하였던 바리새인들을 기억하는가? 그들은 그녀의 간통을 자신들의 의로움을 높이는 것, 즉 자신들의 영적 나르시시즘보다 '더 나쁜' 범주에 포함시켰다. 그러나 예수님은 그들의 영성을 위장하는 자 부분들을 똑바로 쳐다보시며 부드럽게 "너희 가운데서 죄가 없는 사람이 먼저 이 여자에게 돌을 던져라."라고 말씀하셨다. 그리고 나서 그 여자에게 고개를 돌려 말씀하셨다. "나도 너를 정죄하지 않는다." 양쪽 모두에게 메시지는 부드럽고 애정 어렸으며 유익하였다. 당신은 은혜를 입은 것이다. 이제 가서, 다시는 죄를 짓지 말라.[57]

누가 장악하고 있는가?

이 장에서 우리는 진정한 영성과 영성을 위장하는 자 부분 간의 여러 차이점을 조명하였다. 간단한 비교 및 대조 목록을 만들어 검토한다면 도움이 될 수도 있을 것이다.

영성을 위장하는 자의 특성

- 추방자의 고통이 활성화되지 않도록 하기 위해 애쓰는, 짐을 짊어진 역할(끊임없는 영적 노력)에 고착되어 있다.
- 완벽하게 영성을 '행'하는 데 초점을 맞춘다. 왜냐하면 하나님이 벌주실까 봐 두려워하기 때문이다.
- 부정적인 감정(슬픔, 분노, 원망, 두려움, 불안, 위험이나 위협에 노출된 상태)을 불편해한다.
- 닫혀있고, 옹호하며, 영성에 대한 익숙지 않은 사고방식에 대해 방어적인 태도를 보인다.

- 의제를 가지고 있다. 청하지도 않은 조언을 하고, 정서적으로 불안하다.
- 죄의 위계를 보며, 점수를 매기기 위해 거룩한 줄자를 지니고 있다.
- '우리' 대 '그들'의 관점에서 세상을 인식한다.
- 외모 및 행위 지향적이며, 규칙에 기반한다.
- 실패, 거부, 판단, 통제력 결여, 버림받음에 대한 두려움에 의해 움직인다.
- 흑백/양자택일의 이분법적 사고
- 이런 말(사랑/은혜)을 하고 저런 느낌(판단/수치심/잘해내거나 통제하고자 하는 압박감)을 갖는다.
- 이중 구속 상황을 만든다.
- 외부 세상에 표출되는 것과 내면의 참된 것 사이에 고통스러운 단절감을 갖고 산다.
- 자신도 모르게 경직되어 있고, 끊임없이 노력하며, 판단하고, 수치감을 불어넣으며, 분열을 초래하고, 상처를 준다.

하나님 형상의 특성

- 짐을 짊어지지 않고 각 사람 내면의 신성을 막힘없이 자연스럽게 표현한다.
- 끊임없는 노력보다는 내려놓고 순복한다.
- 불완전한 인간의 여정에 깊이 편안해한다.
- 전 범위의 인간 감정을 진정으로 따뜻하게 맞이할 수 있다.
- 진실에 대해 명료하고 평온하며 안정된 경험을 한다.
- 개방적이고, 공손하며, 다른 사람을 '고치고자' 하는 모든 의제에서 자유롭다.
- 죄 또는 짐은 우리를 하나님으로부터 분리시키는 모든 것이라고 이해

한다.

- 모든 인간 가운데 있는 하나님의 형상을 본다. 우리라는 관점에서 생각한다.
- 존재와 현재 삶에 주의를 기울인다.
- 가슴 지향적이다.
- 사랑, 긍휼, 은혜가 넘친다.
- 정서적으로 안전하고 공감적이며, 진정성이 있으며 진실하다.
- 전체 그림을 보며, 복잡성을 포용한다.
- 말과 행동이 일치한다.
- 유연하다.
- 치유적이다.

만약 당신도 나처럼 당신 삶에서 영성을 위장하는 자의 특징 몇 가지가 눈에 띈다면, 그들에게 부드럽고 자애롭게 대해주기를 바란다. 우리는 좋은 동료이다. 사울도 자신의 영성을 위장하는 자와 타협해야 했다. 그러나 그가 회개한 후, 즉 자신의 마음을 바꾸고 영성을 위장하던 것의 반대 방향으로 진정한 믿음을 향하여 나아갔을 때 하나님께서는 그를 사용하여 세상을 바꾸셨다. 당신과 나는 아마도 자가 영성을 진짜로 바꾼 사도 바울의 글에 깊은 영향을 받았을 것이다. 그러니 힘을 내자. 그것이 항상 쉽지는 않다는 것을 알고 있다. 만약 당신이 몬티 파이튼—1969년 BBC를 통해 중계되기 시작한 영국 TV 코미디 쇼—에 관심이 있다면, 다음을 기억할 수도 있다.

"그녀를 불태워라! 그녀는 마녀야!"
"난 마녀가 아니야! 그들이 날 이렇게 입혀놓았어."

[죄책감의 표정]

"음, 우리가 코를 했지. 그리고 모자도. 하지만 그녀는 마녀야."

우리는 '교회 의식(churching)을 제대로 해'나갈 수 있도록 하기 위해, 바로 그 '불태울 마녀(겉치레하는, 즉 영성을 위장하는 부분)'를 정말로 찾고 싶을 수도 있다. 그보다는, 열심히 일하는 영성을 위장하는 자를 향해 은혜와 긍휼의 마음을 품고 나아가자. 그는 어떻게 자신이 생겨났는지, 자신이 하고 있는 일에 대해 어떤 느낌을 갖고 있는지, 그리고 자신이 중단하면 어떤 일이 일어날까 봐 두려워하는지에 대해 궁금해하고 있다. 그는 짊어지고 있는 짐으로부터 자신을 해방시켜 주기 위해 내면의 자애로운 이마고 데이가 기다리고 있음을 알아야 한다.

영성을 위장하는 자를 알아가기

우리는 이 장에서 많은 것을 다루었다. 그리고 만약 우리에게 영성을 위장하는 자 부분이 있다면(우리 대부분이 그렇다), 그가 동요할 수도 있다. 이해한다. 우리는 그가 얼마나 소중하고, 그가 우리를 돕고자 애쓰고 있는 모든 방식과 그가 갖고 있는 긍정적 의도를 충분히 이해하고 있음을 이야기해 주고 싶다. 잠깐 시간을 내서 그렇게 한다.

다음에 나오는 것을 그냥 읽는 것이 아니라 — 사려 깊이, 인내심을 가지고, 개인적으로 — 경험해 볼 것을 다시 한번 권한다. 그리고 당신이 각 단계에서 깨달은 바가 무엇이든 기록한다. 당신은 더할 나위 없이 가치가 있지 않은가!

더 깊이 들어가기 : 영성을 위장하는 자를 알아가기

잠시 시간을 갖고 주의를 집중할 수 있는 조용한 공간에 자리를 잡는다. 심호흡을 두 번 하고, 몸을 편히 한 다음, 지금 당신에게 떠오르는 것에 인식을 가져가기 시작한다. 만약 당신이 방어적이 되거나 동요되거나 화가 나거나 위협을 느끼고 있다면, 영성을 위장하는 자 부분이 활성화되었을 수 있다. 어떤 것이든 따뜻한 마음으로 감지한다. 활성화된 것을 알 수 없더라도, 당신은 영성을 위장하는 자를 초대하여 대화를 나눌 수 있다.

당신이 감지한 것이 어떤 것이든 기록한다.

그 부분이 존재할 때, 당신의 몸 어디에서 그 부분이 느껴지는가?

그 부분은 자신의 이미지를 당신에게 보여줄 의향이 있는가?

이 부분이 어떻게 보이는지 묘사한다.

이제 간단한 영적 MRI를 찍는다. 영성을 위장하는 자 부분을 향하여 어떤 느낌이 드는 지 감지한다. 당신에게 그 부분에 대해 화를 내거나, 좌절감을 느끼거나, 혹시 보호적 이며 방어적인 느낌을 갖는 부분들이 있을 수 있다. 당신이 감지한 모든 것을 따뜻이 맞이하며, 그들이 공간을 내어주어 당신이 영성을 위장하는 자 곁에 앉아 (다른 부분 들이 섞이지 않게) 그 부분을 알아갈 수 있도록 하겠는지 물어본다. 당신의 영성을 위 장하는 자는 다른 부분들이 한 걸음 뒤로 물러난 다음에야 비로소 도움이 되는 방식으 로 상호작용할 수 있을 것이다.

영성을 위장하는 자에 대해 감정을 갖고 있는 다른 부분들이 인식되는가?

어떤 부분들인가?

그들이 기꺼이 분리되고자 하는가?

당신이 영성을 위장하는 자를 향하여 마음이 열린 느낌이 들 때, 그 부분이 어떻게 생기게 되었는지 보여줄 의향이 있는지 물어본다. 깨달은 것을 기록한다.

지금과 같은 방식으로 당신을 돕는 법을 어디서 배웠는가?

만약 그 부분이 지금 하고 있는 일을 중단하면 어떤 일이 일어날까 봐 두려워하는가?

그 부분은 당신의 어떤 상처받은 부분들을 보호하고자 애쓰고 있는가?

그 부분은 당신을 위해 하고 있는 일에 대해 어떤 느낌을 갖고 있는가?

만약 그 부분이 영성을 위장할 필요가 없다면, 당신을 위해 하고 싶은 다른 일이 있는가?

당신의 영성을 위장하는 자를 알아가는 데 원하는 만큼 시간을 보냈다면, 오늘 자신을 보여준 그 부분에게 감사의 인사를 하고 당신을 돕고자 그 부분이 얼마나 힘들게 노력하고 있는지 충분히 이해하였다고 이야기해 준다. 그런 다음 심호흡을 두 번 하고 천천히 당신의 주의를 방으로 가져온다.

더 큰 긍휼의 마음, 더 큰 통찰

우리가 우리 부분들에게 이런 간단한 질문들을 할 때, 그들이 다양한 방식으로 자신들의 이야기를 전달하는 동안 우리는 많은 것들을 알 수 있게 된다. 우리는 기억을 떠올릴 수도 있고, 단어 하나 혹은 구절 하나의 느낌이나 인상을 얻게 될 수도 있다. 우리가 마음의 눈으로 그들이 보호하고 있거나 싸우고 있는 다른 부분들을 머릿속에 그려볼 수도 있다.

우리의 부분들이 우리와 하는 의사소통 방법과는 무관하게, 왜 그들이 하고 있는 일을 계속하고 있는지에 대해 더 큰 긍휼의 마음과 통찰을 얻게 된다. 우리는 목표에 보다 효과적으로 도달하는 방법에 대한 선택지가 더 많음을 발견하고, 우리의 하나님 형상이 실제로 가장 신뢰할 수 있는 리더인 우리 내면시스템에 대해 더 큰 신뢰를 갖게 된다.

목표는 무엇인가? 우리의 영적인 본질, 진정한 신앙, 하나님의 충만한 임재 가운데 살아가는 것이 아닌가!

논의를 위한 질문

- 당신이 어떤 방식으로든 솜뭉치 신앙을 갖고 왔음을 깨달았는가?
- 만약 당신이 하나님 형상 경험을 해본 적이 있다면, 어떠하였는지 묘사한다. 당신의 마음이 안전하고 사랑받는지 어떻게 알았는가? 만약 그런 경험이 없었다면, 그것이 가능하다고 생각해 보면 어떻겠는가?

- 당신에게 당신과 함께 앉아 비유적으로 시바에 참여한, 즉 아무런 판단이나 의제 없이 고난 가운데 있는 당신과 함께한 사람이 있었는가? 그렇다면 그것이 당신에게 어떤 영향을 미쳤는가?

- 당신은 죄의 위계에 대한 생각에 영향을 받은 적이 있는가? 그 결과 당신은 판단을 받는 입장이었는가? 만약 그렇다면, 당신에게 그 경험은 어땠는가? 그것은 당신이 하나님과 연결되고자 하는 바람에 어떤 영향을 미쳤는가?

- 당신은 영성을 위장하는 자 부분의 긍정적 동기와 동일시하는가? 만약 그렇다면, 당신은 그 부분이 당신의 신앙 문제를 돕고자 애써 왔던 방식을 향하여 어떻게 감사할 수 있는가?

제**2**부

이것이 모든 것을
변화시킨다

우리 자신, 다른 사람들 및 하나님과의

관계를 변화시키기

새 렌즈

일단 우리가 새 렌즈를 끼면, 돌이키지 못한다

지금까지 우리는 함께 꽤 먼 길을 여행하였다. 나와 이 여정을 함께해 주신 것에 감사드린다. 여러 장을 함께하며 새롭게 세상을 보는 방식을 탐구하는 것은 특권이었다.

우리 대부분에게 이 부분들의 세계는 우리 자신과 타인을 이해하는 전혀 다른 방식이다. 어떤 면에서는 간단하지만(참자아, 추방자들, 관리자들), 또 다른 면에서는 근본적으로 복잡하다.

사물에 대해 완전히 새로운 시각을 갖는다고 하니 최근 우리 집을 팔던 경험이 생각난다.

나는 항상 내 집을 좋아했다. 아늑했다. 우리가 결혼한 후 23년 동안 간직하였던 가구였으니 그랬을 것이다. 그때는 그것이 정말 훌륭하다고 생각했지만, 그 이후로 나는 정말로 눈여겨보지 못했다. 그것들은 그냥 우리가 쓰던 중고 물건에 지나지 않았다. 당신도 알지 않는가.

나는 1995년식 렌즈를 끼고 있었다.

그래서 우리가 집을 팔려고 내놓았을 때, 우리는 느긋이 앉아서 운 좋은 잠재 구매자들이 극찬을 쏟아내기를 기다렸다. 음, 그들의 반응은 한결같았다. "이 집은 오래되었네요."

　미안하지만, 나는 당신들이 우리 집이 멋지다, 편안하다, 귀엽다, 아니면 다른 어떤 것을 말하려고 하였던 것으로 믿는다. 그러나 오래되었다니.

　나는 이해할 수 없었다.

　하지만 스테이저(역자 주 : 팔려고 내놓은 집을 멋지게 꾸며주는 일을 하는 사람)가 도착하고 나서는 달라졌다. 그 스테이저는 동정 어린 미소를 지으며 쏜살같이 들어와, 3분 만에 온 집안을 고쳐놓았다. 재배치가 아니라, 아예 다시 작업하였다는 뜻이다.

　그리고 스테이저 뒤에서 어색하게 뒤뚱거리며, 페인트 색깔과 가구 배치를 급히 적으면서 나는… 갑자기… 보기 시작했다. 2019년식 렌즈를 끼고.

　우리 집은 구식이었다. 금빛 소용돌이 무늬가 있는 어두운 색깔의 카펫, 책장에는 플라스틱 인조 화초. 맙소사. 나는 누군가를 초대한 적은 있었지만, 구매자들이 들어와 보도록 초대한 적은 거의 없었기에 갑자기 당황해서 움츠러들기 시작했다.

　하지만 생각해 보라. 스테이저가 나와 함께 있는 동안 아무것도 물리적으로 바뀌지 않았다. 내 카펫은 한 시간 전과 똑같았다. 소파도, 베개도 똑같았다. 페인트 색깔도, 그림도 커튼도 같았다. 그러나 1995년식 렌즈를 통해 만족스럽게 보았던 것이 이제는 달리 보이게 되었다.

　스테이저가 내게 2019년식 안경을 슬쩍 건네주었고, 난 결코 돌아갈 수 없었다.

　아팠다. 나는 이런 식으로 집을 바라본 적이 없어서 당황스러웠다. 상처 입은 자존심을 꾹 누르고, 이러한 관점의 변화를 받아들여 내가 바꾸어야 할 것을 바꾸었다.

　우리는 이제 새 집에서 살고 있다―매끈하고 현대적이다. 그리고 이것을 당신에게 보내는 공식적인 저녁 식사 초대로 간주해도 좋겠다. 찾아보려면 찾아보라. 어떤 책장에서도 인조 담쟁이는 발견할 수 없을 것이다.

그리고 내가 한때 우아하다고 생각했던 금빛 소용돌이 무늬가 있는 어두운 색깔의 카펫이 이제는 눈에 크게 거슬리지 않는 사이잘로 바뀌었다. 어떤 사이잘이든 간에 말이다.

'내면가족시스템'을 배울 때에도 우리는 이와 비슷하게 우리의 삶을 바라보는 방식을 바꿀 수 있다. 이제는 오직 우리를 돕고자 애쓰며 열심히 일하는 이 부분들에 대해 긍휼의 마음과 존경심을 가지고 우리(및 타인들) 내면에 있는 동일한 감정, 행동, 생각을 다른 렌즈를 통해 보는 것이다. 정말 다행이 아닌가.

판단하지 않고,

수치감을 불어넣지 않으며,

자책하지 않는다.

그런 감정, 생각, 행동들은 내 모습도 아니고 당신 모습도 아니다. 그것들은 나의 하나님 형상도 아니고 당신의 하나님 형상도 아니다-정말로 몇 가지 선한 이유에서 잠깐 장악한 우리의 부분들에 지나지 않는다. 고통의 문제를 돕고자 애쓰고 있는 우리의 부분들이다.

나로서는, 이 새로운 렌즈를 끼는 행위만으로도 내 자신을 긍휼히 여기는 마음과 타인을 수용하는 마음이 엄청나게 커진다. 특히 내가 "하나님"을 타이핑할 때 내비게이션이 여전히 "이미 도착하였습니다."라고 말하는 걸 알게 되면서 말이다.

그리고 나는 좀 더 깊은 숨을 쉴 수 있다.

당신도 그렇게 말할 수 있기를 바란다. 제1장에서, 나는 부분 지식이 삶의 모든 영역에서 당신을 도울 것이라고 약속하였다. 부분 언어는 우리가 우리 자신과, 다른 사람들과, 하나님과 관계하는 법, 심지어 우리가 다른 집단 및 문화와 관계하는 법도 바꿀 수 있다고 이야기하였다.

나머지 장에서는 그것을 증명하기 위해 몇 가지 실제 삶에서의 연습을 안내하고자 한다. 만약 당신이 앞 장에 제시된 연습을 하였다면, 이미 당신은 새로 알게 된 부분 인식을 적용하여 추방자, 관리자 및 소방관을 알아가는 경험을 한 것이다. 지금부터 우리는 당신의 새로운 통찰력과 태도를 모아 새로운 사고방식과 느낌을 정립한다.

이 나머지 장들에 충분한 시간을 할애하도록 한다. 우리 자신의 내면시스템을 되돌아보고 새로운 가능성을 탐구하는 데는 시간과 에너지가 필요하다. 이를 위해 어떤 특정한 기간을 정하지 않도록 한다. 이 책의 제2부를, 부분 인식이 자라고 새로운 패턴이 나타나면서 몇 번이고 되풀이해서 되돌아갈 수 있는 본보기로 삼아 자신에게 맞는 속도로 채울 수 있도록 한다.

논의를 위한 질문

• 다음 중 어떤 삶의 영역―즉 당신 자신, 하나님, 다른 사람들, 혹은 다른 집단 및 문화와 관계 맺기―에서 당신은 가장 성장하고 싶은가?

11

더 효과적으로
관계 맺기 : 나와 나

모든 부분들을 진심으로 환영한다

부분 인식은 훨씬 더 우리 자신을 잘 이해할 수 있도록 해준다. 부분 인식은 우리에게 자신에 대한 긍휼의 마음, 도움이 되지 않는 패턴으로부터의 치유, 그리고 행동하는 우리의 핵심 영성을 체험할 수 있는 능력을 제공한다. 부분 인식은 우리가 고통과 유발 요인을 이해하고, 보다 도움이 되는 대처 방법을 찾을 수 있게 해준다. 부분 인식은 우리가 삶과 세상 가운데서 가장 좋은, 가장 진실된 모습으로 나타날 수 있도록 우리의 욕구를 건강하며 효과적으로 충족시켜 줄 수 있는 방법을 보여준다. 그것은 사랑으로 이끄는 것이며, 거기에는 당신의 '못된 짓을 저지르는' 부분들에 대한 사랑까지도 포함된다. 당신의 모든 부분을 환영하기 때문이다.

> 당신의 모든 부분을 환영한다.

지금쯤이면 '모든 부분들을 진심으로 환영한다'는 것이 당신에게 만트라가 되었기를 바란다. 왜냐하면 나쁜 부분들은 없고 단지 나쁜 역할들만 있기 때문이다. 하지만 우리는 우리의 모든 부분들이 (돕고자 애쓰고 있는) 선한 의도를 갖고 있다는 사실을 반복한다고 해서—비록 그들이 하고 있는 것이 도움이 되지 않을지라도—그냥 그런가 보다 하고 무감각해지지 않는다. 왜 이것이 실제로 사실인지 기억을 되살려 본다.

나는 이것이 사실이라고 제안하고 싶다. 왜냐하면 모든 부분을 환영할 때, 우리는 예수님이 외부로 하신 일을 우리 내면에서 하고 있기 때문이다. 우리는 예수님이 우리를 부르시고 본을 보여주셨던 그 사랑을 살고 있다. 그분은 우리를 심판하거나 수치감을 불어넣거나 정죄하기 위해 오신 것이 아니다. 그분은 상상도 할 수 없는 사랑의 행위를 통해 우리를 구원하기 위해 오셨다. 그분은 긍휼의 마음과 은혜를 가지고 사람들을 향해 나아가셨다. 그분은 아이들, 병자들, 버림받은 사람들, 사랑받지 못하는 사람들, 도적들, 세리(稅吏)들, 심지어 자신을 십자가에 못 박은 자들까지도 포용하셨다. 그분은 정말로, 진심으로 그들을 수용하셨다. 그들이 선한 일을 하고 있었는가? 아니다. 하지만 그들의 가슴과 행동에 변화를 가져오는 예수님의 방식은 그들을 집으로 따뜻하게 맞이하는 것이었다.

당신이 부분들 하나하나가 환영받고 선한 의도를 가지고 있으며 당신에게 사랑받고 있다고 진심으로 믿고 사는 경우, 당신의 삶이 얼마나 근본적으로 달라지게 되는지 생각해 본다.

거기에는 다음과 같은 부분들이 포함된다. 당신이 자주 경멸하거나 숨기고자 애썼던 부분들, 강박적으로 포르노를 보는 부분, 오레오 한 봉지를 먹는 부분, 험담하는 부분, 구조하는 부분, 불안과 두려움으로 휩싸이게 만드는 부분, 많은 영적인 것을 말하지만 실제로 대부분을 느끼지 못하는 부분, 이웃이 가진 것을 탐내고 원수가 고통받기를 바라는 부분, 마약을 하는 부분, 학대를 당해 고통당하는 부분과 심지어 학대를 자행하는 부분이 그것이다. 격분하고 구조하며 베거나 당신에게 상처를 입히고 싶어 한다. "예."

라고 말하는 것을 멈추고 나서야 비로소 정말로 중요한 것들에 대해 "아니요."를 말한다.

그 부분들 모두를 환영한다. 단순히 참고 수용하는 것이 아니라, 따뜻하게 환영한다. 잠시 그 현실을 들이마신다. 놀랍지 않은가? 당신 어깨가 긴장을 늦추고, 호흡이 깊어지며 안도감이 밀려오는 것이 느껴지는가?

이제 당신이 알고 있는 것은 당신의 하나님 형상이 호기심, 사랑, 긍휼의 마음으로 이 부분들에 접근할 수 있을 때, 그 부분들은 이해받고 목격되며 치유되고 해방되어 당신의 내면시스템에서 훨씬 더 도움이 되는 일을 할 수 있게 된다는 사실이다. 그들은 격분하고 먹으며 자해하고 학대하며 험담하고 미워하는 것을 멈출 수 있다. 그들의 본심이 나쁘기 때문이 아니라, 그들이 해방되어 자신들이 진정으로 하고자 애쓰는 일, 즉 당신을 돕는 일을 할 자격이 있기 때문이다.

더 깊이 들어가기 : 나와 나 연습

세상과의 관계에 부분 인식을 가져오기 전에 개인 성격을 구성하는 부분들의 목록으로 시작한다.

당신이 이 책에서 접했던 개념을 당신의 부분들에 어떻게 사용하는 것이 좋겠는가? 어떤 추방자들이 당신의 사랑과 돌봄을 가장 필요로 하는가? 어떤 관리자들이 탈진되어 있어 가장 도움이 필요한가? 자신에게 어떤 소방관들이 있다는 것을 인정하기가 두려운가?

추방자

다음의 부분 목록은 당신의 학습을 도와줄 것이다. 잠시 시간을 내어 보다 효과적으로 관계를 맺고 싶은 당신의 부분들을 적는다. 당신의 추방자들 중에 어떤 것이 가장 많은 고통을 짊어지고 있는가? 당신을 가장 쉽게 휩싸는 추방자는? 치유된 모습을 보고 싶은 추방자는?

- 수치심
- 불안감
- 공포감
- 두려움/테러
- 자기 의심
- 자기혐오
- 슬픔
- 우울감
- 무가치함
- 의존성
- 외로움
- 압도됨
- 무력감
- 기타 :

다음 단계는 무엇인가? 자세하고 구체적으로 적는다. 책 뒷부분에 있는 참고자료를 사용하여 계획을 세운다.

관리자

당신의 어떤 관리자가 가장 도움이 되지 않는 방법으로 대처하고 있는가? 많은 관리자들은 발견하기 힘들다는 사실을 알아야 한다. 왜냐하면 그들의 대처 전략들에는 상당한 보상이 따르기 때문이다. 즉, 사람들이 우리를 좋아한다든지, 우리가 일을 잘하고 마무리를 잘한다는 칭찬을 받는다. 그러나 어떤 부분이 고통을 막으려 애쓰고 있다면 당신은 짐을 짊어진 관리자를 구별할 수 있다. 그 관리자는 만약 자신이 임무 수행을 중단할 경우, 부정적인 결과(무언가 부족한, 부끄러운, 거부당한 느낌)가 있을까 봐 걱정한다.

물론 내가 여기 열거한 것들보다 훨씬 더 많은 관리자가 있다. 그리고 당신이 관심을 내면으로 돌려 그들을 만날 때 비로소 진정으로 당신의 관리자를 알 수 있게 된다. (지금쯤 추측했겠지만, 어떤 보호자들은 그들이 고통을 예방하기 위해 뛰어드는가 아니면 고통의 불을 끄기 위해 뛰어드는가에 따라 관리자가 될 수도 있고 소방관이 될 수도 있다. 그들의 행동은 같을 수도 있지만, 타이밍이 그들의 역할을 규정한다.) 지금으로서는, 당신에게 있는 것 중에서 더 잘 알고 싶은 것에 표시한다.

- 완벽주의자/제대로 하기
- 행동가
- 생각하는 자
- 비위 맞추는 자/섬기는 자
- 구조자
- 자기비판자
- 판사
- 비관주의자
- 수동적인 부분
- 남 탓하는 자
- 통제자
- 분주함
- 입 다물어
- 느끼지 마
- 기타 :

이 멋진 관리자들과 함께하는 다음 단계는 무엇인가? 자세하고 구체적으로 적는다. 책 뒷부분에 있는 참고자료를 살펴보고 아이디어에 도움을 받도록 한다.

소방관

마지막으로, 소방관들이다 – 우리가 심지어 우리 자신으로부터도 종종 숨기고 싶어 하는 오래된 나만의 비밀스러운 친구들이다. 당신은 하나님 형상의 사랑과 함께 긍휼의 마음으로 소방관들을 만날 수 있다. 심지어 그들의 이름을 말할 수도 있고, 아마도 도움을 줄 수 있도록 전문성을 갖추고 훈련을 받은 안전한 또 다른 사람과 조심스럽게 (그리고 현명하게) 이야기를 나눌 수도 있다. 왜냐하면 열심히 일하여 탈진해 있는 당신의 소방관들은 그럴 만한 자격이 있기 때문이다. 그들은 당신이 상처를 덜 받도록 간절히 도와주고 싶어 한다.

관리자에서와 마찬가지로, 우리가 여기에 열거한 것들보다 훨씬 많은 소방관들이 있다. 그리고 당신이 그들에게 관심을 돌려 시스템 안에 있는 그들의 모습을 보여 달라고 초대할 때 비로소 당신은 자신의 소방관들을 진정으로 알게 된다. 하지만 지금으로서는 당신 삶에 가장 큰 고통이나 부정적인 결과를 가져오고 있는, 그래서 치유가 가장 필요한 소방관들을 표시한다.

- 작아짐
- 해리
- 과식
- 소식
- 음주/중독
- 쇼핑
- 환상
- 약물 사용/중독
- 성적 행동
- 음란물
- 거부
- 무감각
- 늦잠을 잠
- 잠이 부족함
- 과로함
- 충분히 일하지 않음
- 자해

- 자살 시도
- 살인 시도
- 폭력
- 격분
- 강박
- 충동
- 절단
- 폐쇄
- 기타 :

이것들에 대해 생각하기조차 힘들다는 것을 안다. 그렇더라도, 이 근면한 소방관들과 함께하는 다음 단계는 무엇인가? 자세하고 구체적으로 적는다. 책 뒷부분에 있는 "IFS 참고자료"를 사용하여 아이디어에 도움을 받도록 한다.

이제 추방자, 관리자, 소방관의 세 가지 목록을 모두 살펴본다. 긍휼의 마음과 사랑의 눈으로 바라본다.

무엇이 과거에 이러한 부분들을 이해하기 힘들게 만들었는가?

모든 부분이 환영받는다는 것을 아는 것이 당신에게 어떤 도움을 주는가?

당신은 이 부분들 중 하나를 더 잘 이해할 수 있기 위해 이번 주에 어떤 한 단계를 취하 겠다는 약속을 할 수 있는가?

만약 당신이 짐을 내려놓고 치유하고 변화하는 방법에 대해 좀 더 자세히 찾아보고 싶다면, 책 뒷부분에 있는 "IFS 참고자료"에 열거된 옵션을 참고한다. (저자의 웹사이트인 www.jennariemersma.com에서 "당신의 부분을 알아가기" 워크시트를 무료로 다운로드할 수 있다.) 우리는 결코 이 땅에서 완전히 짐을 내려놓지는 못하지만, 지금 우리들 대부분보다 확실히 훨씬 더 가까이 갈 수는 있다. 용기를 갖자. 당신은 이미 그 길을 잘 가고 있지 않은가.

이제 심호흡을 몇 번 하고 천천히 당신의 주의를 이 장으로 가져온다. 필요하다면 잠시 휴식을 취한다. 준비가 되면 어떻게 부분 인식이 하나님과 관계하는 방법을 도울 수 있는지 탐구 작업을 진행할 것이다.

더 효과적으로
관계 맺기 : 나와 하나님

순복하라, 애쓰지 말고

멋진 소식은, 내가 부분 인식을 가지고 내 자신을 이해할 때 나는 나의 진정한 영적 신앙인 나의 하나님 형상에 훨씬 더 접근을 잘할 수 있다는 것이다. 나는 하나님과의 실제적이고 진실한 관계와 함께, 나의 영혼에서 흘러나오는 성령의 열매를 발견한다.

하나님의 형상은 우리 안에 있다. 우리가 이 현실을 파악하는 순간, 갑자기 우리는 하나님께서 우리가 살아가도록 디자인하신 삶을 위해 우리가 필요로 하는 모든 것을 이미 우리 안에 가지고 있다고 가르치는 성경 말씀을 온전히 수용할 수 있게 된다! "나의 하나님께서 자기의 풍성하심을 따라 그리스도 예수 안에 있는 영광으로 여러분에게 필요한 것을 모두 채워주실 것입니다"(빌립보서 4:19).

과업은 우리의 부분들을 분리시킴으로서 이미 우리 안에 있는 성령의 열매를 자연스럽게 경험케 하는 것이다. 왜 그것이 열매 만드는 법을 알아내는 문제가 아니라 이미 존재하는 열매에 주의를 기울이는 문제인지 순식간에 이해가 된다. 순복인 것이다.

위대한 예술가 미켈란젤로의 조각에 대한 이야기가 생각난다. 미켈란젤로는 무엇을 하고 있느냐는 질문을 받았을 때, "대리석에 천사가 들어있는 것을 보고 그를 해방시켜 주려고 깎는다."라고 말했다. 일단 잉여의 대리석이 한 걸음 뒤로 물러나도록 초대받자(부조에서 배경 부분을 깎아내자), 내면의 아름다움이 드러났다.

미켈란젤로는 자신이 천사를 만들고 있다고 하기보다는 천사를 해방시켜 주고 있다고 믿었다. 우리가 내면의 하나님 형상에 접근하는 것도 마찬가지다.

정말 다행이 아닌가. 그리고 '나는 여기 있고 하나님은 저기 계시다'는 전형적인 우리의 신학과는 너무나 큰 차이가 아닌가. 전형적인 신학은 삶을 향한 하나님의 능력을 더 완전히 길어 올릴 수 있기 위해서 우리로 하여금 하나님 계신 곳에 더 가까이 다가가기 위한 다양한 기법을 시도하게 만든다. 그 수수께끼는 교회 앞 게시판에서 자주 읽었던 격언 가운데 완벽하게 담겨있다. "만약 하나님이 멀리 계시다고 느낀다면, 그분이 옮겨 간 것이 아니다. 누가 옮겨 갔단 말인가?" 우리는 이것을 다음과 같은 의미로 이해한다. "당신이 엉망으로 만들고 나서 이쪽(교회)으로 오기 전에, 먼저 자신을 고치고 나서 당신이 있었어야 할 곳 거기에 계신 그분(내면의 하나님 형상)과 접촉하는 법을 알아내도록 하십시오."

우리가 힘들게 노력하는 것이 아니라, 순복하면 된다는 것을 알게 된 것이 나는 너무 기쁘다. 우리는 어떻게 그렇게 할 수 있는가? 단순히 영적 MRI를 찍는 것이(즉, "이 부분, 사람, 경험을 향하여 나는 어떤 느낌을 갖는가?" 묻는 것이) 순복하는 것이다. 감지된 부분들이 있다면 우리는 그들에게 한 걸음 뒤로 물러나거나 분리되어 달라고 부드럽게 요청한다. 마치 미켈란젤로가 대리석을 열고 천사를 해방시켜 주었던 것처럼, 우리는 인내

심을 가지고 주의를 기울이는 작업을 통해 우리의 중심 참자아에 접근하고
참자아를 해방시켜 준다.

더 깊이 들어가기 : 나와 하나님 연습

당신이 과거에 하나님이나 교회, 믿음의 사람들을 이해하기 위해 고군분투했던 상황
을 기억나는 대로 적는다.

왜 그런 상황들이 당신에게 어려웠는지에 대해 적는다. 구체적으로 어떤 것이 그것을
힘들게 만들었는가?

과거에는 당신이 어떻게 이런 영적 어려움에 대응하였는가?

그러한 행동으로 하나님께 더 가까워지는 느낌이 들었는가, 더 멀어지는 느낌이 들었
는가? 하나님에 의해 더 받아들여졌는가, 덜 받아들여졌는가?

이제 이 상황에 대해 부분 접근을 시도해 보도록 한다. 이 쉽지 않은 과거의 기억 속으
로 들어가, 이번에는 당신이 하나님(또는 교회, 또는 믿음의 사람들)을 향하여 어떤 느
낌이 드는지 단순히 주목하는 것으로 영적 MRI를 찍는다. 당신은 멀리 떨어져 있거나,
화나거나, 원망스럽거나, 무력하거나, 절망스럽거나, 탈진하였거나, 두려워하는 느낌
을 감지할 수도 있다. 감지되는 것을 적는다.

그다음, 그러한 감정에 대해 어떤 감정이 드는지를 감지한다. 예를 들어, 당신은 하나님이 당신을 벌주기를 기다리고 계시는 것처럼 불안과 두려운 느낌이 들 수 있다. 그러고 나서 불안과 두려운 느낌에 대해 수치심을 느낄 가능성도 있다. ("두려운 느낌이 들어서는 안 된다! 하나님이 사랑하고 계시지 않는가!") 당신의 첫 번째 감정에 대해 갖게 된 그 감정을 적는다.

축하한다! 당신은 방금 당신 내면의 양극화를 찾아낸 것이다. IFS는 서로 대립하거나 경쟁하면서 공전하는 시스템 내의 두 부분을 설명하는 데 양극화란 용어를 사용한다. 앞의 예에서, '불안/두려움'은 '수치심/~해야 된다'와 양극화되어 있다. 둘 다 짐을 짊어진 부분들이고, 서로 전쟁 중이며, 당신이 내면의 진정한 하나님 형상에 접근하는 것을 가로막는다.

그 양극화를 그리거나 기록한다. 시간을 갖고 당신이 인식하고 있는 각각의 부분에 호기심을 가져온다.

부분 1 (예를 들어, 하나님이 벌하실 것을 불안해하거나 두려워함) : 그 부분에 대해서 어떤 점이 감지되는가? 그 부분은 언제부터 이렇게 느끼기 시작했는가? 그 부분은 당신에게서 어떤 것을 필요로 하는가?

부분 2 (예를 들어, 불안/두려운 느낌에 대한 수치심/~해야 한다) : 그 부분에 대해서 어떤 점이 감지되는가? 그 부분은 어떻게 당신을 돕고자 애쓰고 있는가? 그 부분은 부분 1과 싸우지 않는다면 어떤 일이 일어날까 봐 두려워하는가?

이 각각의 부분들을 더 잘 이해했다면 두 부분 모두 한 걸음 뒤로 물러서도록 초대하여 내면에 있는 하나님의 형상에 접근할 수 있도록 한다. 한 부분이나 두 부분 모두가 뒤로 물러서지 않으려 하는 경우, 만약 그들이 물러선다면 어떤 일이 일어날까 봐 두려워하는지 물어본다. 당신은 상대 부분이 장악하지 못하도록 하겠다고 각 부분을 안심시키고, 그들이 각자 동일한 양만큼 뒤로 물러설 의향이 있는지 확인한다. 만약 그들이 물러난다면, 당신은 몸 안에 너른 공간이 열리는 것과 8C 혹은 성령의 열매를 감지할 수 있게 된다. 당신은 여기 계신 하나님과 연결된 것이다. 그것이 당신에게 어떤 경험인지 기록한다.

지금까지 본 바와 같이, 여기 계신 하나님께 접근할 수 있도록 해주는 것은 '노력(더 열심히 애씀)'보다는 '순복(부분들이 뒤로 물러남)'이다. 이런 현실을 경험함으로써 당신에게 어떤 변화가 나타나는가? 어떤 것이 놀라운가? 어떤 것이 옳다고 느껴지는가?

이번 주에 한번 따로 시간을 내어, 당신의 부분들을 분리하고 여기 계신 하나님을 경험하도록 계속 초대해 보는 것은 어떤가? 당신이 시작하는 데 도움이 된다면 "더 깊이 들어가기 : 당신의 하나님 형상에 접근하기" 연습(제3장)을 활용한다.

심호흡을 몇 번 하고 천천히 다시 이 장으로 주의를 가져온다. 원한다면, 잠시 휴식을 취한 다음 계속한다. 다음 장은 더 길고, 여러 가지 "더 깊이 들어가기" 연습을 포함하고 있다. 왜냐하면 우리가 지금까지 우리 자신, 그리고 하나님과 좀 더 효과적으로 관계 맺는 법을 탐구해 왔기에, 우리가 준비만 된다면 이제는 더 넓은 인구집단에, 즉 우리가 다른 사람들과 어떻게 관계를 맺는가에 주의를 기울여야 할 때이기 때문이다.

더 효과적으로
관계 맺기 : 나와 다른 사람들

우리가 배운 내용을 실행에 옮기는 네 가지 방법

부분 인식이 가져다주는 중요한 유익 중 하나는 우리가 삶에서 훨씬 더 큰 긍휼의 마음으로, 그리고 효과적으로 다른 사람을 이해할 수 있도록 해준다는 것이다. 앞서의 여러 장들을 거치면서, 우리는 우리의 관계 방향을 완전히 재설정하는 핵심 원칙을 세웠다. 이 장에서는 이러한 원칙을 실행에 옮기는 네 가지 방법에 대해 구체적으로 알아보고자 한다.

1. 대항하거나 멀리하지 않고, 향하여 나아가기

기억하는가, 교회가 시작된 이래 대항하거나 멀리하지 않고 향하여 나아가는 것은 투쟁이었다. 따라서 우리가 어느 정도 부분 인식을 가지고 있어야 이 작업을 쉽게 수행할 수 있다는 사실이 이해가 된다.

우리가 지금까지 보았듯이, 바리새인들은 비록 선한 의도에서 그랬을 가능성은 있지만, 대항하거나 멀리하는 것을 몹시 좋아하였다. 바리새인들은 사람들이 성전 가까이 올 수 있을 만큼 확실히 정결을 유지하도록 하기 위해 그들에게 엄청나게 복잡한 규칙을 따르도록 요구하였다. 사실상, 그들은 추방자들과 접촉하는 사람들을 경멸하였다.

누가복음 18장 10~12장에는 그 장면을 분명하게 묘사하고 있다. "두 사람이 기도하러 성전에 올라갔다. 한 사람은 바리새파 사람이고, 다른 한 사람은 세리였다. 바리새파 사람은 서서, 혼잣말로 이렇게 기도하였다. '하나님, 감사합니다. 나는 남의 것을 빼앗는 자나 불의한 자나 간음하는 자와 같은 다른 사람들과 같지 않으며, 더구나 이 세리와는 같지 않습니다. 나는 이레에 두 번씩 금식하고, 내 모든 소득의 십일조를 바칩니다.'" 이것은 멀리하는 것에 대한 장면임이 꽤 분명하다.

더 깊이 들어가기 : 향하여 나아가기와 멀리하기

하나님을 대표하는 사람이 멀리하는 것을 경험해 본 적이 있는가? 당신에게 그 경험은 어떠하였는가?

만약 멀리하는 경험으로 인해 당신이 판단을 받거나 거부당한 느낌을 갖고 있는 취약한 부분을 인식하고 있다면, 그 순간 그 부분에 가장 필요한 것은 무엇이었는가?

그러면 그와 달리 누군가 당신을 향해 나아가는 것은 어떻게 보였겠는가?

바리새인들은 열심히 일하는 관리자 부분들의 입장에서 옳은 일을 하는 데만 몰입하면서, 자신의 추방자/소방관들에게는 강하게 대항하고 다른 사람들의 추방자/소방관들은 멀리하고 있었다. 그 결과, 그들은 아마도 이미 자신들 내면에 있던 하나님과의 만남의 기회를 놓쳤고, 틀림없이 그들 외부에서 예수님이 제의하셨던 하나님과의 만남의 기회를 놓쳤을 것이다.

마르틴 루터 시대에 교회는 이에 대해 약간 다른 관점을 가지고 있어 일정 비용과 행위(하나님께 가까이 다가가기 위해 관리자들이 옳은 일을 하는 것)를 요구하였으나, 제도적으로 내면의 하나님에 대한 경험을 놓치고 있었다. 역사적으로 여러 시기마다 교회 내에서 짐을 짊어진 부분들은 십자군 전쟁, 노예제도, 인종차별주의, 원주민에 대한 불평등, 식민주의, 짐 크로 법,* 홀로코스트, 그리고 인간에 대한 폭력들을 허가해 왔다.

틀림없이 예수님께서는 이 모든 것을 '회칠한 무덤'이라고 부르셨을 것이다.[58] 나는 그것이 '당신의 관리자들은 여기서 도움이 되지 않는다'는 뜻으로 번역된다고 생각한다.

이것은 뼛속까지 오싹하게 만든다. 교회 역사를 통해 끊임없이 우리는 가능성을 향해 나아가는 기회를 놓쳤고, 대항하거나 멀리하는 것이 하나님의 마음이라고 믿기 시작하였다. 너무나 자주 하나님께 가까이 다가가고자 하는 우리의 진실한 노력이 오히려 우리를 그분에게서 멀어지게 한 것으로 보인다.

---

* 역자 주 : 짐 크로 법(Jim Crow laws)은 1876년부터 1965년까지 시행됐던 미국의 주법으로서, 미국의 흑인이 '분리되어 있지만 평등하다'는 사회적 지위를 갖게 했다. 예를 들면 공립 학교, 공공장소, 대중교통에서의 인종 분리, 그리고 화장실, 식당, 식수대에서의 백인과 흑인 격리 등이 있다. 짐 크로 법은 1964년 민권법과 1965년 선거권법으로 인해 효력을 상실했다.

선한 의도를 가진 나의 부분들이 대항하는 방식으로 교회 활동(doing church)**을 해왔던 경우가 많았다고 나는 생각한다. 당신도 그런가?

잠시 시간을 내어 긍휼의 마음을 가지고, 당신의 부분들 몇 가지를 여기에 기록한다. 당신이 구체적으로 대항하는 순간들은 어떤 모습이었는가?

지금 그 목록을 읽는 것이 힘들 수도 있겠지만, 당신의 대항하는 부분이 당신으로 하여금 피할 수 있도록 해주려고 애쓰고 있는 경험이나 느낌을 찾아낼 수 있는가?

그중의 한 상황에서, 향하여 나아가는 접근법이라면 어떤 모습이고 어떤 느낌이었겠는가?

그 방법은 당신으로 하여금 어떤 위험을 감수하도록 만들었겠는가?

하나님 형상 입장에서가 아니라 짐을 짊어진 관리자 입장에서의 교회 활동은 불행하게도 우리에게 상처를 주고 다른 사람들에게도 상처를 준다. 그것은 우리를 하나님으로부터 더 멀어지게 하고 하나님과의 관계, 서로의 관계, 그리고 우리 자신과의 관계를 끊어놓는다.

** 역자 주 : 외부로 드러나는 교회 활동을 말하며 신앙의 본질을 뜻하는 being church와 대비된다.

만약 당신이 나처럼 우리의 부분이나 다른 사람의 부분들에 대항하는 자세로 살아왔다면, 회칠한 무덤과 같은 교회 활동이나 삶에 더 이상 참여를 거부하며, 향하여 나아가라는 이 강력한 초대를 우리가 수용할 수 있다는 사실을 알게 되어 얼마나 다행인가.

우리가 다른 사람들을 향하여 나아갈 때, 우리는 그들의 중심에 하나님을 닮은 모습이 각인되어 있으며 그들이 어떤 벗어난 행동을 하고 있다면 그것은 그들에게 나쁜 역할에 고착되어 있는 부분이 있기 때문이라는 것을 깨닫는다. 우리는 원망이나 두려움보다는 긍휼의 마음과 호기심을 가지고 그 부분을 바라볼 수 있다. 우리는 그 부분이 단지 돕고자 애쓰고 있다는 것을 이해하기 때문이다.

우리가 그러한 호기심과 긍휼의 마음을 가지고 향하여 나아갈 때, 우리는 우리의 하나님 형상 가운데 있으면서 목격하고 사랑하며 위로한다. 만약 그들이 몸이 편치 않거나 안전하지 않다면, 우리는 또한 의제나 압박이나 위협이나 수치심에서가 아니라 우리 하나님 형상의 입장에서 단지 사랑의 마음으로 우리의 안전이나 복지를 위해 효과적인 경계를 세울 수도 있다.

그것이 나의 하나님이다. 그분이 가장 잘하시는 것이 바로 사랑이다.

그것이 바로 복음의 본질이 아니었던가? "가장 큰 계명은 사랑이다."라고 하지 않으셨는가. 경적을 울리는 크고 묵직한 성경은 사랑이라는 한 단어로 압축된다.

2. 유턴하기

내가 생각하는, IFS가 더 큰 변화를 가져오는 핵심 포인트 중 하나는 우리가 우리의 부분들뿐만 아니라 다른 사람의 부분들을 이해할 때 모든 사람들을, 특히 우리를 미치게 만드는 사람들을 보다 성공적으로 이해할 수 있는 초능력 같은 것이 발달된다는 것이다.

유턴에 대한 IFS 개념에 따르면, 어떤 상황이나 사람이 우리를 자극할 때 그들이 잘못하고 있는 것을 바라보기보다 관심을 돌려 활성화되고 있는 우리의 부분들을 주목하라고 제안한다. "저 사람이 날 미치게 하고 있군!"이라고 외치기보다 "내 안에 어떤 것이 등장하고 있는가?"라고 물으라는 것이다.

이 간단한 방향 전환으로 우리 삶 가운데 만나는 힘든 사람들이 갑자기 선물이 되어 우리의 토멘토 역할을 한다. (제8장에서 이 역동을 다루었다.)

그들이 답답하고 짜증스러운 일들로 우리에게 고통을 줌으로써 그들은 치유가 필요한 우리 부분들에게 멘토가 되어준다.

자. 그것은 정확히 어떤 모습일까?

완전히 꾸며낸 예이든 그렇지 않든, 어떻겠는가? (당신이 결정하도록 한다.)

드니스가 사람들 앞에서 큰 소리를 내거나 주목받는 것을 매우 불편해하는 추방자를 가지고 있다고 하자. 그녀는 그 생각만 하여도 공포에 질려 움츠러든다. 어떤 이유에서든 공공장소에서 자신에게 관심이 집중되면 그녀는 두려움을 느낀다. 그리고 그녀에게는 그런 상황에서 자신이 작고 조용하게 있도록 도우며, 이의를 제기하기 위해 열심히 일하는 소방관이 있다. 반면에 그녀의 남편은 체구가 크고 큰 소리를 내는 남자다. 키가 193센티미터인 그는 어디에 있어도 눈에 띈다. 그의 한쪽 귀가 안 들린다고 내가 말했던가? 그래서 이미 울림이 있는 그의 저음의 목소리는 자연스럽게 커진다. 자신이 큰 소리를 내고 있다는 것을 모르기 때문이다.

한마디로, 그들은 만성적인 부부 갈등을 겪고 있다. 그들은 수년간 목소리 크기 문제로 싸웠다. 이상한 것은, 그녀를 제외한 다른 사람에게는 그것이 그리 문제가 되지 않는 것이다.

하지만 만약 드니스가 좌절하는 것이 아니라 남편을 토멘토로 보라는 권유를 받아들이는 경우, 그녀는 남편이 큰 소리로 말하기 시작할 때 유턴을 할 수 있다. 남편과 남편이 잘못하고 있는 모든 일(큰 소리를 내어 관심을 끄는)에 초점을 맞추기보다 그녀는 관심을 자신, 즉 활성화되고 있는 자신의 부분에게로 돌릴 수 있다. 치유되어야 할 필요가 있는 그녀의 부분을 활성화시키는 것이 그녀가 사랑하는 사람이 건네는 선물인 것이다. 그녀는 자신에게 큰 영향을 미치는 다음의 유턴 질문을 한다. "지금 내 안에 어떤 감정이 등장하고 있는가?" 그러고는 즉시 판단과 비판을 지나치게 걱정하고 있는 자신의 부분과 연결한다.

> 유턴 질문을 한다. "지금 내 안에 어떤 감정이 등장하고 있는가?"

그녀가 그 부분과 부분의 치유 필요성을 감지하는 경우 그녀는 그들이 자신의 하나님 형상과 만나 그들의 경험을 이야기하고 짐을 내려놓게 할 수 있는 선택권을 갖고 있다. 그리하여 그녀는 더 이상 소리의 크기 문제로 움츠러들지 않으며, 큰 소리를 내는 멋진 사랑하는 사람과 함께 있을 수 있게 된다.

마태복음에서 예수님은 이렇게 말씀하신다. "어찌하여 너는 남의 눈 속에 있는 티는 보면서, 네 눈 속에 있는 들보는 깨닫지 못하느냐? 네 눈 속에는 들보가 있는데, 어떻게 남에게 말하기를 '네 눈에서 티를 빼내 줄 테니 가만히 있거라.' 할 수 있겠느냐?"[59]

더 깊이 들어가기 : 유턴하기

이제 당신은 어떤가? 당신의 삶에서 당신을 미치게 만드는 사람은 누구인가? 정치인일 수도 있고 이웃, 상사 또는 친구일 수도 있다.

그들의 어떤 행동이 당신을 화나게 하는가?

당신은 보통 어떻게 반응하는가?

그것이 그들을 어떤 식으로든 변화시키는가? 그것이 상황에 도움이 되는가?

이제 그들이 잘못하고 있는 것에 초점을 맞추는 대신에, 당신의 관심을 자신에게로 돌린다. 어떤 감정, 생각, 신념이 당신 안에서 활성화되고 있는가?

당신은 이 부분(들)에게 무엇이 필요한지 물어볼 수 있는가? 당신의 토멘토가 반복적으로 학대를 할 수도 있다. 그러면 당신의 부분들은 얼어붙어 있는 것이 아니라, 끝까지 경계를 유지해야 한다. 아마도 당신에게 짐 내려놓기가 필요한 매우 중요한 부분이 있을 수도 있다. 그냥 호기심을 갖고 당신이 감지한 것을 적는다.

훌륭하다! 당신은 방금 IFS에서 시작점, 즉 치유가 필요한 당신 내면 영역으로의 진입점이라고 일컫는 것을 찾아내었다. 누군가 혹은 무언가(그것에 대해 우리가 힘을 쓸수 없는)에 초점을 맞추는 것보다 우리의 인식을 자기 자신(그것에 대해 우리가 무언가를 할 수 있는)에게로 돌리는 것이 얼마나 더 효과적인지 주목한다.

유턴은 우리의 모든 삶을 정말로 변화시킬 수 있다. 우리는 다음과 같이 묻기만 하면 된다. "내 안에 어떤 감정이 떠오르고 있는가?" 그렇게 내면을 바라봄으로써, 우리는 대하기 힘든 사람들에게 긍정적으로 대응할 수 있게 된다.

3. 부분들의 입장에서 말하는 것이 아니라 부분들을 대변하기

우리의 부분들이 내면시스템을 장악하였을 때는 마치 우리가 그 부분인 듯한 느낌을 갖는다. 우리의 화난 부분이 전면에 나설 때 우리는 분노를 느끼고 화를 표출하며 노발대발한다. 우리는 종종 우리가 화난 사람이라고 생각한다. 슬픔, 불안, 통제 또는 다른 부분에 대해서도 마찬가지이다.

부분이 통제권을 갖고 있을 때 우리는 그 부분의 입장에서 말할 수밖에 없다. 우리가 그 부분인 것처럼 말하는 것이다. 물론 부분들이 주도하는 모든 것들이 그렇듯이, 우리가 부분의 입장에서 말하는 경우 우리는 우리가 바라는 것을 거의 이루지 못한다.

예를 들어 우리가 화가 났을 때, 우리는 보통 누군가가 우리의 고통을 보고 존중해 주기를 원하며 사람들이 우리에게 저지른 잘못에 대해 누군가가 보상해 주기를 원한다. 불행하게도 만약 우리가 격분하여 누군가에게 소리를 지르고 있다면 그들이 우리의 고통을 볼 가능성은 없으며, 그들은 자신의 고통과 그것을 방어하는 부분들을 발달시켜 우리의 격분으로부터 자신들을 보호하려 할 것이다. 이 모든 것들이 누군가가 우리를 보고 존중해 주기를 바라는 우리의 목표로부터 더 멀어지게 만든다.

음.

부분 인식을 통해 우리는 화난 부분이 우리에게서 분리되도록 할 수 있는 능력을 갖고 있으며, 이제 그 부분을 대변할 수 있는 역량을 갖게 되었다. 이것으로 이야기는 전혀 달라진다.

나의 경계가 침해당했기 때문에 내 안에서 화나는 부분이 활성화된 경우, 화나는 부분과 분리된 내 내면의 하나님 형상을 찾을 수 있으므로 나는 왜 화가 났는지 이해하고, 분노 뒤에 있는 추방자들의 고통과 아픔을 인정하며, 그 고통과 아픔과 분노를 건강한 방식으로 말할 수 있게 된다.

부분을 대변하기 위해서는 다음과 같이 하면 된다.

1. 부분의 존재를 인식한다. (8C가 아닌 다른 감정을 느끼는 모든 경우)
2. 부분이 분리되도록 초대하여 우리가 하나님 형상에 접근할 수 있도록 한다.
3. 부분이 어떤 느낌을 갖고 있으며 무엇이 필요한지 나눌 수 있도록 초대한다.
4. 부분의 염려 사항을 인정하고 우리가 제대로 이해하였는지 확인한다.
5. 그 부분을 대변할 수 있도록, 즉 대신하여 말할 수 있도록 허락을 구한다.

이 프로세스는 우리의 에너지에 변화를 가져온다. 부분들이 분리되고, 우리가 하나님 형상에 접근할 때는 신체 언어, 목소리 톤, 감정, 그리고 얼굴 표정이 모두 변화된다. 이 강력한 중심의 입장에서, 우리는 부분들을 대변할 수 있게 되며 누군가 부분들의 이야기를 들어줄 수 있는 기회는 훨씬 더 커진다.

우리가 우리의 부분들을 대변할 때 우리는 흔히 이렇게 말한다. "나의 한 부분은 _____ 느낌을 갖고 있고, 다른 부분은 _____ 느낌을 갖고 있다." 이 간단한 도구를 통해 우리는 상반된 의견을 가지고 있을 수도 있는 우리의 부분들이 자기표현을 하도록 해줄 수 있다. "나의 한 부분은 당신(남편)이 오늘 학교에서 서맨사를 데려오지 않아 분노를 느끼고 있고,

또 다른 부분은 당신이 상사와 중요한 만남을 가져서 시간 가는 줄 몰랐다는 것을 인식하고 이해하고 있다.” 누군가가 우리 이야기를 진정으로, 그리고 비방어적으로 들어줄 가능성이 훨씬 더 높으며, 우리의 부분들 또한 진정된다. 자신들의 속마음이 잘 대변되고 있다고 느끼기 때문이다.

제8장의 제인에게로 되돌아가, 남편 존이 포르노에 중독되었으며 외도를 하고 있다는 것을 발견함으로써 갖게 된 배신의 트라우마를 살펴본다. 그녀는 당연히 분노, 비애, 거부감을 비롯한 많은 감정을 느끼고 있을 것이다. 만약 그녀가 자신의 부분들의 입장에서 말한다면, 다음과 같이 말할 가능성이 있다.

당신 도대체 왜 그러는 거야? 어떻게 당신이 우리에게 이럴 수가 있어? 망할 놈의 인간! 애초에 당신과 결혼하지 말았어야 했어. 조지(전 애인)가 나와 결혼하길 원했는데, 그는 당신보다 훨씬 나은 남자였어. 난 그와 결혼했어야 했어. 그는 자기 가족에게 이런 짓을 하지는 않았을 거야. 꺼져, 이 간통한 더러운 인간아! 구역질 나는 인간아!

자, 우리는 알고 있다—제인이 정말로 원하는 것은 존이 자신의 행동이 그녀에게 끼친 고통의 깊이를 깨닫고, 그녀의 감정이 완전히 타당하며 그녀가 얼마나 깊은 상처를 입었는지 그가 마땅히 귀를 기울여야 한다고 그녀에게 말하는 것이다. 그녀는 남편이 깊은 회한과 후회 그리고 깨어진 심령으로 그녀를 향해 나아와, 그녀는 자신의 가장 소중한 사랑이며 자신은 그녀를 배신한 바보라는 것을 확약하고 아무리 오랜 시간이 걸릴지라도 자신은 그녀를 되찾기 위해 무슨 짓이든 하겠다고 말해주기를 원한다.

맞는가? 그렇다. 내가 작업하는 배신당한 배우자의 99퍼센트는 그걸 원한다.

하지만 제인이 자신의 분노와 상처의 입장에서 이야기할 때, 존은 공격과 수치를 당하고 있으며, 그녀가 자신을 원하지 않는다는 느낌을 갖게 될 가능성이 높다는 것에 주목한다. 격분, 책임 전가, 마음을 닫음, 뒤로 물러섬과 같은 그의 방어적인 부분들이 올라올 가능성이 높다.

그녀가 그런 말을 할 때, 그가 자신의 하나님 형상 곁에 머물며 진정으로 그녀의 고통을 듣고 존중할 가능성은 없다. 오히려 서로 소리 지르거나 냉전으로 끝나게 되어 두 사람은 서로 사랑받지 못하고 관심과 돌봄을 받지 못하며 버림받는다는 느낌을 갖게 될 가능성이 높다.

존의 행동이 분명히 이 문제를 촉발시켰으므로, 이제 자신이 야기한 고통을 존중할 수 있도록 자신의 하나님 형상 가운데 머무는 작업을 하는 것은 그의 책임이다.

당연하다.

하지만 제인이 자신의 고통과 상처의 입장에서 말하는 것이 아니라 그들을 대변하는 경우, 누군가가 자신의 고통을 이해하고 존중해 주기를 바라는 필요성은 그 강도가 약해진다.

그녀가 바로 그 상처와 화난 부분들을 어떻게 대변할 수 있는지 주목한다.

> 존, 내 부분들이 상처받고 거부당했으며 배신당해 혼자 내팽개쳐진 느낌과 분노를 품고 있고, 당신의 포르노 중독과 외도에 대해 두려워하고 있다는 사실을 이야기해 주어야 할 것 같아. 왜냐하면 나는 나의 삶과 우리의 결혼 생활을 우리가 서로에게 신의를 지킨다는 믿음의 바탕 위에 세웠기 때문이야. 그리고 이 사실은 그 상실로 슬퍼하는 내게 너무나도 깊은 고통을 주고 있어. 당신은 나의 고통에 귀를 기울이고, 상담을 받으며, 외도 파트너와의 관계를 끊어버릴 용의가 있겠어? 만약 당신이 그렇게 하기로 한다면, 나는 이 관계를 계속 유지할 수 있는지 고려해 보겠어. 만약 당신이 그렇게 하지 않겠다면, 나는 나의 고통과 나의 진실성을 존중하기 위해 헤어져야겠어.

우리의 부분들을 대변하는 것은 우리의 고통을 존중하고 우리의 진실성을 강조하며 우리의 말을 받는 사람을 존중하고 누군가 우리의 이야기를 들어줄 가능성을 높여준다.

이제 당신 차례다.

더 깊이 들어가기 : 부분 입장에서 말하기와 부분을 대변하기

최근에 부분의 입장에서 말한 것이 언제인지 기억하는가?

그것은 당신의 어떤 부분이었는가?

당신은 뭐라고 하였는가?

어떻게 되었는가? 당신은 누군가 들어주고, 돌봄을 받으며, 의사소통이 잘 이루어지는 느낌을 가졌는가?

이제 당신이 어떻게 그 부분(들)을 대변할 수 있었을까 상상해 본다. 당신이 무슨 말을 했겠는지 적는다.

"나의 한 부분은 _____ 느낌을 갖고 있다."

"그리고 다른 부분은 _____ 느낌을 갖고 있다."

(아마도) "또 다른 부분은 _____ 느낌을 갖고 있다."

당신은 그것이 어떻게 진행되었을지 상상이 되는가?

당신의 내면에 어떤 느낌이 들었을 것 같은가? 이것이 당신의 부분들을 더 효과적으로 표현했을 것 같은가?

이것은 간단하지만 결코 쉽지는 않다. 이 지혜를 연습하면서, 우리는 정서적으로 불안한 상황 가운데서 우리가 관계하는 방법에 즉각적이고 근본적인 변화를 경험하게 된다.

4. 부분은 전체가 아니다

나는 이 진실을 너무 좋아한다. 왜냐하면 이 진실은 나를 해방시켜 다차원적이 되도록 해주기 때문이다. 달리 표현하면, 내가 다른 사람들과 관계하는 방식에서 더 많은 자유와 유연성을 갖게 된다는 의미이다.

I-285 고속도로를 달리던 남자가 갑자기 빠르게 내 앞으로 차를 확 틀면서 끼어들어 내게 손가락 욕을 할 때, 나는 그의 화난 부분이 그 순간에 전면에 등장하였다는 것을 알 수 있다. 그러나 그것이 그 사람의 전부는 아니다. 만약 그가 끼어들어 내게 손가락 욕을 하는 것 같은 어떤 극단적인 행동에 갇혀있는 화난 부분을 가지고 있다면, 그에게 그런 행동을 주도하는 어떤 것이 있을 것이다. 그에게는 필시 자신들의 감정과 욕구가 존중받지 못하고 있다고 믿는 추방자들이 있을 것이다. 화난 부분이 반응적이고 공격적으로 그의 감정과 욕구를 —도움이 되지 않는 방식으로— 돌보고자 애쓰고 있는 것으로 보이기 때문에 그 틈을 타 추방자들이 감정을 노골적으로 드러내고 있을 가능성이 있다.

그것이 고속도로에서의 그의 행동을 정당화하는가?

절대로 그렇지 않다. 하지만 다차원적인 관점은 나로 하여금 나의 하나님 형상을 (또는 적어도 그것에 더 가까이) 유지하고, 내 감정과 욕구가 존중받지 못하고 있다는 느낌 때문에 화난 부분이 장악하도록 내버려 두지 않게 해준다. 그러한 관점은 또한 사람들의 행동과 그들의 모습 사이에 어느 정도의 공간을 허용해 준다. 그리하여 나는 숨을 쉴 수 있는 공간이 생겨, 평온을 유지할 수 있게 된다.

문제의 핵심으로 들어가 본다. 당신이 결혼한 경우, 당신의 배우자가 당신을 미치게 하거나 화나게 하는 행동을 할 수 있다. 당신이 독신인 경우, 가까운 누군가가 당신을 미치게 하는 행동을 할 수 있다. 그것이 공동체에서 불완전한 사람들과 함께 살아가는 것의 본성이다.

더 깊이 들어가기 : 부분은 전체가 아니다

배우자가 하는 짜증스러운 행동을 생각해 본다. 정말로 잠깐만 생각해 본다. 그리고 당신이 언제 일차원적으로 생각하는지 – 저 인간은 정말 멍청이군! – 어떤 느낌과 생각을 떠올리는지 주목한다. 그것들을 적는다.

당신은 다양한 부분들이 활성화되어 장악하는 것을 감지할 수도 있다. 아마도 화내거나, 원망하거나 혹은 내향적인 부분일 수도 있다. 어쩌면 다음과 같이 생각하는 부분일 수도 있다 – 내가 이 사람을 잘못 만났어, 나는 그들과 관계를 맺지 말아야 했어. 솔직히 그들이 저 멍청이 짓을 하고 있는 경우, 그것이 그들의 모습 전부였다면 당신은 실제로 그들과 관계 맺고 싶지 않을 수도 있기 때문이다.

이제 숨을 들이쉰다. 그리고 이러한 행동을 단지 그들의 한 부분이라고 생각한다. 그 부분이 관리자인지 소방관인지 식별할 수 있는가?

그 부분은 어떤 추방자(들)를 보호하고 있을 가능성이 있는가?

어디서 그 잠재적 추방자가 발달했을지 짚이는 데가 있는가?

그것은 그들의 모습 전부가 아니며, 단지 그들의 한 부분에 불과하다는 것을 상기한다. 이제 당신이 어떤 기분인지 감지한다. 당신의 내적 경험에 어떤 변화가 있는지 주목한다. 여기에 기록한다.

당신은 좀 더 평온하고, 좀 더 이성적이며, 그들의 멍청이 같은 행동에 현명하게 더 잘 대처할 수 있으며, 그들에게 진심으로 느끼는 사랑이나 관심을 잃지 않고 더 잘 유지할 수 있겠다는 느낌이 들 수도 있다.

다시 한번 말하지만, 이것이 그들의 나쁜 행동을 정당화시키는 것은 아니다.

만약 그들의 행동이 위험하거나 반복적으로 창피를 준다면, 그리고 만약 그들이 신체적으로, 언어적으로, 성적으로 학대하며 위험에 빠뜨리거나 뉘우침이나 변화를 시도하지도 않으면서 계속해서 거짓말을 하고 배신한다면, 당신은 자신을 정서적으로, 신체적으로, 경제적으로 혹은 성적으로 안전하게 유지하기 위해 하나님 형상 가운데 머물면서 건강한 경계를 세우고 그들과의 관계를 끊을 수도 있다. 사실, 우리가 하나님의 형상 가운데 있을 때 건강한 경계는 자신을 안전하게 지키는 것이지 다른 사람의 행동을 바꾸는 것이 아님을 기억하면서, 건강한 경계가 존중받고 있는지 여부를 슬기롭게 관찰할 수 있다. 우리는 실제로 일을 끝까지 더 잘 해낼 수 있다. 왜냐하면 우리의 상처 입고 두려워하는 부분들이 상황을 끌어가지는 않기 때문이다.

부분이 전체가 아니라는 것을 알면 또한 내가 나 자신을 알아갈 때 자유로워진다.

내가 다차원성을 존중할 때 나는 자유롭게 나의 모든 부분을 인정하고 존중하며, 단 한 가지만 택하여 나의 정체성으로 여기지 않는다. 나는 하나님께서 주신 나의 복잡성을 이해하면서 숨 쉴 공간을 갖게 된다. 특정한 부분이 내가 아니라, 돕고자 애쓰는 나의 한 부분에 불과하다는 것을 인정하는 것만으로도 그 부분과 대화할 수 있는 더 나은 전략이 되는 것이다.

당신은 어떤가? 자주 과도하게 동일시하는 부분을 가지고 있는가? 아마도 당신 스스로에게 이렇게 말할지 모른다. "나는 나쁜 엄마야." 혹은 "나는 외톨이야." 또는 "나는 정말 엉망진창이야." 당신이 자신에게 보낸 부정적인 메시지들을 적는다.

이제 그것은 신념이나 감정이나 행동을 붙들고 있는 당신의 한 부분에 지나지 않는 것임을 인식한다. 그건 당신의 모습이 아니다. 더 큰 현실을 인식하게 된 기분이 어떤가?

더 많은 행동과 감정과 선택에 접근할 수 있다는 느낌이 드는가?

당신에게 그 변화는 어떤가?

이 장이 끝나가므로, 당신이 겪고 있는 가장 도전적인 관계들에 대해 되돌아보는 시간을 갖는다. 당신이 그 사람(들)과 관계를 맺으면서 우리가 지금까지 논의하였던 원리 중 어떤 것이 당신에게 더 많은 자유와 유연성을 제공할 수 있겠는가?

1) 대항하거나 멀리하지 않고, 향하여 나아가기

2) 유턴하기

3) 부분들의 입장에서 말하는 것이 아니라 부분들을 대변하기

4) 부분은 전체가 아니다

네 가지 개념 중 당신이 실행에 옮기기 쉬운 것은 어떤 것인가?

그것이 가장 쉬운 이유는 무엇인가?

만약 당신이 보다 의도적으로 이러한 원리들을 적용한다면, 당신의 삶에 어떤 변화가 일어나겠는가?

이제 심호흡을 몇 번 하고 천천히 당신의 주의를 다시 이 장으로 가져온다. 원한다면 잠시 휴식을 취한다. 명상을 할 수도 있다. 차 한잔을 마신다. 빠른 걸음으로 산책한다. 지지적인 친구에게 전화한다. 잠깐 눈을 붙인다. 어떤 것이든, 당신의 부분들을 잘 돌보도록 한다.

부분 인식을 매일의 삶에 적용하는 방법에 대한 탐구를 마무리하면서 역동 한 가지를 더 고려한다. 즉 그룹 대 그룹, 그리고 문화 대 문화가 그것이다. 준비되면 그곳에서 만나도록 한다.

더 효과적으로 관계 맺기 :
그룹 대 그룹, 문화 대 문화

부분 인식과 양극화된 공동체

부분 인식이 가진 놀라운 점은 부분 인식이 우리 자신과 하나님, 그리고 다른 사람들과의 관계뿐만 아니라 우리의 더 큰 공동체와 문화에도 적용된다는 것이다. 우리가 세계 정세의 분열이 짐을 짊어진 추방자들과 보호자들 때문인 것으로 볼 때 우리는 점점 더 양극화되어 가는 공동체를 이해하기 시작하며 그 안에서 우리 자신을 발견하고 상황이 실제로 바뀔 가능성이 있다는 희망을 발견한다.

매우 현실적인 의미에서, 우리는 세계 사회정치적 경제 분야에서 전쟁을 하고 있는 짐을 짊어진 부분들을 가지고 있다. 우리 문화의 뚜렷한 '부분들', 즉 정치적, 교육적, 인종적, 종교적, 성적인 부분들이 어떻게 존재하는지 잠시 생각해 본다. 우리가 문화의 역사 속에서 고통을 겪고 있을 때(물론 우리는 겪는다), 고통의 짐을 짊어진 문화적 추방자들이 발달하며 이에 대응하여 짐을 짊어진 관리자들과 소방관들이 등장하여 사회시스템 전반에서 그들의 고통을 저지하고자 애쓰게 된다.

누가 우리 공동체의 추방자들인가? 우리의 내면세계에서처럼 우리 문화

속에서 무력함과 어떤 식으로든 상처를 경험한 적이 있는 집단이 추방자들이라고 할 수 있다. 여기에는 유색인종, 여성, 아동, 가난한 자, 무학력자, 정신 건강 문제로 몸부림치는 사람, 이민자 집단이 포함될 수 있다. 인신매매 피해자같이 더 큰 문화세력에게 노골적으로 학대받는 집단도 포함된다. 우리의 내면 추방자들처럼 이 집단들은 자신들의 상처로 인한 고통의 짐을 짊어지고 있다. 그리고 우리의 내면시스템에서와 마찬가지로 고통을 억압하거나 회피하는 것은 그 부분이 누군가에 의해 목격되고, 검증되며, 짐을 내려놓게 될 때까지 더 큰 시스템 내에서의 추진 에너지가 된다. 지극히 현실적인 의미에서, 우리 사회의 힘없는 부분들에게 가해진 폐해가 해결되지 않는 한 우리의 글로벌시스템이 문화적 추방자 고통을 피하거나, 부인하거나, 억압하려고 하기 때문에 짐을 짊어진 문화적 보호자들은 더욱더 극단적이 될 수밖에 없다.

예를 들어, 우리 정치시스템의 양극화가 심화되고 있는 것은 이러한 역동의 관점에서 엄청난 의미가 있다. 짐을 짊어진 관리자와 소방관이 필연적으로 우리 사회에 등장하게 되고, 그들은 우리 내면세계의 관리자 및 소방관과 동일한 전술, 즉 비난, 수치심, 부인, 최소화 같은 수법을 구사하게 된다. 그들은 학대하거나 제멋대로 하거나 공격할 수 있다. 우리의 내면세계에서와 마찬가지로 보호자들은 추방자들의 고통을 두려워하고 그들을 시스템에서 '쫓아내거나' '떠나게 만들고' 싶어 하기 때문에, 추방자들을 더욱더 추방하는 것에 초점을 맞추게 된다. 추방자의 고통이 강렬하면 강렬할수록 보호자들의 전술도 더욱 강렬해진다. 따라서 우리의 정치적 스펙트럼의 끝은 점점 더 극단적이 되는 반면, 온건파는 '선거에 패배'하게 된다.

기억하라. 이것은 어떤 정당, 사람, 철학이 근본적으로 좋거나 나쁘기 때문이 아니다. 그것은 단순히 우리의 글로벌시스템에서 해결되지 않은 고통이 증가하기 때문에 나타나는 자연스러운 결과이다. 짐을 짊어진 추방자들이 해결되지 않은 상처를 안고 있을 때, 짐을 짊어진 보호자들이 활성화된다. 우리에게 총기난사, 테러, 팬데믹, 지구 온난화와 같은 파국을 초래하는 문화 고통이 있으면 우리 문화의 많은 영역이(문화 전반은 아니더라도) 추방자 고통의 짐을 더 짊어지게 된다ー비록 그들이 소수집단이나 힘을 박탈당한 지위를 유지하지 못하게 되더라도 그렇다. 우리는 글로벌 추방자들을 발달시키게 되는 것이다.

짐을 짊어진 보호자들이 우리의 대화와 세계관을 이끌어 갈 때, 우리는 분노, 증오, 절망, 그리고 '우리' 대 '그들'의 사고방식으로 가득 찬다. 우리는 각자의 경험에서 이것이 얼마나 사실인지를 우리 자신의 분별력으로 식별하게 된다. 우리는 스스로에게 다음과 같은 질문을 던짐으로써 영적 MRI만큼 쉽게 문화적 MRI를 찍을 수 있다. "나는 #미투, 이민정책, 낙태, 복지개혁, 세금정책, 공화당, 무소속, 민주당, 사회주의자들을 향하여 어떤 느낌을 갖는가?" 만약 답이 8C가 아니라면, 우리는 우리의 문화적 하나님 형상 가운데 있지 않을 뿐만 아니라 우리의 중심 가운데 있지도 않으므로 가족 구조, 교육, 문화적 배경, 이민자 신분 등이 우리와 같지 않아 우리와 다른 의견을 가진 사람들에게서도 하나님 형상을 분명하게 볼 수 없다.

소수의 사람들만이 자신들의 참자아를 이 글로벌 무대로 가져왔다. 그러기 위해서는 우리가 각자의 시스템 안에 있는 하나님 형상에 의해 깊이 이끌림을 받아야 한다. 당신은 그들이 누구인지 즉시 알 것이다. 그들은 하나님 형상의 속성을 글로벌 무대로 가져오면서 세상을 변화시켰다.

예수

마틴 루서 킹 주니어

마하트마 간디

넬슨 만델라

테레사 수녀

그들의 성품, 그리고 그들이 세상에 미친 영향을 생각할 때 당신에겐 어떤 것이 떠오르는가? 어떤 속성인가? 사랑, 긍휼의 마음, 비폭력, 원수를 향한 은혜, 겸손, 그리고 세계적 사건의 궤적에 영향을 미칠 수 있는 능력이 생각날 것이다.

그리고 그것은 사실이다.

사랑이 이긴다.

사랑은 우리 하나님 형상의 본질적인 특징이며 우리 하나님의 본질적인 속성이다. 예수님이 우리에게 남기신 단하나의 계명이다. 사도 바울이 "그 가운데서 으뜸"이라고 불렀던 가치이다.[60] 성령의 첫 열매이다. 단순해 보일 수도 있지만, 사랑은 우리 자신의 아파하는 부분을 향하여 내면으로 향하든 다른 사람의 부분들을 향하여 외부로 향하든 큰 변화를 가져온다. 우리는 더 많은 짐으로 짐을 극복하지 못한다. 우리는 사랑으로, 중심에 있는 하나님 형상이 사랑과 긍휼의 마음으로 함께함으로써 짐을 변화시킨다.

우리 중심에 있는 내면의 신성으로부터 넘치는 사랑은 역사의 흐름을 바꿀 수 있으며 실제로 바꾼다. 우리가 헤드라인을 읽거나 이웃이나 친구의 고통으로 힘들어할 때 우리는 우리의 부분들에게 충분한 사랑을 가져오고, 이어서 그 사랑을 다른 사람들의 부분들에 대해서도 베풀 수 있도록 함으로써 우리의 영향권 안에서 일어나는 인간 사건의 흐름을 확실히, 구체적으로, 분명히 바꿀 수 있다. 우리를 몹시 자극하는 정치집단, 민족집단, 경제집단이 생각나는 경우, 우리는 유턴하여 자극을 받아 활성화된 우리 자신의 짐에 긍휼의 마음과 호기심을 보내고 나서 자극을 유발하는 그 집단과 그 사람에게 우리의 치유의 영을 불어넣을 수 있다.

만약 우리가 이 하나님 형상을 우리의 삶에 가져온다면, 즉 하나님 형상을 먼저 우리 자신들에게, 그리고 나서 우리의 학부모 회의, 우리의 직장,

우리의 이웃, 우리의 정책 토론, 우리의 언론 보도, 우리의 추수감사절 식탁에 가져온다면 우리 문화에 어떤 변화를 가져올 수 있을지 상상해 본다. 사랑의 마음으로 그리고 사려 깊게 다른 의견을 제시한다면, 그리고 토론이나 논쟁에서 반대편 입장에 있는 누군가에게 열린 마음과 진정한 호기심을 갖는다면 어떨지 상상해 본다. 이것 하나만으로도 어떻게 우리 중에 가장 말썽 많은 사람들에게까지 치유와 긍휼의 마음, 그리고 연결을 가져올 수 있겠는지 머릿속에 그려본다.

당신과 다른 집단과의 일상적 교류 가운데서 향하여 나아가는 연습을 해 보기를 권한다. 당신이 소속된 어떤 그룹 안에서 행하는 당신의 움직임에 대해 내면을 성찰해 본다. 어디서 짜증을 내는가? 어디서 폭발하는가? 어디서 뒤로 물러나는가? 그보다는, 어떻게 향하여 나아갈 수 있는가?

우리는 진정한 변화를 행동으로 옮길 수 있는 힘을 가지고 있다. 그리고 그것은 여기 안에 계신 하나님께 순복하며, 우리 내면에 사랑을 가져오는 것으로 시작하여 외부에 있는 모든 이에게 그것을 베푸는 것이다. 당신은 그런 세상의 한 부분이 되고 싶지 않은가?

더 깊이 들어가기 : 그룹 대 그룹 연습

특히 삶에서 가장 어려운 상황 가운데 있을 때, 우리의 내면 깊은 곳에 있는 하나님의 형상이 무언가 다른 것에 대한 희망을 가져다준다.

당신이 우리 문화 속에서 싸우고 있는 부분들에 대해 가장 절망을 느끼는 상황은 언제인가?

이 장의 어떤 아이디어 하나가 그 상황에 희망을 가져다줄 수 있겠는가?

'사랑이 이긴다'는 개념의 단순성에 대해서 어떤 생각이 드는가?

그것은 어떤 면에서 당신의 경험과 일치하는가?

이제, 당신이 지지하지 않는 정당에 대해 잠시 생각해 본다.

그 정당 내에, 당신이 반대하는 모든 것을 그대로 보여주고 있는 정당 지도자를 생각해 본다. 여기에 기술한다.

유턴의 원리를 사용하여 어떻게 더 잘 대응할 수 있는지 알아본다. 당신 내면에 어떤 것이 떠오르고 있는가?

어떤 감정이 인지되는가?
• 혐오감
• 분노
• 공포
• 수치심
• 판단

- 무감각
- 두려움
- 불안
- 기타 :

이 사람에 대해 마음속에 어떤 생각이 떠오르는가? 이 정당에 대해서는?

몸에서는 어떤 감각이 감지되는가?
- 어깨나 목의 긴장
- 메스꺼움
- 저림
- 초조함
- 불안/동요
- 이를 악묾
- 눈살을 찌푸림
- 기타 :

이 사람이 생각나거나 논의 중에 등장할 때 당신은 일반적으로 어떻게 반응하게 되는지 주목한다. 당신은 보통 어떻게 말하고 느끼며 행동하는가?

당신이 감지한 것이 어떤 것이든 잠시 시간을 내어 돌본다. 그 부분을 따뜻이 맞이한다. 아마도 기분이 좋지 않을 수도 있다. 괜찮다. 인지한 것이 어떤 것이든 적는다.

각각의 생각, 느낌, 감각을 돌볼 기회가 있었고, 바라건대 그것들이 약간 안정될 수 있었다면 하나를 정하여 그 부분을 조금 더 잘 알아갈 수 있는지 알아본다.

몸 어디에서 그 부분이 느껴지는지 감지한다.

그 부분이 당신에게서 분리되어 당신 곁에 있을 수 있는지 알아본다.

그 부분을 향하여 어떤 느낌이 드는가? 8C가 느껴질 때까지 또 다른 부분들을 모두 분리시킨다.

이 부분은 당신에게 어떤 것을 이야기하고 싶어 하는가?

만약 그 부분이 당신을 장악하지 않는다면, 어떤 일이 일어날까 봐 두려워하는가?

그 부분은 어디서 이런 식으로 당신에게 나타나는 법을 배웠는가?

이제 당신은 하나님 형상 가운데 머물면서(8C가 느껴지게 된다), 마음에 떠올린 그 사람에게 주의를 돌린다. 지금 어떤 것이 경험되는가? (그를 마음속에 떠올리자 당신에게서 8C가 사라졌다면, 부분들에게 요청하여 당신이 잠시 그 사람의 이미지 곁에 있을 수 있도록 한다.)

그 사람에 대한 새로운 생각이나 감정이 인지되는가?

당신은 그들이 그런 식으로 행동하거나 말하는 데는 어떤 이유가 있을지 모른다는 가능성을 열어둘 수 있는가?

만약 당신이 진실을 포기하지 않으며 호기심을 가지고 이 사람의 관점을 향해 나아간다면, 즉 하나님의 형상 안에서 당신이 이 사람을 향해 열린 마음과 호기심, 긍휼의 마음을 유지한다면 어떤 모습이겠는가?

당신의 어떤 부분들이 이 사람을 향해 나아가는 것에 저항하는가? 만약 당신이 이 사람을 향해 나아가면 그들은 어떤 일이 일어날까 봐 두려워하는가?

여기서 알게 된 것을 모두 적는다. 이러한 경험을 머릿속에 그려보는 것이 어땠는지, 그리고 어떤 변화를 감지하였는지 주목한다.

이제 몇 번 심호흡을 하고 천천히 주의를 이 장으로 가져온다. 필요하다면 잠시 휴식을 취한다. 이것은 우리가 어렵다고 생각하고 있는 문제다. 당신의 부분들을 잘 돌보도록 한다.

최종 생각

앞으로 어디로 갈 것인가?

나는 당신이 이 책을 통해 부분 인식이 다음과 같은 상황에 도움이 되는 것을 경험했을 것이라 생각한다. 열린 마음과 수치감을 주지 않는 방식으로 부분들을 알아가고자 하는 경우, 열린 긍휼의 마음으로 모든 부분들을 향하여 나아가고자 하는 경우, 그리고 부분들의 짐을 내려놓고 (치유하고) 해방시켜 그들로 하여금 당신에게 좀 더 도움이 되는 일을 할 수 있도록 만드는 능력을 가진 하나님 형상에 접근하도록 하는 경우가 그 예이다.

좋은 이야기다. 정말 그렇다. 그런데 우리가 보통 사는 방법과는 너무나 다르다. 내가 당신에게 진심으로 바라는 것은, 당신도 나만큼 부분들에 대해 긍휼의 마음을 갖는다는 생각을 좋아하고 온전히 뛰어들어 자신뿐만 아니라 다른 사람을 향해 지지와 격려를 베풀고 경건하며 은혜로운 삶을 살아가는 방식을 받아들일 수 있게 되는 것이다.

부분들과 이 새로운 관계를 계속 발전시키기 위해서는 이 책 전반에 걸쳐있는 "더 깊이 들어가기" 연습으로 되돌아가 보기를 권한다. 당신의 부분들은 그런 대접을 받을 만한 자격이 있다. 그들은 당신의 사랑과 보살핌을 받을 만한 자격이 있다! 당신의 여정을 지원하기 위해, 이 책의 뒷부분 참고자료 섹션에 추가 탐색을 위한 몇 가지 방법을 제시하였다.

대부분의 사람들은 개인 성장 과정에서, 훈련받아 경험 많은 안내자가 있으면 도움이 된다. 당신에게 트라우마나 어떤 정신 건강 진단, 혹은 일상 기능의 어려움 같은 중요한 이력이 있다면 특히 그렇다. 만약 당신이 이런 경우라면, 혹은 누군가가 프로세스 전 과정을 이끌어 주었으면 한다면, IFS를 훈련받은 치료사를 찾아 진정으로 다음의 '내면 들여다보기' 작업을 하기를 권한다. 즉 부분들을 분리하는 법을 배우고, 추방자들의 치유와 짐 내려놓기를 경험하며, 삶을 바꾸는 그들의 변화를 목격하는 것이다.

일말의 의심도 없이, 우리 모두가 하나님 형상의 이끎을 받는다면 세상은 더 나은 곳이 될 것이다. 이것이 바로 천국의 모습일 것이라고 나는 확신한다. 그곳에서는 죄(짐을 짊어진 부분들)가 없으며, 단지 하나님께서 창조하신 우리의 존재가 하나님과, 그리고 서로 교제하고 있을 뿐이다.

그래서 이 책의 주제에 맞도록 온전한 삶을 살고자 하는 열망을 가진 당신에게 존경을 표하며, 이 여정에 함께하면서 당신과 당신을 둘러싼 세상을 새롭게 볼 수 있는 새로운 렌즈, 그리고 신앙, 생명 및 사랑에 관한 대화를 통해 당신 안에 있는 긍휼의 마음을 가진 하나님 형상을 논의할 수 있게 되어 깊이 감사드린다.

논의를 위한 질문

- 이 책에서 가장 크게 배운 점은 무엇인가?
- 하나님 형상의 삶을 살기 위해 당신이 내딛고자 하는 바로 다음 단계는 무엇인가?

용어해설

관리자 : 추방자의 고통이 활성화되지 않도록 사전에 사건을 관리하거나 통제하고자 시도하는, 짐을 짊어진 보호자 부분을 말한다. 일반적인 관리자 전략으로는 통제하기, 비위 맞추기, 애써 노력하기, 판단하기, 자기비판하기, 완벽하게 일 처리하기가 있다.

내면가족시스템(IFS) : 인간을 참자아(이 책에서 하나님의 형상 혹은 이마고 데이라고 언급됨)와 서로 다른 많은 부분들로 구성되어 있다고 이해하는, 리처드 슈워츠 박사가 개발한 치료 모델.

뒤덮다 또는 뒤덮임 : 어떤 부분이 장악하여 참자아 혹은 하나님 형상으로의 접근을 완전히 차단할 때 뒤덮임이 발생한다. 어떤 부분이 뒤덮일 때 그 사람은 그 부분의 감정을 느끼고, 그 부분의 생각을 생각하고, 그 부분의 신체적인 감각을 경험한다. 마치 그 사람이 그 부분인 것처럼 느낀다. 뒤덮다는 한 걸음 뒤로 물러서다, 분리되다, 분리시키다, 혹은 긴장을 늦추다의 반대어이다. (동의어: 섞이다, 장악하다)

보호자 : 추방자의 고통을 없애기 위한 시도에서 극단적인 역할의 짐을 짊어지게 된 한 시스템 내의 부분들. 두 가지 유형의 보호자가 있다. 추방자의 고통이 활성화되지 못하도록 사전 예방적으로 애쓰는 관리자, 그리고 일단 활성화되었을 때 추방자의 고통을 사후 반응적으로 진화하려고 애쓰는 소방관이 그것이다.

부분들 : 우리 인격체의 독특한 측면들(소인격체)로서, 그들만의 생각, 감정, 감각 및 의제를 가지고 있다. 모든 사람은 짐을 짊어지지 않은 많은 부분들을 가지고 태어나며 이들이 함께 자신의 독특한 인격을 구성한

다. 모든 부분들은 개인을 위해 긍정적인 것을 원한다. 어떤 부분들은 부정적인 삶의 경험으로부터 고통(또는 고통에 대처하기 위한 전략)의 짐을 짊어지게 된다.

분리되다 : 섞인 부분이 충분히 안전하다고 느끼거나 긴장이 풀려, 통제를 해제하고 개인의 중심 경험으로부터 한 걸음 뒤로 물러나는 프로세스를 말한다. 어떤 부분이 분리될 때, 그 사람은 자신의 즉각적인 자각으로부터 그 부분의 감정, 감각 및 생각이 줄어드는 것을 감지하게 된다. (동의어 : 뒤로 물러서기, 분리시키기, 긴장 늦추기)

섞이다 또는 섞임 : 어떤 부분이 장악하여 참자아 혹은 하나님 형상으로의 접근을 완전히 차단할 때 섞임이 발생한다. 어떤 부분이 섞일 때 그 사람은 그 부분의 감정을 느끼고, 그 부분의 생각을 생각하고, 그 부분의 신체적인 감각을 경험한다. 마치 그 사람이 그 부분인 것처럼 느낀다. 섞이다는 한 걸음 뒤로 물러서다, 분리되다, 분리시키다, 혹은 긴장을 늦추다의 반대어이다. (동의어 : 뒤덮다, 장악하다)

소방관 : 추방자가 활성화된 후 그의 고통의 불을 사후 반응적으로 끄고자 시도하는, 짐을 짊어진 보호자 부분을 말한다. 일반적인 소방관 전략으로는 중독, 불규칙한 식사, 자해, 폭력, 해리, 강박, 충동, 환상, 격분이 있다.

양극화되다 : 시스템 내의 두 부분이 서로 반대 방향으로 작동하고 있는 경우를 말한다. 관리자들과 소방관들은 종종 양극화되어 있다. 각 부분은 상대 부분의 행동에 대응하기 위해 노력한다.

영적 MRI : 한 부분, 사람 또는 경험을 향하여 어떤 느낌이 드는지 감지하는 것을 말한다. 8C에 해당하지 않는 모든 감정은 섞인 부분이 있다는 것과 그러한 개인은 자신의 중심에 있는 하나님 형상에 접근하지 못하고 있다는 것을 나타낸다.

짐 : 부정적인 삶의 경험의 결과로 부분들에게 붙어있는 극단적인 감정, 신념 또는 행동. 짐은 어떤 부분에 붙어있는 족쇄 채워진 쇳덩이와 같아(따라서 그 부분을 추방자나 보호자로 변화시킨다), 그 부분이 천부적으로 창조된 긍정적인 본질에 접근하지 못하게 만든다.

참자아(하나님의 형상 또는 이마고 데이) : 우리의 중심에 있는 핵심으로서 우리의 진정한 모습. 참자아는 신성과 우리의 진정한 영적 연결이 이루어지는 자리이다. 이 책에서는 '참자아(Self)'를 지칭하기 위해 주로 '하나님의 형상(이마고 데이)'이라는 용어를 사용하는데, 이는 인간이 하나님의 형상으로 만들어졌다는 기독교적 이해를 반영한다(창세기 1:27). 하나님의 형상은 모든 사람 안에 있는 손상되지 않은 존재이며, 성령의 열매나 8C 특성 같은 신적 속성을 반영한다. IFS 치료 및 크리스천 삶의 목표는 이 핵심의 입장에서 우리 내면의 부분들을 이끄는 것이다.

추방자 : 부정적인 삶의 경험으로 인해 짐을 짊어지게 되고, 따라서 천부적으로 긍정적인 특성에 접근하지 못하게 된 부분. 추방자들은 두려움, 수치심, 외로움, 불안, 슬픔 같은 부정적인 감정뿐만 아니라, '난 혼자야', '내 감정과 욕구는 중요하지 않아', '난 무언가 잘못됐어' 같은 부정적인 신념도 지니고 있다.

토멘토 : 활성화시키는 상황 또는 사람을 가리키는 IFS 용어이다. 토멘토에 반응하여 어떤 부분들이 자기 내면에 활성화되는지를 감지함으로써 개인은 치유가 필요한, 짐을 짊어진 자신의 부분들을 파악할 수 있게 된다. 따라서 '고통을 주는' 사람들과 상황은 한 개인의 성장과 치유에 훌륭한 선물이라 할 수 있다.

활성화되다 : 어떤 부분이 (과거의 상처를 떠올리는 것을 경험하거나, 양극화된 부분의 활동에 의해) 위협을 느껴, 한 개인의 내면시스템을 뒤덮거나 장악하기 시작하는 상황이다.

어떤 부분을 알아가기 위한 **6F** : (1) 부분을 찾기(Find), (2) 부분에 초점을 맞추기(Focus), (3) 부분에 살을 붙이기(Flesh out), (4) 부분을 향하여 어떤 느낌인지 알아보기(Feel), (5) 부분과 친해지기(BeFriend) 및 (6) 부분의 두려움을 다루기(Fear).

참자아의 **8C** 속성 :

- 평온, 침착 : 상황에 관계없이 생리적이고 정서적인 평온함; 비극단적인 방법으로 자극에 반응하는 능력; 위협을 받았을 때 싸울 것이냐, 도망할 것이냐, 얼어붙을 것이냐의 반응을 피하는 능력.

- 명료성 : 극단적인 신념과 감정에서 오는 왜곡 없이 정확하게 상황을 인식하는 능력; 객관성을 유지하는 능력; 선입견이 없는 상태.

- 호기심 : 새로운 무언가를 배우고자 하는 강한 욕구; 경탄과 경외감; 비판단적 이해에 대한 진솔한 관심.

- 긍휼의 마음 : 고치거나 통제하려는 욕구를 갖지 않고, 다른 사람에 대해 열린 마음으로 곁에 있으며 공감하는 것; 다른 사람들의 고통에 연결된 감정.

- 자신감 : 자신의 능력에 대한 강한 믿음.

- 용기 : 위협, 도전 또는 위험에 직면할 수 있는 힘; 크거나 압도적인 목표를 향하여 행동을 취하려는 의지.

- 창의성 : 생성적 학습, 해결책 및 독창적인 아이디어의 표현을 만들어내는 능력; 표현의 자연스러운 몰입, 그리고 활동의 즐거움에 몰두함.

- 연결 : 더 큰 공동체와 연결되어 있는 속성; 삶에서 의미 있는 목적과 더 높은 소명으로의 영적 연결; 짐을 짊어진 부분들과 판단에 대한 두려움으로부터 해방된 편안한 관계에 있는 상태.

IFS 참고자료

책 및 워크북

Cook, Alison and Kimberly Miller. *Boundaries for Your Soul: How to Turn Your Overwhelming Thoughts and Feelings into Your Greatest Allies.* Nashville, TN: Nelson Books, 2018.

Earley, Jay. *Self-Therapy: A Step-By-Step Guide to Creating Wholeness and Healing Your Inner Child Using IFS, a New, Cutting-Edge Psychotherapy.* Larkspur, CA: Pattern System Books, 2010.

Holmes, Tom. *Parts Work: An Illustrated Guide to Your Inner Life.* Kalamazoo, MI: Winged Heart Press, 2007.

Scazzero, Peter. *Emotionally Healthy Spirituality: It's Impossible to be Spiritually Mature, While Remaining Emotionally Immature.* Grand Rapids, MI: Zondervan, 2006.

Schwartz, Richard C. *Internal Family Systems Therapy.* New York: Guilford, 1995.

_____. *Introduction to the Internal Family Systems Model.* Oak Park, IL: Trailheads Publications, 2001.

_____. *You Are the One You've Been Waiting For: Bringing Courageous Love to Intimate Relationships.* Oak Park, IL: Trailheads Publishing, 2008.

Weiss, Bonnie J. *Self-Therapy Workbook: An Exercise Book for the IFS Process.* Larkspur, CA: Pattern System Books, 2014.

웹사이트

저자의 웹사이트

www.jennariemersma.com

저자의 웹사이트에서 IFS 비디오 및 개인 부분 작업을 위한 무료 워크시트를 다운로드할 수 있다.

IFS 인스티튜트 웹사이트

https://ifs-institute.com/

상세한 정보에 대한 웹 주소는 때때로 바뀌지만, 이 책의 출판 시점에서 IFS 인스티튜트 웹사이트상의 특정 페이지에 대한 URL은 다음과 같다.

IFS 치료사 목록

내면가족시스템 치료 레벨 1 이상의 훈련을 이수한 치료사의 전체 목록은 다음 링크에서 확인할 수 있다.

https://ifs-institute.com/practitioners

'공인 IFS 치료사'로 등재된 임상가는 세 단계의 내면가족시스템 치료 훈련을 모두 이수하고 지속적으로 IFS 작업의 연장 교육을 받고 있는 사람이다.

IFS 치료 수련회

https://ifs-institute.com/news-events/retreats

IFS 워크숍

https://ifs-institute.com/news-events/workshops

IFS 온라인 학습 기회

https://ifs-institute.com/online-learning

미주

1. 출애굽기 22:25~27.

2. 창세기 32:22~32.

3. 사도행전 13:22.

4. Frank Newport, "Church Leaders and Declining Religious Service Attendance," Gallup website(September 7, 2018), accessed January 10, 2019. https://news.gallup.com/opinion/polling-matters/242015/church-leaders-declining-religious-service-attendance.aspx?

5. 요한복음 16:33.

6. Richard Schwartz, *Introduction to the Internal Family Systems Model* (Oak Park, IL: Trailheads Publications, 2001), 17.

7. 우리의 참자아(중심 자아)를 언급할 때, 타락하거나 육신적인 자아를 깊은 결함이 있는 것으로 이해하는 크리스천들이 혼동을 피할 수 있도록 나는 '하나님 형상'이라는 표현을 매우 자주 사용한다. 이 책에서 신앙을 바탕으로 한 다른 수식어(예 : 하나님 형상, 영적 자아, 창조된 자아)를 달지 않고 참자아로 언급하는 것은 내면가족시스템 치료에서 리처드 슈워츠 박사가 설명한 참자아로 이해하여야 한다.

8. Schwartz, *Introduction to the Internal Family Systems Model*, 18.

9. 고린도전서 12:12, 18~21, 26~27.

10. Schwartz, *Introduction to the Internal Family Systems Model*, 19.

11. John Lynch, *TrueFaced: Trust God and Others with Who You Really Are* (Colorado Springs, CO: NavPress, 2004).

12. 로마서 7:15.

13. 요한일서 4:18.

14. 요한일서 4장, 특히 8절, 16절.

15. 창세기 1:31.

16. 창세기 3:7.

17. 창세기 3:7.

18. 창세기 3:8.

19. 창세기 3:9~10.

20. 창세기 3:11.

21. 창세기 3:12.

22. 창세기 3:13.

23. 골로새서 1:27.

24. 히브리서 13:5; 신명기 31:8; 여호수아서 1:9; 역대기상 28:20; 이사야
    서 41:10.

25. 골로새서 1:27.

26. 로마서 8:38~39.

27. 갈라디아서 5:22~23(ESV).

28. Schwartz, *Introduction to the Internal Family Systems Model*, 49~50.

29. 마가복음 1:41.

30. 치료사는 내담자가 자신의 고통을 표현하도록 용기를 북돋운다. 이것
    은 종종 '말하지 마'와 같은 무언의 규칙 가운데 건강하지 못한 가정에
    서 자란 사람들에게는 진정한 도전이 된다. 그런 침묵은 실제로 무슨
    일이 일어나고 있는지, 우리가 정말로 어떻게 느끼는지를 우리 자신과
    다른 사람들에게 구체적으로 이야기하는 능력을 학습하지 못하였음을
    의미한다.

31. 마태복음 19:14.

32. 베드로전서 5:7.

33. 요한복음 11:33~34.

34. 요한복음 11:35.

35. 이 책의 "IFS 참고자료" 참조.

36. 누가복음 10:41.

37. 갈라디아서 6:5.

38. Melissa Haas, *A L.I.F.E Recovery Guide for Spouses*(Lake Mary, FL: Freedom Everyday, 2008).

39. 마가복음 12:30~31.

40. 요한복음 15:12.

41. 요한복음 15:17.

42. 마태복음 23:27~28.

43. 요한복음 13:35.

44. 리처드 슈워츠.

45. 야고보서 4:1.

46. 요한복음 8:7.

47. 마태복음 5:39.

48. 마태복음 18:22.

49. 마태복음 27:46.

50. 빌립보서 4:8.

51. 여호수아서 1:8.

52. 시편 1:1~2.

53. 창세기 3:22.

54. 마가복음 15:34.

55. 에베소서 2:8~9.

56. 갈라디아서 5:19~21a.

57. 요한복음 8:1~11.

58. 마태복음 23:27.

59. 마태복음 7:3~4.

60. 고린도전서 13:13.

지은이

제나 리머스마는 애틀랜타 관계치유센터(The Atlanta Center for Relational Healing)의 설립자이자 임상 디렉터이며 국제 트라우마 및 중독 전문가 연구소(International Institute of Trauma and Addiction Professionals)의 전임교수이다. 그녀는 전국의 청중들에게 내면가족시스템의 치유 메시지를 널리 전하고 있다.

리치몬트대학원에서 전문상담 석사 학위를 받았고, 공인 전문상담사(LPC), 내면가족시스템(IFS) 치료사, EMDR 훈련을 받은 외상 치료사, 공인 다중 중독 치료사 슈퍼바이저(CMAT-S, CSAT-S), 국가 공인 상담사(NCC)로서 활동하고 있다.

또한 하버드대학교에서 공공정책 석사 학위를 받았으며, 과거에는 국회의사당에서 다양한 입법 관련 활동에 관여하였다.

결혼한 지 25년이 되었고 청년이 된 두 자녀 및 골든레트리버 구조견과 함께 살고 있으며 동물 애호가이자 요가 마니아이다.

애틀랜타 관계치유센터
1640 Powers Ferry Road
Building 22, Suite 300
Marietta, GA 30067
www.acfrh.com
www.jennariemersma.com

옮긴이

이진선
미국 럿거스대학교 유전학(박사)
미국 예일대학교 의과대학 분자의학(박사후 연구원)
백석대학교 기독신학대학원 목회학(석사)
현재 삼성서울병원 미래의학연구원 연구교수
　　　한국가정회복연구소 대표

이혜옥
상명대학교 상담대학원 가족치료 전공(석사)
성산효대학원대학교 가족상담학(박사)
현재 성산효대학원대학교 겸임교수
　　　한국가정회복연구소 공동대표